spot

context is all

SPOT 22

李斯特醫生的生死舞台

從恐怖醫學院到外科手術新紀元，消毒之父約瑟夫・李斯特的信念與革命。

The Butchering Art: Joseph Lister's Quest to Transform the Grisly World of Victorian Medicine

作者：Lindsey Fitzharris（琳賽・菲茨哈里斯）
譯者：蘇文君
責任編輯：冼懿穎
封面設計：林育鋒
美術編輯：Beatniks
校對：呂佳真

出版者：英屬蓋曼群島商網路與書股份有限公司台灣分公司
發行：大塊文化出版股份有限公司
台北市 10550 南京東路四段 25 號 11 樓
www.locuspublishing.com
TEL：(02)8712-3898　FAX：(02)8712-3897
讀者服務專線：0800-006689
郵撥帳號：18955675　戶名：大塊文化出版股份有限公司
法律顧問：董安丹律師、顧慕堯律師

總經銷：大和書報圖書股份有限公司
地址：新北市 24890 新莊區五工五路 2 號
TEL：(02)8990-2588　FAX：(02)2290-1658
製版：瑞豐實業股份有限公司

初版一刷：2018 年 6 月
定價：新台幣 380 元
ISBN：978-986-96168-3-6

Printed in Taiwan

國家圖書館出版品預行編目 (CIP) 資料

李斯特醫生的生死舞台：從恐怖醫學院到外科手術新紀元，消毒之父約瑟夫．李斯特的信念與革命 / 琳賽．菲茨哈里斯 (Lindsey Fitzharris) 著；蘇文君譯．-- 初版．-- 臺北市：網路與書出版：大塊文化發行，2018.06

324 面；　14.8*20 公分．-- (Spot ; 22)

譯自：The butchering art : Joseph Lister's quest to transform the grisly world of victorian medicine

ISBN 978-986-96168-3-6(平裝)

1. 李斯特 (Lister, Joseph, 1827-1912) 2. 專科醫師 3. 傳記

784.18　　107007249

李斯特醫生的生死舞台

從恐怖醫學院到外科手術新紀元，
消毒之父約瑟夫．李斯特的信念與革命。

THE BUTCHERING ART

Joseph Lister's Quest to

Transform the Grisly World of Victorian Medicine

Lindsey Fitzharris 琳賽．菲茨哈里斯 著
蘇文君 譯

獻給我的祖母桃樂斯．西塞（Dorothy Sissors），
我人生的獎勵。

目　次

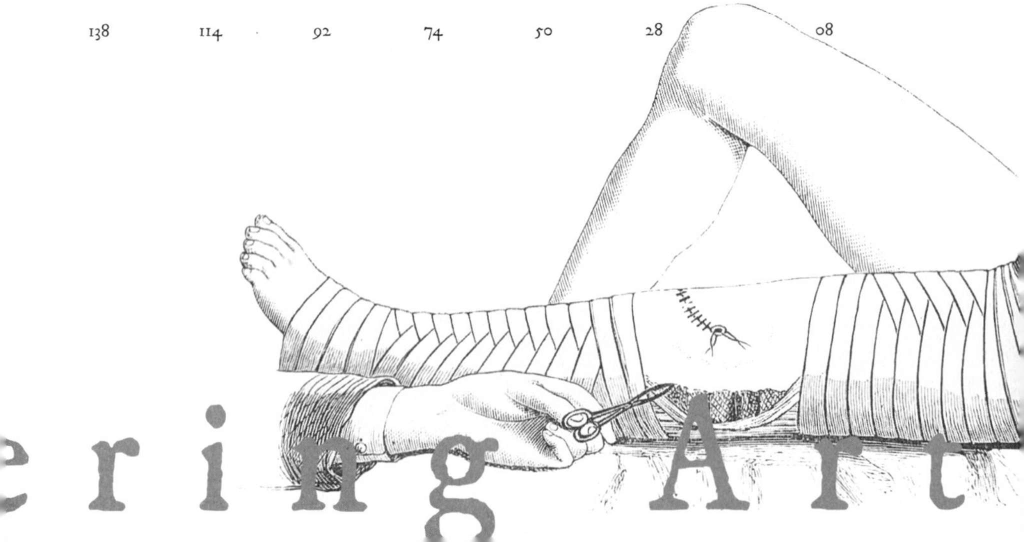

CONTENTS

The Butch

前言：悲痛的年代

PROLOGUE: THE AGE OF AGONY

當年老而權威的科學家說某件事可行時，他說的想必沒錯。但當他說某件事絕不可行時，他說的必然是錯的。[1]

——亞瑟．C．克拉克（Arthur C. Clarke）

一八四六年十二月二十一日午後，倫敦大學醫院（London's University College Hospital）的梯形手術室湧入上百名觀眾，城裡最知名的外科醫生正準備在眾人面前施行大腿中段截肢手術。湧入的人潮絲毫不知，他們即將見證醫學史上的一大轉捩點。

教室擠滿了醫學院學生與好奇的觀眾，其中多數人身上就這麼挾帶著維多利亞時代倫敦的污垢與煤塵踏入。外科醫師約翰·弗林特·紹斯（John Flint South）說，當時手術室裡擠得水泄不通，一點也不輸人們爭搶劇場廊道包廂和正廳後排座位的樣子。[2]他們就像魚籃裡的鯡魚擠在一起，坐在後排的人視線一旦被擋住就會大喊：「前面的頭、頭。」有些時候，若沒部分清空過度擁擠的手術室，外科醫師根本無法開始手術。[3]儘管當時是十二月，教室通風仍糟到近乎令人不適。擠成一團的觀眾讓這空間熱到令人煩躁。

觀眾由各方人馬構成，有些人甚至根本不是醫學專業，也不是醫科學生。[4]手術室前兩排坐了滿滿的「醫院助手」（hospital dressers），這一詞彙是用來泛指陪在外科醫生身邊的人，他們負責替外科醫生傳遞包裹傷口所需的材料。助手的身後則是學生，他們在後排座位不斷彼此推擠並喃喃低語，除此之外，受邀的貴賓和一般大眾也是如此。[5]

醫學上的窺淫癖並不稀奇。它緣起於文藝復興時期，在燈光昏暗的梯形教室裡，遭處決罪犯的屍身在眾目睽睽下被用作解剖演示，作為其所犯下罪行的附加懲罰。買票的觀眾看著解剖學家劃開正在腐爛的屍體肚子，湧出的不只是人血，還有惡臭的膿液。這般駭人的展演，有時會有輕快卻違和的笛聲旋律伴隨。當時的公開解剖就像**劇場表演**一樣，是一種與鬥雞或鬥熊熱門度不相上下的娛樂形式。不過，並非所有人都看得下去。法國哲學家盧梭（Jean-Jacques Rousseau）曾提到這樣的經驗：「解剖劇場的景象真是駭人！發臭的屍體、化膿的青灰肉塊、血液、令人作嘔的內臟、恐怖的骨骸、瘟疫般的水氣！相信我，這絕不會是〔我〕尋求娛樂的地方。」[6]

倫敦大學醫院的手術室和城裡其他醫院的沒太大差別。裡面有架高的手術台，環繞手術區的半圓形座位，上頭有個讓光線穿透的大天窗。在厚雲遮蔽了陽光的日子，裡面會點燃巨型蠟燭作為照明。手術室中央是一個木製桌檯，上面滿是過去施行手術所洩漏的痕跡。木檯下方撒滿木屑，用來吸附截肢後即刻流出的血液。多數日子，在刀下掙扎發出的呼叫聲會與日常街道能聽見的噪音不協調地混在一起：孩童嬉鬧聲、人們的聊天聲，還有馬車經過的聲音。

在一八四〇年代，外科手術是一門隱藏危險的骯髒生意，應該不計代價能避則避。由於風險殊多，許多外科醫師選擇乾脆不動手術，只將他們的醫療範圍限制在處理皮膚狀況或是淺傷這類外部小病痛。侵入式手術的案例少之又少，這也是眾多觀眾在手術當天湧入手術室的原因之一。舉例來說，一八四〇年代的格拉斯哥皇家醫院（Glasgow's Royal Infirmary）僅展示了一百二十次手術。[7]當時動手術一定是最後手段，而且只有在生死攸關之際才可能進行。

醫生湯瑪斯・帕西瓦爾（Thomas Percival）建議外科醫生，在手術與手術間更換他們的手術袍，並且清理手術台與用具，但並非是出於衛生考量，而是為了避免「任何可能激發恐懼的事物」。[8]聽他建議的人並不多。穿著沾滿血的手術袍、不怎麼洗手或清理手術刀、而且總是帶著一股絕對錯不了的腐肉味的外科醫生。在外科界，這是人們所讚揚的「老牌醫院臭」。

在外科醫師認為膿汁只是康復過程中的自然現象、而不是可怕的敗血症徵兆的年代，術後感染是造成多數死亡的原因。手術室就是死亡通道。在家動手術都比在醫院安全，在醫院施行手術的死亡率比在家高出三到五倍。遲至一八六三年，弗羅倫斯・南丁格爾（Florence

Nightingale）才宣告：「醫院的確切死亡率，尤其是高度擁擠的大城市中的醫院，同一類疾病在院內與院外治療，前者的死亡率比我們統計的遠遠高出許多。」[9]然而，在家接受治療卻費用高昂。

感染與髒亂不只是唯一的問題。手術本身也很痛苦。數個世紀以來，人類都試圖減輕手術的疼痛。雖然自從化學家約瑟夫．普利斯特里（Joseph Priestley）於一七七二年首次合成一氧化氮以後，「笑氣」就被公認為止痛劑，但在手術中使用的情形並不常見，因為使用結果並不穩定。催眠術（Mesmerism）——以一七七〇年代發明催眠技術的德國醫生弗朗茲．安東．麥斯默（Franz Anton Mesmer）命名——也未能在十八世紀被主流醫學領域視為止痛方法。麥斯默的擁護者相信，當他們在病人面前揮手，就會對病人施展出某種物理影響。這股影響力量能營造正面的生理變化，幫助病人康復，還可以帶給人超自然的力量。當時多數醫生都無法相信。

催眠在一八三〇年代的英國又短暫流行了一陣子，當時約翰．艾略森（John Elliotson）醫生開始在倫敦大學醫院進行公開展演，他的兩位病人，伊莉莎白與珍．奧基（Elizabeth and

Jane O' Key）預告了醫院內其他病人的命運。在艾略森的催眠影響下，她們聲稱看見「死神」（Big Jacky）在另外兩名病人的床上盤旋，後來她們也真的過世了。不過，任何對於艾略森手法的認真關注也都沒持續太久。一八三八年，世界頂尖醫學期刊《刺胳針》（*The Lancet*）的編輯騙了奧基這對姊妹，讓她們承認這場騙局，揭露艾略森不過是個江湖郎中。

十二月二十一日午後，當知名外科醫生羅伯特・利斯頓（Robert Liston）宣布要在他的病人身上測試乙醚的功效時，參與倫敦大學醫院手術演示的人們心中仍清楚記得這樁醜聞。「我們今天要來試試洋基佬的把戲，各位紳士們，要讓人失去知覺！」[10]他一面走向舞台中央一面宣布。他一開口整間手術室頓時安靜。當時使用乙醚就像催眠一樣，人們覺得那是讓人進入意識抑制狀態的一種外來可疑手法。之所以被稱為洋基佬的把戲，是因為最先將乙醚用來做全身麻醉的是美國。乙醚在一二七五年就被發現，但其麻醉效果一直到一五四〇年才由德國植物學家暨化學家瓦勒瑞斯・柯達斯（Valerius Cordus）合成出來，他創造出將硫酸加入乙醇的革命性配方。與他同代的帕拉塞爾蘇斯（Paracelsus）把乙醚用在雞身上，他記錄當禽鳥喝下液體時，就會進入延長的睡眠期，醒來後也毫髮無傷。他對這種物質的結論是：「平息各種苦難而不造成任何傷害，還能紓解各種疼痛。」[11]但乙醚用於人類測試卻是數百年後的事。

一八四二年，這一刻到來了。克勞福德・威廉森・朗（Crawford Williamson Long）是文獻上首位使用乙醚施行全身麻醉的醫生，手術內容是移除病人頸部的腫瘤，進行的地點是在喬治亞州的傑佛森市（Jefferson）。遺憾的是，朗一直到一八四八年才公開他的實驗結果。而在一八四六年九月，波士頓的牙醫威廉・T・G・摩頓（William T. G. Morton），已經因為替病人拔牙時使用乙醚而聲名大噪。無痛拔牙的成功事蹟登上報紙，因而促使一位知名外科醫師找上摩頓，請他協助在麻州總醫院（Massachusetts General Hospital）進行病人下顎大腫瘤的移除手術。

一八四六年十一月十八日，亨利・雅各・畢格羅（Henry Jacob Bigelow）醫生在《波士頓醫學外科期刊》（*The Boston Medical and Surgical Journal*）中寫下這開創性的一刻：「在外科手術中施予減緩疼痛的方式一直是醫學上的重要議題。因應此議題的有效藥劑終於被開發出來了。」[12]畢格羅更寫下摩頓在手術開始前，給予病人他所謂「忘川水」（Letheon）的樣子。這是以古典神話中的忘川（Lethe）命名的一種氣體，忘川能讓亡者的靈魂忘卻他們在世的記憶。手術後不久，摩頓就獲得這個氣體成分的專利，但部分成分是祕密，就連外科醫師都不知道。然而，畢格羅卻透露，他能夠從那股令人作嘔的甜味之中聞出乙醚。這個能夠讓人們在手術時失去意識的神奇物質迅速風靡全球，各地外科醫生都想在自己的病人身上測試乙醚的效果。

回到倫敦，美國醫生法蘭西斯．布特（Francis Boott）收到來自畢格羅的信，上面記載了波士頓發生的重大事件。布特感到非常新奇，於是說服了牙科外科醫師詹姆斯．羅賓森（James Robinson）在他眾多拔牙手術中使用一次乙醚。實驗結果獲得空前成功，因此布特當天就飛奔至倫敦大學醫院告訴羅伯特．利斯頓這個消息。

儘管心存懷疑，利斯頓卻不想錯過在手術室嘗試新作法的機會。就算沒效，至少也能做出好的舞台效果，就這點來說，他的名聲也是全國皆曉的。於是他同意在下場手術中使用乙醚，時間就安排在兩天後。

利斯頓那個時期的倫敦是「仕族醫生」掌權的時代，他們對醫學界有著深遠的影響力。

這些人有一部分是領導菁英，醫學界金字塔的頂端由他們組成。因此，他們扮演了醫學領域中守門員的角色，只接受他們認為出身良好、具有高道德規範的人。這些仕族本身都是念書型，缺乏實際經驗，治療病人時靠的不是雙手，而是大腦。他們接受的教育是全然古典派。當時醫生沒有實際看診而直接開藥的案例司空見慣。沒錯，有些醫生完全不替病人問診，只透過書信開立醫囑。

反之，外科醫生則是長久以來都接受學徒制訓練，其價值大大取決於師父的能力。他們做的是腳踏實地，藉由感知與實例學習的工作。許多十九世紀初期的外科醫生都非大學出身，有些甚至連字都不會寫。在他們之下的就是藥劑師，負責調配藥劑。理論上，外科醫生和藥劑師兩者有著明顯的劃分。但實際上，曾任外科醫生學徒的人也可能擔任藥劑師，反之亦然。這於是就形成了一個非正式的第四類別，「外科醫生—藥劑師」，類似現代的家庭醫師。窮人生病最先找的就是外科醫生—藥劑師，尤其是在倫敦以外的窮人。

遲至一八一五年，醫學圈才出現了一種系統化的教育形式，部分原因是因應歐洲的變化，以及統一國內分散系統的需求越來越大。對外科學生而言，這股改革帶來的變化包括必須出席課堂與巡視醫院病房，至少要六個月才能取得主管單位皇家外科醫學院（Royal College of Surgeons）頒發的執照。首都的教學醫院如雨後春筍出現，最先是一八二一年的查令十字（Charing Cross），倫敦大學醫院與國王大學醫院（King's College Hospital）也分別在一八三四年與一八三九年設立教學醫院。如果想要進一步成為皇家外科醫學院的一員，至少必須花上六年進行專業研究，其中三年必須待在醫院；交出至少六起臨床案例書面記錄；經歷累人的兩日考試，考試中可能需要進行解剖或在死屍身上動手術。

十九世紀最初十年的外科醫生開始進化，從訓練不足的技工變成現代外科專家。身為倫敦新建教學醫院的教授，羅伯特．利斯頓也參與了這波進行中的轉變。

身高六呎二，利斯頓比一般英國男性平均高了八吋。[13]他的名聲建立在蠻力與速度之上，這在當時也是攸關病人存活的關鍵。來見證手術的人要是往其他地方看了一下，就可能錯過一切。利斯頓的同事曾說過，當他在截肢時：「你看見他拾起手術刀的光，之後馬上聽到刀鋸的聲音，這兩個動作彷彿是同步發生。」[14]據說他的左手非常強壯，他把左手當止血帶用，右手執刀。這等技藝可是需要莫大的力量與熟練度，因為病人通常會因為恐懼或疼痛，掙扎著躲避外科醫生的攻擊。利斯頓只需要不到三十秒就能截肢一條腿，而且為了好好運用雙手，他在手術時通常會靠牙齒咬住鮮血淋漓的手術刀。

利斯頓的速度同時是天賦也是詛咒。有一次他在截肢病人大腿時，不小心連病人的一顆睪丸也切下來了。他最有名的意外（也可能是虛構的）是在某次手術中，因為動作太快，不小心切斷了他助理的三根手指，而且還在更換刀片時劃破了其中一名觀眾的大衣。他的助手和病人後來都因為壞疽死亡，而那位不幸的旁觀者則是當場嚇到斷氣。這是手術史上唯一一樁死亡率達到百分之三百的案例。

確實，在麻醉技術出現之前，驚愕與疼痛限制了外科治療。十八世紀一段關於手術的文本寫道：「對這個領域中真正有能力的人，痛苦的方法一直是最終手段；但對於知識侷限在操刀技藝的人，痛苦卻是第一、也是唯一的方法。」[15]絕望到求助於刀下的人都承受了難以想像的痛苦。

手術室的創傷也讓觀看的醫科學生很難受。[16]蘇格蘭婦科醫師詹姆斯・Y・辛普森（James Y. Simpson）就讀愛丁堡大學時，從乳房切除的手術中逃了出來。目睹鉤狀器具拉起軟組織，加上外科醫生正準備在乳房周圍進行兩次切割，辛普森實在承受不住。他硬擠出人潮，離開手術室，快速穿過了醫院內一道又一道的門，直到跑到國會廣場，他在那裡上氣不接下氣地宣布不再習醫，要轉攻法律。後世有幸，辛普森——後來發現了氯仿——打消了變更專業的念頭。

儘管利斯頓很清楚手術台上等著病人的是什麼，為了不讓病人緊張，他還是輕描淡寫地敘述那些恐怖場景。幾個月前他才替十二歲的亨利．佩斯（Henry Pace）截肢大腿，他的右膝因為結節腫脹而疼痛不已。男孩問外科醫師手術痛不痛，利斯頓回答：「就跟拔牙差不多痛。」[17]當真的要進行手術時，利斯頓的助手蒙住佩斯的雙眼，把他綁起來送進手術室。右腿被移除前，男孩數了刀鋸的次數，一共六次。六十年後，佩斯將在倫敦大學學院（Univeristy College London）對著醫科學生描述這段故事——那次可怕經驗，無疑仍是他心頭鮮明的記憶，尤其是當他就處於自己失去大腿的那間醫院之際。[18]

在使用麻醉的年代來臨前，利斯頓就和其他許多外科醫生一樣，已經學會了忍受被綁在血跡斑駁的手術台上的病人哭喊與抗議。有一次，利斯頓要移除病人的膀胱結石，病人在手術前嚇到跑進廁所將自己反鎖在裡面。利斯頓緊跟在後面，砸了門，把尖叫著的病人拖回手術室。他將病人綁緊，接著隨即將彎曲的金屬細管穿過病人的陰莖直到膀胱。他滑動一根手指到病人的直腸，感受結石的位置。利斯頓一找出結石位置，他的助手就移除金屬細管並以木製支架替代，支架被用來當作一種導引工具，避免外科醫生執刀深入膀胱時，致命地弄破病人的直腸或腸子。支架固定後，利斯頓以對角方向切開陰囊的纖維肌肉，直到碰到木製支架。接著，他用探針將洞口撐開，同時撕開攝護腺。在這一刻，他移開木製支架，並用鑷子清除膀胱的結石。

利斯頓——人稱西區最快刀手——只花了六十秒就完成以上動作。

§

現在，利斯頓站在倫敦大學學院新手術室的觀眾前，幾天後就是耶誕節了，這名手術老手手中握著一罐液態乙醚，只要有了這個，迅速手術就不是必要了。如果乙醚的效果跟美國人說的一樣，就可能完全顛覆手術的本質。利斯頓不禁想著乙醚是否又只是另一種江湖醫術產物，實際用於手術可能毫無幫助。

現場緊張情緒高漲。利斯頓走進手術室前十五分鐘，他的同事威廉・斯奎爾（William Squire）轉向觀眾，問有沒有人自願受試。房間充滿了緊張的低語交談聲。斯奎爾手中握著一個看起來像是阿拉伯水煙的玻璃器具，附有一根橡膠管和形狀像鈴鐺的口罩。這個裝置是斯奎爾在倫敦的藥劑師親戚設計的，牙科外科醫師詹姆斯・羅賓森兩天前替病人拔牙時才用了這個裝置。這東西在觀眾眼裡太過陌生，沒有人敢自願受試。

發怒的斯奎爾於是命令手術室的看門人謝爾瑞克（Shelldrake）前來受試。他實在不是個好選擇，因為他「肥胖、多血，而且有著一顆習慣了烈酒的肝臟」。[19]斯奎爾輕輕將器具放在男人肉肉的臉上。據說看門人深深吸了幾口乙醚之後，跳下桌子並跑出了房間，還高聲咒罵著外科醫生以及那群觀眾。

不會再有試驗了。避無可避的時刻已經到了。

下午兩點二十五分，費德列克・邱吉爾（Frederick Churchill）——一名來自哈利街（Harley Street）的三十六歲管家——被用擔架扛進手術室。[20]這名年輕男子罹患脛骨慢性骨髓炎，這是一種細菌性骨感染，導致右膝腫脹、嚴重彎曲。他的第一次手術是在三年前，當時醫生切開了感染部位，並且移除「數個形狀不整的層狀物體」，大小不一，體積和豆子差不多，有些略大。一八四六年十一月二十三日，邱吉爾再度入院。這次利斯頓進行切開，並將導管穿進膝蓋。利斯頓用沒洗過的雙手觸摸骨頭，確認導管是否接合。他下達指令以溫水清洗切開處並蓋好，而病人可以先行休息。但在接下來的幾天，邱吉爾的情況惡化。他的臀部到腳趾間劇烈疼痛。相同的情形三週後再度發生，於是利斯頓決定必須截掉那條腿。

邱吉爾被用擔架抬進手術室，並被移動到木製手術台上。兩名健壯的助手站在旁邊，萬一乙醚沒有發揮作用，他們必須在利斯頓切除大腿時壓住恐懼的病人。斯奎爾在利斯頓示意下往前，並將口罩覆蓋在邱吉爾的嘴上。幾分鐘過後，病人就失去了意識。斯奎爾接著將沾滿了乙醚的手帕蓋在邱吉爾的臉上，確保他不會在手術中醒過來。他對利斯頓點點頭說：「我想他可以了，先生。」

利斯頓打開一個長條盒子，拿出了自己發明的直式切除刀。那天下午的一名觀眾注意到，那個器具絕對是利斯頓的最愛，因其握把上有著一些小小的刻痕，顯示出過去經常使用。

利斯頓用指甲輕輕抹過刀片，測試它的銳利度。他很滿意這把刀，於是指示他的助手威廉・凱居（William Cadge）「束緊動脈」然後轉向觀眾。

「現在，各位先生，替我計時！」他大喊。指針喀嚓的聲音一波波響起，觀眾們從背心中取出並打開懷錶計時。

利斯頓轉向病人，用他的左手固定住病人大腿。他一個迅速的動作，就深深切開了右膝。其中一個助手立刻拉緊腿部的止血帶，讓血流緩下來，而利斯頓則是將手指伸入皮瓣之內將其撥回。這名外科醫生又用刀迅速做了幾個動作，讓股骨露出來。然後他停了下來。

許多外科醫師一旦碰到外露的骨頭，都會覺得鋸開是一件棘手的事。該世紀早期，查爾斯・貝爾（Charles Bell）曾警告學生必須要緩慢而且仔細地鋸。[22]即便是熟諳切開技巧的人遇到截肢時也會失去信心。一八二三年，湯瑪斯・艾考克（Thomas Alcock）聲稱：「日常生活中除了刀叉以外不諳其他工具、手藝拙劣的人，若試圖以那不神聖的手對痛苦的人類同類動刀，光是想到就令人不寒而慄。」[23]他憶及一段令人背脊發涼的故事，一名外科醫師的鋸刀緊緊嵌入病人骨頭裡，深陷到無法動彈。與他同代的威廉・吉卜森（William Gibson）建議新手用木頭練習，以免這種駭人的情況發生。[24]

利斯頓將手術刀遞給其中一名助手，助手反遞給他一把鋸刀。這名助手也拉起待會適合用來組成病人殘肢的肌肉。偉大的外科醫師在大腿完全斷開前劃了六刀，截斷的腿落在第二名助手等待的手中，他立刻將截肢扔進手術台另一端一個裝滿鋸屑的箱子裡。

同時，第一助手暫時鬆開止血帶，讓被割斷而需要結紮的動脈和靜脈露出。大腿中段截肢手術中，通常會有十一處需要縛線固定。利斯頓用平結束緊主動脈，接著把注意力放到其他比較小的血管，他用一種叫作把持鉤的銳利鉤子一個接著一個勾起。他的助手又一次鬆綁止血帶，利斯頓將剩下的肉縫合。

利斯頓只花了二十八秒就截去邱吉爾的右腿，在這期間病人完全沒有亂動或哭喊。幾分鐘後這名年輕男子清醒，據說他問旁人手術何時開始，映入他眼簾的是他被架高的殘肢，這就是給他的答覆，對於才剛目睹手術過程而感到震驚的觀眾而言，是個相當有趣的畫面。利斯頓的臉因為興奮而發光，他宣布：「各位先生，洋基佬的把戲勝過了虛假的催眠術！」[25]悲痛的年代就要結束了。

§

隔天，外科醫生詹姆斯・米勒（James Miller）收到一封利斯頓的疾筆信，寫給他在愛丁堡的醫科學生：「以熱切的措辭宣布，外科界爆發了新光芒。」一八四七年初的幾個月，其他外科醫生與好奇的名人都跑來手術室見證乙醚的奇蹟。從巴基斯坦一處殖民省的殖民官查爾斯・奈皮爾（Charles Napier），到拿破崙一世最小的弟弟熱羅姆・波拿巴王子（Jérôme Bonaparte），全都跑來親眼見證乙醚的功效。

「乙醚化」（etherization）這個詞被創造出來，全國的報紙都讚頌手術時使用乙醚這件事。於是乙醚威力的消息就這麼傳開。「醫學史上沒有任何能與乙醚的完美成功匹敵的案例。」26《艾克塞特飛行郵報》（*Exeter Flying Post*）如此報導。倫敦《人民週報》（*People's Journal*）也大幅宣揚利斯頓的成功：「所有人的心頭充滿喜悅……這個可以鎮住疼痛感官的偉大發現，能夠蒙蔽雙眼，讓人忘卻手術中所有恐怖記憶……**我們征服了痛苦！**」27

利斯頓使用乙醚的這等成功，有另一人可以跟他並駕齊驅，就是當天也安靜坐在手術室後方的年輕男子約瑟夫・李斯特（Joseph Lister）。受到如此戲劇化演示的驚艷，這名滿懷抱負的醫科學生深深著迷，在他離開手術室踏上高爾街（Gower Street）時，體會到未來他的專業本質將徹底改變。外科學生威廉・王爾德（William Wilde）不情願地在沒有麻醉的狀況下切除病人眼球，他敘述道：「如此可怕又令人痛苦的場面」，李斯特和他的同學再也不需要目睹這種畫面了。[28] 他們也不會再像約翰・弗林特・紹斯一樣，當病人任由外科醫生屠宰的哭喊變得難以忍受時，非得逃跑不可。[29]

儘管如此，李斯特穿過觀眾，他們正在握手並向彼此道賀選對了領域，以及這次難忘的勝利，那時的他清楚知道，疼痛不過是成功手術需要克服的眾多障礙之一。

他知道數千年以來，**感染**這個潛伏的威脅限制著外科醫生所能觸及的範圍。舉例來說，腹部感染就是一個絕對致命的存在。更不用說是胸腔了。多數時間，當內科醫生處理內部病徵時——才有「內服藥」這個詞持續至今——外科醫師則是處理較為表面的：撕裂傷、骨折、皮膚潰瘍、燒傷。只有截肢這種手術，外科醫生的刀才會深入人體。挨過手術是一回事，全面康復又是另一回事。

結果，麻醉開始普及後的二十年，手術結果卻是每下愈況。由於無痛手術讓外科醫師滿懷信心，他們變得更願意執刀，導致術後感染和休克的情況越來越多。隨著手術量增加，手術室變得越來越髒亂。外科醫師還無法理解造成感染的原因，每當有手術時，他們會接連在不同病人身上使用同一套未經清洗的器械。當手術室日益擁擠，再怎麼簡單的衛生預防措施都變得更難實施。那些挨過刀的人，多數不是死亡就是沒有完全康復，以瘸子和殘障者的身分度過餘生。這樣的問題十分普遍。全世界的病人後來聽到「醫院」就倍感恐懼，而多數高明的外科醫生則質疑自己的能力。[30]

見到羅伯特・利斯頓的乙醚成功案例，李斯特才剛見證阻礙手術成功的兩大障礙之一被消除：手術的進行現在可以不造成一絲痛苦。受到十二月二十一日所見的啟發，敏銳過人的李斯特即將奉獻餘生，闡明術後感染的本質，並為其找出解決之道。在外科界最後一個偉大屠夫的影子之下，另一場外科革命即將開始。

I 顯微鏡片下的世界

THROUGH THE LENS

讓我們別忽視更遠大的事實，那就是科學不只是雕刻、繪畫、音樂、詩歌的根基，科學本身就充滿詩意……從事科學研究的人不斷讓我們看見，他們的理解力不比其他人模糊，而是更加清晰，詩就是他們的學科。[1]

——赫伯特・史班瑟（Herbert Spencer）

小約瑟夫・李斯特踮著腳尖，將眼睛對準他父親最新的複式顯微鏡目鏡。有別於觀光客去海邊旅行時插在口袋的摺疊式望遠鏡，他眼前的器具可是更加宏偉。它有著流暢的線條、氣派、有力：是科學進步的象徵。

第一次望進顯微鏡的鏡筒時，李斯特對過去藏匿在他眼下的錯綜世界感到驚奇。放大鏡之下可觀察的物體看似無止境的這個事實，令他雀躍不已。有一次，他從海裡抓了一隻蝦，然後敬畏地看著牠「快速跳動的心臟」以及「搏動的主動脈」。[2]蝦在他的注目眼光下掙扎時，他觀察到血液是如何從四肢的表面緩緩流回心臟後方。

李斯特出生於一八二七年的四月五日，當天沒有任何張揚。然而六個月後，他的母親在寫給丈夫的一封信中誇張地說道：「寶寶今天出奇地可愛。」[3]他是這對夫妻的第四個孩子，也是家中次子，約瑟夫・傑克森・李斯特（Joseph Jackson Lister）與他的妻子伊莎貝拉（Isabella）七個孩子中的一個，這對夫妻是虔誠的貴格會教友。

李斯特的成長階段有許多能用顯微鏡探索迷你世界的機會。樸實是貴格會的生活方式。李斯特不能狩獵、參與運動或是上戲院。生命是個餽贈，應該用來侍奉上帝、幫助身邊的人，而非用來追尋輕浮的事物。因此，許多貴格會信徒投身科學研究，這是他們信仰中少數允許的消遣。當時要從極為樸實的環境中，找到一名具有高度科學成就的智者並不難。

李斯特的父親就是個鮮活的例子。他在十四歲時離開學校，成為其父親的學徒，一名酒商。雖然維多利亞時期許多貴格會教徒實行禁酒，但教義中並未明確禁止。李斯特家的事業已經持續了數個世紀，從絕對禁酒主義還沒在貴格會風行之前就開始了。約瑟夫．傑克森成了自己父親賣酒事業的合夥人，不過卻是因為他在光學上的發現，才讓李斯特童年時期的他於全球聲名大噪。在他幼年時期，看見父親書房內的窗戶裡有顆泡泡困住了，而他發現這就是一種簡易的放大鏡，因而展開了對此主題的興趣。

十九世紀初葉，多數顯微鏡只是賣給仕紳的玩具。他們被放在以奢華絲絨做襯裡的昂貴盒子中。有些會被裝在木製基底之上，基底內有著各式配件抽屜，包括額外鏡片、轉軸以及通常都不會被用到的零件。多數供應商會附上一組預先準備好的玻片，包括動物骨頭、魚鱗以及精美花朵切片給他們富有的客戶。那個時期買顯微鏡的人，只有極少數是為了認真的科學研究。

約瑟夫・傑克森・李斯特是個例外。一八二四年至一八四三年間，他成為這個器具的強烈愛好者，開始糾正顯微鏡的諸多缺點。多數鏡頭因為不同波長的光在不同鏡面角度受到折射，導致畫面失真。視線內的物體周邊會因此出現一道紫色光圈：這讓許多人懷疑顯微鏡觀察的結果。約瑟夫・傑克森耗盡心力改正了這個缺陷，並在一八三〇年展示由他設計、能消除擾人光圈的消色差透鏡。儘管有自己的事業要忙，約瑟夫・傑克森卻仍抽出時間自己磨鏡片，並且為倫敦某些顯微鏡製造商提供生產鏡片所需的數學算式。他的貢獻讓他在一八三二年成為皇家學會（Royal Society）的一員。

李斯特幼年時期家中的一樓是「博物館」，放滿多年來家族成員所收集的數百件化石與其他標本。[4] 他的父親要求每個孩子在他早上著裝時念書給他聽。他們的圖書室中有宗教以及科學類的藏書。約瑟夫・傑克森最早給他孩子們的禮物是一本四冊的書，叫作《居家之夜；抑或，青少年的開放存錄》（*Evenings at Home; or, The Juvenile Budget Opened*），內容包括寓言故事、神話以及自然史。

成長期間，他躲過了許多當代人成長時要經歷的危險治療，因為他的父親相信 vis

medicatrix naturae，即「大自然的療癒之力」。和許多貴格會的信徒一樣，約瑟夫・傑克森也是個對治療抱持不信主義的人，他相信天意就是治療過程中最重要的角色。他認為將外來物質輸進身體並非必要，而且有時候根本是殘害身體。在醫藥調和物中含有高量毒物的年代，例如海洛因、古柯鹼以及鴉片，約瑟夫・傑克森的想法並不算錯誤。

因為家中重視這樣的原則，當年輕的李斯特宣布自己想要成為外科醫生——一種需要實體干預上天之作的職業時，家中每個人都相當訝異。除了一個遠房表親以外，他們家族中沒有一個人是醫生。特別是外科，挾帶著一種連貴格會社群以外都知道的特定社會污名。外科醫生幾乎是被視為靠雙手賺錢的勞工，就像現代的鑰匙匠或是水管工人一樣。外科醫生的相對貧窮更是最能體現他們卑微的證據。一八四八年之前，沒有任何大型醫院的職員當中包含給薪外科醫生，而多數外科醫生（除了少數真正有名的）從自己私人執業賺到的錢也是少得可憐。[5]

但對於年幼的李斯特，從醫這個選擇會如何影響他後續人生的社會與經濟地位，根本不在他的考慮之中。一八四一年夏天，十四歲的李斯特寫了一封信，給正在處理家族賣酒生意的父親：「當媽媽出門只有我自己在家時，我沒事可做，就只會畫骨骼」。他向父親要一支黑貂筆刷，讓他可以「在另一個人畫上陰影用來凸顯剩餘的肌肉」。[6]他畫下並標記顱骨的所有骨骼，還有雙手的，正面背面都畫了。和他的父親一樣，李斯特是個熟練的藝術家——這個技能將有助於他以驚人的細節記錄他從醫生涯的所有觀察。

李斯特在一八四一年的夏天也對綿羊頭深深著迷，他在同一封信中宣告：「我幾乎把所有的肉都弄掉了[7]；我想腦也都清出來了……〔然後〕才把它放進浸軟槽。」他這麼做是為了軟化頭骨上剩餘的組織。後來，他更是偷了妹妹櫃子抽屜裡的一片木頭，將自己解剖後的青蛙骨骼關節接連起來，用那片木頭當作支架。他寫給父親的信中充滿歡欣：「看起來〔青蛙〕好像正要跳躍一樣，」[8]還密謀地加了一句：「別告訴瑪莉木頭的事。」

不管約瑟夫．傑克森．李斯特對於醫療這個職業的看法有多保守，他的兒子很快就會加入這個領域，這再明顯不過了。

§

開始於倫敦大學學院就讀時，十七歲的李斯特意識到自己離孩童時期熟悉的生活很遙遠。他居住的厄普頓村（Upton）只有一萬兩千七百三十八個居民。[9] 儘管厄普頓距離城市只有十哩，卻只有騎馬或搭四輪馬車沿著充當道路的泥濘小徑才到得了。李斯特家的花園有一座東方風格的小橋，橋下有水流過，花園裡有蘋果樹、山毛櫸、榆樹及栗樹。他的父親寫道：「摺疊窗通往花園；也通往宜人的溫度與沉靜，鳥語蟲鳴，明亮的草皮與蘆薈，延展開的深色雪松，以及頂上變化萬千的蒼穹。」[10]

與色彩鮮明、蒼翠花園圍繞的厄普頓之家相較，倫敦是一片被籠罩的灰。藝術批評家約翰．拉斯金（John Ruskin）稱之：「一堆正在發酵的可怕磚砌建物，毒素自每個孔洞湧出。」[11] 人們習慣將垃圾堆在房子外面，有些房子沒有門，因為窮人經常在冬季把門拿來當柴燒。每天行經巷弄道路並留下糞肥的，是數千匹上了馬鞍的馬、馬車、公車及雙輪雙座馬車。一切的一切——從建築物到人——全都覆蓋了一層煤灰。

十九世紀的倫敦人口在短短一百年內從一百萬激增到超過六百萬。富人為了綠茵草地離開城市，留下因為被群眾佔據、不久後就失修的華麗宅邸。一間房間裡頭可能就塞了超過三十人，各種年紀的人擠成一團，身上蓋著弄髒的破布，他們或蹲、或睡、或在蓋滿稻草的屋舍內排泄。最窮的人被迫住在「地下之家」，永遠不見天日。老鼠啃咬著營養不足的嬰兒的臉和手指，他們之中許多人就在這般陰暗、惡臭又潮濕的環境中死去。

死亡是經常叨擾倫敦居民的訪客，而死者的處置又是一個日益麻煩的問題。[12] 教堂墓地堆滿人類遺體，對公共健康造成莫大威脅。從新翻好的土地裡看到骨頭突出並非什麼怪事。墓地裡的屍體一個接著一個往上堆，多數都只是挖開的洞，堆著一排又一排的棺材。謠傳這個世紀初期，有兩個男人因為墜入二十呎深的埋葬坑裡，為屍體腐爛所散發出來的氣體所窒息。[13]

住在這些埋葬坑附近的人，實在無法承受這股氣味。[14] 東倫敦克萊門巷（Clement's Lane）的住家就位於當地墓園的正後方，墓園滲出腐爛的淤泥；臭氣強烈到住戶們長年都沒打開過窗戶。參加恩隆大教堂（Enon Chapel）主日學校的小孩就無法逃過這種不悅了。上課的同時蒼蠅在他們身旁盤旋，無疑是從塞了一萬兩千具腐爛屍體的教堂地窖跑出來的。

在一八四八年的公共健康法通過前，人類遺體的處置也相對粗糙，該法設立了中央化的健康總理事會，並開啟一場公共衛生的革命。在法案通過前，倫敦許多街道基本上就是開放式水溝，釋放出大量（而且通常是致命的）甲烷。條件最差的住宅區中，所謂「背對背」的住宅連成一線，彼此之間只隔著四到五呎寬的狹窄通道。被尿浸滿的溝渠從中流過。就連於一八二四至一八四四年間增加的沖水馬桶數量也沒能讓問題有太大起色。沖水馬桶的建造迫使地主雇人從城市建築的糞坑中清除過剩的「排泄物」。一支由「煮骨人」、「掘溝人」、「清溝工」組成的地下軍隊於是發展了出來，專門開採埋在城市地底由人類製造的殘渣。[15]這些拾荒者——被作家史帝芬．強森（Steven Johnson）稱為史上第一批廢物回收者——從數千磅的垃圾、糞便、動物屍體中挑揀後，將這些污穢貨品運到市場，賣給鞣革匠、農夫，或是其他業者再利用。

其他地方做的生意也沒有多衛生。[16]燒脂肪的、煉膠的、毛皮商、刮內臟的、扒狗皮的，全都在城市中某些人口最多的地區進行著他們臭氣逼人的工作。舉例來說，史密斯菲爾德（Smithfield）——距離聖保羅大教堂（St. Paul's Cathedral）只有幾分鐘路程——就是個屠宰場。那裡的牆壁沾滿了腐爛的血與脂肪結塊。綿羊被猛扔到深處，先打斷腿，接著任由底下的工人劈斬、剝皮、屠宰。結束了一天漫長的工作後，這群工人帶著他們恐怖工作的氣味回到居住的貧民窟。

那是個肉眼看不見的危險潛伏的世界。就連富裕家庭中花卉牆紙的綠染，或是精心打扮的女士們帽子上的人工草葉，都含有致命的砷。所有東西都受到有毒物質污染，從人們每天消耗的食物，到每天都必須喝的水。那時李斯特進入了倫敦大學學院，而倫敦正被自身的污穢淹沒。

在煤塵與髒污之中，城市居民試圖改善首都的狀況。舉例來說，李斯特即將開啟大學生涯的布魯姆斯伯里（Bloomsbury）區，就有著剛擦好澡的寶寶散發出來的宜人香氣。那是變化不斷的區域，其發展速度之快，若是一八〇〇年搬到那裡的人，過了短短幾十年後，會發現幾乎認不出那裡。當年輕醫師彼得・馬克・羅傑（Peter Mark Roget）——後來以其姓氏出版同義辭典的作者——在十八世紀末搬到大羅素街（Great Russell Street）四十六號時，曾描述他家附近蔓延的各個花園，與「純淨」空氣。[17] 到了一八二〇年代，建築師羅伯特・斯莫克（Robert Smirke）的新大英博物館開始在羅傑住的街上動工。這個壯麗的新古典建築將花上二十年才完工，這段期間刺耳的鐵鎚聲、割鋸聲、還有鑿刻聲貫穿了整個布魯姆斯伯里區，原先這一帶羅傑熱愛的寧靜氛圍就這麼破滅粉碎了。

大學也是都市發展的一部分。[18] 一八二五年六月初一個柔和的傍晚，大不列顛未來的大法官亨利・布魯厄姆（Henry Brougham）與其他幾名議會改革派的議員，一同坐在河岸街（Strand）的皇冠與錨酒館（Crown and Anchor Tavern）。他們在那裡構思出日後將成為倫敦大學學院（UCL）的計畫。這個新機構將不受任何宗教約束。它將會是國內第一所不需要學生參加國教每日禱詞的學校——這點倒是很合李斯特的意。後來，國王學院的競爭對手把讀UCL的人稱作「高爾街的無神論人渣」，因為大學就位於高爾街上。

創始人決定，UCL的課綱應與其非宗教的緣起一樣激進。大學必須具備像牛津與劍橋大學教授的傳統學科，也要有新的，例如地理、建築以及現代史。尤其是醫學院，由於鄰近創校後六年設立的北倫敦醫院（Northern London Hospital，後來的大學醫院），將比另外兩所大學更具優勢。

許多人對於要在倫敦蓋大學這件事持懷疑態度。專事嘲諷的報紙《約翰公牛》（John Bull）對於在這般喧囂之城教育年輕學子提出質疑。該報以其標誌性的嘲諷譏笑道：「倫敦的道德、平靜及有益健康的環境，加總起來似乎使首都成了教育青年的最佳場域。」[19] 文章繼續道出其想像，大學將會蓋在西敏寺附近惡名昭彰的貧民窟托西爾斐爾德斯（Tothill Fields），「為防範各戶家長提出的任何反對，防止他們的孩子遭遇擁擠街道上發生的意外事故，將有一大批樸實可敬的中年婦女在每日早晨及傍晚負責照顧學生上下學。」然而，在反對聲浪與擔憂之中，UCL的主建物仍建造完成，並於一八二八年十月開始收受學生。

§

約瑟夫．李斯特於一八四四年初次到來時，大學仍在初生發展階段。當時UCL只有三個院校：藝術、醫學與法律。為迎合父親的心願，李斯特先取得了文學院的學位，文學院與現代人文社科的基礎相近，系列課程包含歷史、文學、數學以及科學。這並非踏入外科的尋常路徑，因為一八四〇年代多數學生都跳過這一步，直接攻讀醫學學位。但後來，李斯特將會把自己貫通科學理論與醫學實踐的能力歸功於他的博學背景。

身高五呎十吋的李斯特比他多數同學都來得高。[20]認識他的人都會提到他引人注目的身高與優雅的舉止。李斯特在這個年紀可以說是典型的英俊，直挺的鼻子、豐滿的唇、加上波浪型的褐髮。他身上散發的一股緊張能量，讓他和別人站在一起時更為顯眼。赫克特．查爾斯．卡麥隆（Hector Charles Cameron）——李斯特的傳記作者之一兼晚年友人——憶起他初次見到這名未來外科醫生的場景：「當我獲允進入會客室時，李斯特背對著爐火站著，手上拿著一只茶杯。我記憶中的他好像總是站著……即便有那麼幾分鐘他坐著，當下對話的某些新轉折總會無可避免地驅使他站起來。」[21]

李斯特的腦子總有著一連串活動。當他感到激動或窘迫時嘴角會微微抽動，而在他幼年時期纏擾他的口吃就會再度出現。儘管內在充斥著波動，哈利法克斯的史都華（the Stewart of Halifax）仍以「難以言喻的溫順氣質，近乎羞赧」來描述李斯特。[22]另一個朋友則寫道：「他活在自己的思想世界裡，謙遜、不高傲、不裝腔作勢。」[23]

李斯特是個莊重的人，而他的出身更是凸顯了這個特色。他社群的宗教教義規定，信徒必須穿著肅穆的深色服裝，並以「汝」或「爾」這等古語代名詞稱呼他人。年幼的李斯特總是被一片黑色外套與寬沿帽所包圍，他們家族的男人從不摘下帽子，就連教會布道時也是如此。女人總是穿著單純，搭配綁在脖子上的摺疊方巾與雙肩上的樸素披巾，戴著人稱煤桶帽的白色平紋女帽。李斯特去大學上課時，穿戴著遵從他信仰的深沉顏色，在其他穿著較合乎潮流的同班同學中，這點無疑又與他的身高一樣令他更顯眼了。

來到UCL後不久，李斯特住進學校附近的倫敦街（London Street）二十八號，和大他八歲的貴格會信徒愛德華．帕默（Edward Palmer）當起室友。帕默其實是羅伯特．利斯頓的助手之一，而認識他的人說他是「一個困頓不已，但對外科這門職業有著絕對熱誠的男人」。24 兩人很快就成了朋友。一八四六年十二月二十一號，李斯特可以參加利斯頓使用乙醚的歷史性實驗，有一部分就是因為帕默。李斯特的在場其實也顯示出那並非他第一次參加醫學課程；若不是之前早就彼此認識，偉大的利斯頓也不太可能允許他那天下午參與。確實，李斯特早在完成文學士學位前就已經研究了好幾個月的解剖學。該年最後一季的帳本中，李斯特記下了「鑷子與尖刀」，以及付給一位神祕的「U. L.」的十一先令，買的是他解剖的身體部位之一。25 在他年輕時期，認識他的人都知道他是多麼迫切想要開始習醫。

愛德華．帕默為人卻有比較黑暗的一面，這點並不利於李斯特。一八四七年，他們二人搬到了安特希爾廣場（Ampthill Square）的貝德福特公寓（Bedford Place）二號，約翰．霍奇金（John Hodgkin）——第一個描述淋巴系統異常，此疾病因此以他命名的知名醫生湯瑪斯．霍奇金（Thomas Hodgkin）的姪子——也加入他們。霍奇金與李斯特兩家本就是舊友，因為有著共同信仰而熟識。兩人小時候還一起就讀位於托登罕（Tottenham）的寄宿學校樹叢之家（Grove House），那裡當時採取的課綱比其他學校進階，除了古典文學以外，也注重數學、自然科學以及現代語言。小李斯特五歲的霍奇金說，他們在安特希爾廣場的房間「陰暗骯髒」，而且兩個室友「過於成熟又嚴肅」，使得「生活變得抑鬱、百無聊賴」。[26] 剛到UCL時，和他童年好友相較之下，他並沒有那麼喜愛愛德華．帕默。這個年輕男子說帕默是個「古怪的人……很奇特……是個無庸置疑的怪人」。雖然帕默虔誠無比，但霍奇金並不認為是因為宗教信仰才讓他顯得這麼怪。最讓霍奇金不悅的是，李斯特在帕默的掌管下住得越久就變得越孤僻。除了上課以外，他好像比以前更不熱中課外活動。而後來變得精神錯亂還住進精神病院的帕默，對一個滿懷抱負的外科醫生，也無法帶來什麼人生上的正面影響。霍奇金曾警告說，他認為帕默「就算是對李斯特來說，也不是個非常合適的友伴」。[27]

李斯特和帕默在他們多數同儕之間都是個反差。在對新進學生的演講中，UCL的一名外科教授曾警告：「當朝氣蓬勃的旅人離開父母的家，來到偉大而人口超載的城市的公路上、小徑上——寬闊大街與狹窄巷弄徘徊之際——惡名昭彰的陷阱等待著。」[28]他痛斥例如賭博、上戲院與喝酒這類「品行不端的習慣」，還說他們「比老人的麻瘋病更容易感染，還會扭曲心靈，威力遠超過能夠摧毀身體的東方瘟疫」。這名教授呼籲新進學生抗拒這些惡習，且應該勤勉研究解剖學、生理學、化學以揭露科學真理。

他的警告其來有自。

據醫生威廉．奧古斯特斯．蓋伊（William Augustus Guy）所言，當時「醫學生」這個詞已經成了粗俗混亂與放蕩的代名詞。[29]這種觀感也是四處通用的。一名美國記者觀察到紐約的醫學生「有著橫行、意氣風發，而且對夜間活動上癮的傾向」。[30]他們通常是看起來不修邊幅，而且聚集在宏偉的教學醫院周遭寄宿處或便宜旅店的一群人。[31]他們穿著合乎潮流——到近乎俗艷的程度——除了他們格外骯髒的上衣。他們走在路上總是叼著根雪茄：是一種放縱，但卻是為了掩蓋他們整天待在解剖室、那已經滲透身上衣物氣味的必需品。從那名教授給學生關於壞習慣的各種警告看來，他們屬於愛爭吵、喝酒、打鬧的那一類。

當然，ＵＣＬ的人並非全是輕浮的熱血青年。有些人，例如李斯特，就用功而勤勉。他們生活節約，會拿錶去散落在大學附近狹窄街巷的當地當鋪，把抵押的錢拿去買醫療器材。其他人也會造訪河岸街的刀匠Ｊ・Ｈ・薩凡尼（J. H. Savigny），他的店鋪是倫敦第一間手術器械專門店，成立於一八〇〇年。這類地方專門販售解剖刀、手術刀、鋸刀，根據一家英國報紙介紹，他們「精心製作到極為準確的程度，能夠大幅降低病人的痛楚，並且完全消除執刀者對失望的疑慮」。[32]

比起別的，外科學生和其他學生群體最大的區別在於他們攜帶的器具。手術在當時還是一門體力活，看重的是技術，而不是科技。新合格外科醫師的器具箱裡會有手術刀、鋸骨刀、鑷子、引針、鉤子、針、縛線及刺胳針，其中刺胳針又極其重要，因為放血治療的風潮在維多利亞時期盛行不衰。許多外科醫生也會攜帶口袋式器械盒，通常是用在到府看診的小手術。

切除刀在外科醫生的工具組中佔有近乎神話般的地位。這也是十九世紀前半葉就經歷過重大設計改革的少數器械之一。這有一部分是因為切除手術的本質改變了。老一派的外科醫生偏好環形截肢術，必須全面切開病肢表面的圓周，拉開皮膚與肌肉，並鋸開骨頭。[33]這種方式需要一種彎曲、寬面的厚重手術刀。不過，後世的外科醫生則偏好他們稱為皮瓣的方法。一八四六年利斯頓用乙醚麻醉邱吉爾時做的就是皮瓣手術。到了一八二〇年代，切除刀已經變得比較輕薄，刀片也改成直的，反映出皮瓣這個方式益趨流行。它涉及了「穿刺」，基本上外科醫師需要將刀刺進病人，讓切除刀深入欲截斷的病肢、向上拉，再從切面的底下穿刺皮膚。

有些外科醫生會依照自己偏好的方式訂製手術刀。羅伯特．利斯頓——據說會將解剖刀放在外套袖口，保持刀片溫熱——設計了他自己的切除刀，比起一般切除刀來得更大，刀面有十四英寸長、四分之一英寸寬。[34]刀具頂端的最後兩英寸非常鋒利，這是為了能劃一刀就切開皮膚、厚肌肉、筋以及腿部組織。一八八八年開膛手傑克會選擇「利斯頓刀」來大開殺戒，就不令人意外了。

在李斯特的學生時期，像是截肢刀的這類器械都是細菌棲身之地。時髦通常會勝過功能。許多刀具上都有裝飾雕刻，而且被收納在絨布盒子之中，裡面滿載過往手術的血漬。外科醫生威廉・佛格森（William Fergusson）建議使用黑檀來製作手術器械的把手，能讓切割濕滑的靜脈和動脈束時更容易抓握。十九世紀時，人們還是會使用木頭、象牙以及龜殼這類傳統素材，儘管之後金屬器械的生產激增仍是如此。遲至一八九七年，還有一份目錄上面寫著：「我們並不認為金屬握把的器械會在近日內取代黑檀與象牙製器械。」[35]

李斯特的第一個器械盒裡，有著新手外科醫生開始訓練時應有的一切：用來切斷病肢的鋸骨刀；用來撥開組織的鑷子；排除子彈或是異物的探針。但是李斯特去ＵＣＬ時帶著的一樣東西，是他多數同學沒有的：他的顯微鏡。在他父親的指導下，他也變成了相當厲害的顯微鏡學家，而且也學會信任這個科學儀器的力量。

李斯特有好幾個教授仍認為，用顯微鏡來研究手術不僅多餘，更對醫療體制本身是個威脅。儘管有著例如約瑟夫・傑克森改良的消色差透鏡片，醫學界的人仍然對這個機械持懷疑態度，其中許多人根本缺乏妥善操作顯微鏡的技巧和訓練。顯微鏡能揭露什麼？所有相關徵兆和病徵想必用肉眼就能觀察出來。而這些顯微鏡的發現又有多少能夠真的對有效治療病人有所貢獻呢？除非使用這個儀器有確切的好處，而且還能運用在醫學實務與外科上，否則多數人都認為沒有必要為其浪費時間。

不過，英國醫生還是很難否認顯微鏡讓歐洲大陸在病理學上有了重大進展。特別是法國，在這個科學儀器的幫助之下，正以前所未有的速度迎接新發現，部分是因為法國大革命期間巴黎大型醫院數量增加。到了一七八八年，已經有二萬零三百四十一個病人住在城市中四十八間不同的醫院：沒有一個地方跟得上這個史無前例的數字。[36]這批人之中有大量都因為疾病死亡。因為他們大都是窮人，屍體沒人認領，於是就落入像是比夏（Marie François Xavier Bichat）這些解剖學家的手中，據說他在一八〇一至一八〇二年冬天切開了不下六百具屍體。[37]

比夏的研究讓他得出了疾病的基地是在人體內的結論，而組織是會受損的明確實體。這跟當時盛行疾病會攻擊所有器官或是整個身體的信念背道而馳。值得一提的是，在他於一八〇二年意外從自己的醫院樓梯摔死前，比夏能夠描述並命名人體中的二十一種膜，包括結締、肌肉以及神經組織。

十九世紀的早年，法國醫生越來越常使用顯微鏡。[38]皮耶・雷耶爾（Pierre Rayer）就是史上第一個進行尿液的顯微鏡與化學分析的人。生理學家暨藥理學家弗朗索瓦・馬詹帝（François

Magendie）也開始在他的生理學課堂上用顯微鏡作為教學工具，而加布里埃・安達拉（Gabriel Andral）與朱爾斯・加瓦列特（Jules Gavarret）則是用顯微鏡分析血液。到了李斯特進入醫學院時，部分巴黎的醫生甚至已經用顯微鏡來診斷肌膚、血液、腎臟以及泌尿生殖系統的疾病。

回到英國，顯微病理解剖學優劣的相關辯論仍在激盪著。然而，李斯特可是他父親的兒子。在UCL期間，和他多數教授相比，他顯然更了解如何操作這個複雜儀器。在一封寫給父親的信中，他提到他修的一門光學儀器課程，他說教授「提到爾所引進的改良，且將整個顯微鏡卓越與觀察的改革全數歸功於爾，此外，他還說，自顯微鏡創造以來，這些改良是之於實驗與觀察應用上最巧妙的實例；再者，他也說爾之實驗進行得極富技巧」。[39]

不過李斯特並非全然滿意這門課。令他失望的是，這名教授毫不留情地斷定，學生應該對顯微鏡於醫學上的有效運用保持懷疑態度，因為顯微鏡仍有需要改良的空間，任何用顯微鏡得出的實驗結果都可能有所遺漏。李斯特對父親發牢騷地說，這門課「還真是令我失望，我想其他人也這麼想」。

但李斯特可不會輕易打消念頭。從UCL教授華頓・瓊斯（Wharton Jones）那裡取得新鮮的人類虹膜切塊時，他將注意力轉移到肌肉的微觀構造上。他標記了水晶體與虹膜之中的色素顆粒。之後，他又轉而觀察毛囊內的肌肉組織，並設計出一套可以讓縱切面薄到能在顯微鏡底下妥善觀察的方法：「將局部（頭皮）用兩片板子（木頭）壓縮，並用鋒利的剃刀把木板與頭皮削成薄片，就能取得相當薄的截面。」[40] 李斯特甚至透過這些實驗在《顯微鏡科學季刊》（*Quarterly Journal of Microscopical Science*）發表了兩篇論文。這是他的外科生涯中，使用顯微鏡進行諸多研究的早期成果。

多年後，到了一八五一年，當他們共同在大學醫院一同工作時，李斯特的主管對於他的部下沒有太多可說，只說他「過於害羞、保留，只能當作點頭之交」。[41] 儘管有這樣的評論，他的主管仍記得李斯特和其他學生不同的地方：「他用的顯微鏡比學院裡任何人的都好。」也正是這個儀器，將幫助他解開煩擾了外科數個世紀的醫學之謎。

II 死亡之屋

HOUSES OF DEATH

多麼迷人的一份工作，能靜靜坐在公寓裡參與大師級工藝；以適當的名稱喊出每片每塊；知曉其所屬的位置與功能；探索眾多器官聚合在一起，如此變化多端地運作，卻又完美地聯合在一塊各司其職。[1]

——D・海伊斯・阿格紐（D. Hayes Agnew）

煤氣燈的光暈照亮了躺在房間後頭桌上的屍體。大體已經被肢解到無法辨識，它的腹部被心急的學生切劃開來，然後又將腐爛的器官隨意扔回血淋淋的空腔之中。屍體頭蓋骨的頂端已經被移除，現在正坐在它的亡者主人旁邊的凳子上。[2]大腦早在幾天前就分解成一攤灰色的漿糊。

在李斯特早年的醫學研究中，也曾面臨與ＵＣＬ相似的場景。一條中央走道將昏暗的解剖室劃成兩邊，每邊各有五張木桌。大體的頭被切開懸在木桌邊緣，下方凝成一攤血池。由於地板上覆蓋了一層厚厚的木屑，停屍間靜得令踏入的人感到不安。「一絲聲響都沒有，連我自己的腳步聲都聽不見……只有倫敦街道獨有的熙來攘往之聲，不安地透過屋頂通風管傳下來。」[3]一名學生觀察道。

雖然ＵＣＬ與其附屬醫院在一八四七年都還算新，它的解剖室卻和其他老舊機構的一樣可怕。裡面有著各種可怕的景象、聲音與氣味。當李斯特劃開一具大體的腹部——其隱窩存有未消化食物形成的濃稠汁液與排泄物殘渣——大體釋放出一股強烈的混合臭氣，久留在人的鼻孔內，即使已經離開現場很久也揮之不去。更糟的是，房間的盡頭有個壁爐，因此冬季解剖學課程開始時，房間裡悶得令人難以忍受。

與現在不同，當時的學生在學習期間避不開死者，而且解剖的屍體還經常陪伴在他們左右。就連那些住得離解剖學院還算遠的學生，也難以擺脫會讓他們想起課堂上恐怖活動的事物，因為當時進入解剖室不但沒有手套可以戴，更沒有任何形式的保護裝備供使用。確實，當時看見下課的醫學生衣服上黏著肉、腸子或是大腦碎片並非奇事。

大體對於任何有膽踏入停屍間的人都是勇氣與冷靜的測試。[4] 即便是最資深的解剖師也還是會遇上令他們脈搏加速的情況。著名婦科外科醫師詹姆斯·馬里恩·西姆斯（James Marion Sims）曾憶及他學生時期的一樁恐怖事件。某個傍晚他的老師正在燭光下進行解剖，而他不小心撞開了固定在桌頂上方、纏繞著屍體的鐵鍊。這具大體受到自己下肢重量的拉扯，「從地上彈起來站得直挺挺的」，而且「雙手手臂強力地靠上」解剖者的肩膀。這時，原本放在死者胸膛上的蠟燭應聲熄滅，整個房間頓時一片漆黑。看著老師冷靜地控制大體，將其手臂放回桌上，西姆斯感到相當震撼，也說如果今天是他遇到這種事，他就會拋下屍體，任其由地心引力處置。

對於外行人，解剖室是個活夢魘。法國作曲家暨前醫科學生埃克托·白遼士（Hector

Berlioz）跳出窗戶逃回家，後來他回想初次踏進解剖室的情景：「就像死亡本尊和他可怕的夥伴追趕著我」。[5]他描述看見「散落的四肢、僵笑的頭、碎裂的頭骨，腳下血腥的糞池」時，那股駭人的厭惡感。最糟的一幕，他想著，是看見老鼠啃咬著滲血的脊骨，還有麻雀成群啄著肺部殘餘鬆軟組織的樣子。這個學科並非人人都念得來。

不過對於那些希望繼續攻讀學位的人，解剖室是躲不開的地方。當解剖課程即將開始之際，多數學生最終都欣然接受切開屍體的機會，對此毫不排斥，李斯特當然也不例外。他們做的是數個世紀以來存在於理性與迷信間的拉鋸戰：讓科學之光有機會照亮無知的黑暗。在醫學這個領域之中，解剖學家經常被尊稱為探險家，他們在半個世紀前科學世界所知微乎其微的領域中無畏探索。[6]當時曾有人寫道，透過解剖，解剖學家「迫使死者的身體揭露其祕密以造福活著的人」。[7]這是一個人進入醫學兄弟會的必經儀式。[8]

漸漸地，學生不再將擺在眼前的屍體看成人，而只是物體。他們將自身情感抽離的能力形塑了醫學界的思維模式。查爾斯・狄更斯（Charles Dickens）在《匹克威克外傳》（*The Pickwick Papers*）中描述耶誕節的寒冷早晨，兩個醫科學生間完全虛構但又極具說服力的對話。「你那條腿弄完了嗎？」班傑民．艾倫（Benjamin Allen）問道。「還剩一點，」他的同事鮑伯．索耶（Bob Sawyer）回答：「對於小孩而言，那條腿還真壯……沒什麼比解剖更讓人肚子餓的了。」[9]

如今，我們輕蔑地說這種冷漠叫臨床疏離，但在李斯特的時代，那卻叫作必要殘酷。[10]法國解剖學家約瑟夫—吉夏．杜維涅（Joseph-Guichard Duverney）說，藉由在屍體身上「觀察與練習」，「我們拋開了愚蠢的溫柔，於是我們能聽到他們哭喊，卻毫不混亂。」[11]這並非醫學教育的附屬品，而是目標。

隨著醫科學生因訓練而麻木，他們也變得無禮，大眾對此甚感恐慌。停屍間的惡作劇之普遍，到了李斯特進入醫學院時，已經成了該專業的正字標記。《哈潑新月刊》（*Harper's New Monthly Magazine*）譴責這種盛行於解剖室內對死者的黑色幽默與漠不關心。[12]有些學生甚至完全踩出合情合理的界線，拿他們分配到的大體腐爛部位當作武器，把切斷的腿和手當作是嬉鬧的決鬥工具。還有人從教室內偷渡內臟到外面，藏在外行人發現時會驚嚇不已的地方。一名外科醫生回憶自己還是學生時，有好奇觀眾參訪解剖室的事。這些外來者穿著雙排釦外套，衣尾口袋經常會收到免費捐贈的附肢。

當然這一切並非都只是輕率。切開死者身體也夾帶著諸多有形風險，有些甚至可能致命。任教於格拉斯哥大學（University of Glasgow）的威廉・特納特・蓋爾德納（William Tennant Gairdner）教授，就用以下極端的話語告誡新進學生：「自從接任這個職位以來，我們一次都沒有忘記，每當有人付出了生命的代價，死神總是準備好收成，他的鐮刀從不厭倦。」[13] 哈佛大學教授雅各・畢格羅（Jacob Bigelow）（其子是亨利・雅各・畢格羅，後來曾見證了威廉・T・G・摩頓的乙醚手術）也警告未來的醫科學生，解剖刀造成的皮膚微小傷口或裂縫，都有著毒性效果。這些所謂的針刺孔是通往早逝的捷徑。這類危險永遠存在，即便是對於最資深的解剖學家也不例外。最盡力防範死神的人，通常也最難逃離其魔掌。

活著的人，若是罹病的患者，也讓站在醫學最前線的人暴露於風險之中。醫科學生與年輕醫生的死亡率極高。[14] 一八四三至一八五九年間，在聖巴托羅買醫院（St. Bartholomew's Hospital）就有四十一名年輕男子因為致命感染死亡，他們甚至都還沒能取得醫師證照。[15] 這些因此喪命的人通常會被賦予烈士的美名，因為他們為了增加解剖相關知識而做出了終極犧牲。有些人即便活了下來，也會在擔任住院醫師期間染上某種疾病。沒錯，進入這個領域的人要面對的挑戰之大，連外科醫師約翰・阿伯內西（John Abernethy）都曾在他的課堂上憂鬱地說：「願上天垂憐。你們以後會怎麼樣呢？」[16]

李斯特的職涯生活中，也很快就碰上了這種身體風險。當他注意到自己手背有著白色的小小膿皰時，他正沉浸在他的醫學研究之中。這只有一種解釋：天花。

他對這個糟糕疾病顯而易見的徵兆是再熟悉不過了，因為他的哥哥約翰幾年前才染上天花。得到天花的人之中約有三分之一都死亡了。存活下來的人餘生經常伴隨著破相的疤痕。當代曾有人寫道「其力量的醜陋蹤跡」糾纏著受害者，「讓嬰孩變成親生母親都會懼怕的醜怪，讓即將結婚少女的雙眼與雙頰變成愛人也會驚駭的東西。」[17]因此，天花是十九世紀最令人畏懼的疾病之一。

約翰活了下來，但隨即就發展出一顆不相干的腦部腫瘤。他病了好幾年——先是失去視力，爾後雙腿又不能動——最後在一八四六年去世，得年二十三歲。他的死對李斯特的父親約瑟夫・傑克森打擊甚大，他因此喪失了對顯微鏡研究的一切熱情。他再也不曾重拾這項工作。

而對李斯特而言，這是他第一次見證到自己的專業中也存在真正的限制，因為在一八四〇年代，這世上沒有一個醫生能夠成功處置約翰的腦部腫瘤。

儘管李斯特在發現染上天花時感到絕對的恐懼，但他的病情不算嚴重，和他哥哥一樣。他短時間內就康復，而且臉上和手上都沒留下任何疤痕。但與死亡擦肩而過的他變得氣餒，而且心中開始糾結有關自己命運的諸多疑問。他更積極投身於宗教。他的朋友暨室友約翰．霍奇金後來寫道，李斯特自從天花痊癒後，就開始經歷一些與靈魂相關的信仰矛盾。他的注意力偏離了大學課業，同時想著屬於他的天命究竟是外科還是為貴格會服務。如果成為一名牧師，他一定能帶來實質的改變。醫學根本救不了他哥哥的命。或許貴格會的教義沒錯，他應該將更多信心放在自然的療癒能力，而非醫學。[18]

李斯特的道德意識危機在一八四七年的一個週三傍晚迎接了轉捩點，他當時正在距離校園不遠的恩典堂街（Gracechurch Street）聚會所參與貴格會聚會。霍奇金驚愕地目睹自己的朋友在寂靜的禱告聚會中起身並說：「我將與爾同在，並保護爾：汝莫驚。」[19]唯一能在禱告聚會開口的人只有牧師。李斯特引出聖經的片段，是在告訴他的團體（包括霍奇金），他覺得手術室——被血與腸環繞——並非他命運的歸屬，而是道壇。約瑟夫·傑克森立刻介入。他並不認為自己兒子想要侍奉主、那份值得讚許的渴望僅侷限於貴格會。事實上，他還力勸李斯特繼續他的醫學研究，透過幫助病人來使主歡喜。

但李斯特卻陷入越來越深的憂鬱。無法工作的他在一八四八年三月突然離開UCL。他的精神崩潰顯示出將會折磨他一生的憂鬱症。與他同代的人後來說「嚴肅的陰影」總是籠罩著李斯特，並且「牽扯他的一舉一動」。由於他本身有著過度「靈魂重擔一般的責任感」，因此「極少拋開悲傷的外衣」。[20]

雖然聽起來很像時序錯亂，但「精神崩潰」一詞被李斯特的外甥暨自傳作者里克曼·約翰·哥德里（Rickman John Godlee）用來描述他舅舅這個時期的生活。維多利亞掌權期間，多數醫生藉由給予包含危險成分的調劑物來治療精神疾病，包括嗎啡、番木鱉鹼、奎寧、可待因、阿托平、汞，甚至是在一八〇九年被加入倫敦《藥典》（*Pharmacopoeia*）的砷。[21] 這些所謂的神經補劑，由當時盛行的正統醫學觀念，對抗療法（allopathy）的支持者所提倡，即「之於疾病以外」。簡而言之，這個理論秉持治療疾病的最佳方式，是製造出與該病理狀態相反的身體狀況。例如，發燒的話，就要讓身體冷卻下來。精神有障礙的話，就得讓病人受損的神經回復強度與韌性。

「自然療法」（Naturopathy）——提升自體療癒能量來治療疾病的方法——在維多利亞時代的醫學界也佔有重要地位。醫生非常看重變換空氣與風景，藉此對抗他們認為破壞神經的來源：壓力、工作過度以及精神焦慮。重點是讓病人離開導致他們崩潰的環境。

這也是李斯特選的路。四月末，李斯特和霍奇金一起到英國南方海岸的懷特島（Isle of Wight）旅行，他們造訪了高踞於斯奎衮爾灣（Scratchell's Bay）四百七十二呎懸崖上的舊尼德爾斯燈塔（Needles Lighthouse）。六月時，他到了伊爾弗勒科姆（Ilfracombe），一個位於薩默塞特郡（Somerset）與布里斯托灣（Bristol Channel）岸邊的小村莊。在那裡，他接受富有商人湯瑪斯・皮姆（Thomas Pim）請他到愛爾蘭的邀約。皮姆一家是孟克斯頓（Monkstown）德高望重的貴格會教友，該處鄰近都柏林，是那一帶貴格會的大本營。約瑟夫・傑克森在信中對兒子說，他希望這些旅行能幫助李斯特恢復他的精神狀態：「有時這些使爾抑鬱之事其實只是疾病，加上太過用功讀書使然……現在應該做的是珍惜你虔誠而愉快的精神，打開胸懷去見識與享受充滿在我們周遭的寶物與美麗：——而非讓自己決心定下想法，更不是執著於當下的嚴肅事物。」[22]

李斯特在英國與歐洲遊歷十二個月後才終於回到倫敦。一八四九年，他克服了心魔，重新註冊 UCL，對外科的熱情也重生了。李斯特開始在解剖室以外的閒暇時間繼續從事他的解剖學研究，他從撿骨人和醫療供應商那裡取得身體部位，以利深入了解人類解剖學。其中包括一個膀胱、一副胸膛，以及他以十二先令又六便士購入的一顆附帶部分脊髓的頭。[23] 那年十二月，他從他前室友愛德華·帕默那裡買下一副人類全骨骼，耗資五鎊，他在接下來的兩年分期付清費用。

結束醫學院的第一學年後，李斯特於一八五〇年展開他在大學醫院的住院醫師任期。[24] 幾個月後，醫療委員會提議讓他成為醫院資深外科醫師約翰·艾瑞克·艾瑞克森（John Eric Erichsen）的手術助手。雖然李斯特曾經因為自己健康的狀況而婉拒，但這次他同意了。

要說維多利亞時期醫院的最大優點，就是比喬治王時代**稍微**改善了一點。當一間醫院的「首席捕蟲官」——負責清除床墊上蝨子的人——薪水比外科醫師還高時，這還真不是什麼值得推崇的事。[25]

無可否認的，十九世紀前半葉，倫敦有不少醫院都為因應城市人口迅速成長而重建或擴建。舉例來說，聖托瑪斯醫院（St. Thomas' Hospital）就在一八一三年擴增了新的解剖手術室和博物館；而聖巴托羅買醫院也於一八二二至五四年間經歷多次結構性改良，提升了能夠收受的病人數量。這個時期也有三間教學醫院新落成，包括一八三四年建好的倫敦大學醫院。

儘管有這些改變——可能也是因為這些擴張突然間把數百名病人帶到彼此身邊——當時大眾把醫院稱為「死亡之屋」（Houses of Death）。有些醫院只收身上錢足以張羅自己躲不過的後事的病人。[26]其他，像是聖托瑪斯醫院，如果受理住院的官員認為相關人士「犯規」的話，則會收取雙倍費用。外科醫師詹姆斯・Y・辛普森曾在一八六九年說：「去滑鐵盧戰場的軍人存活率都比住院的人高。」[27]

儘管有讓醫院更乾淨的象徵性作為，多數醫院還是一樣過度擁擠、可怕而且管理不良。[28]醫院是感染的繁殖場，而且只提供生病和瀕死的人最原始的設備，其中多數都住在通風不良或沒有乾淨水源的病房。大城市醫院中的外科手術切口更是最容易受到感染，因此只有情況非常危急時才允許進行手術。病患通常會長期處於髒亂之中，並在受到任何醫療照護前就死亡，因為多數醫院的人手嚴重不足。一八二五年，參訪聖喬治醫院（St. George's Hospital）的人發現，有個正在等待康復的複合性骨折病人，住院期間躺在骯髒、潮濕甚至長出了蕈類和蛆的床單上。這名病患還以為這是正常的，完全沒抱怨，他病房內的其他人也都不認為這種髒亂有任何特別值得一提的地方。[29]

最最糟糕的就是醫院總是充滿著尿、屎還有嘔吐物的味道。每間病房都滲透著令人作嘔的氣味。這股臭氣實在太強烈，有時候醫生會用手帕捂著鼻子在醫院內移動。這是外科學生第一天到醫院時，遭遇到最挑戰他們感官的一件事。[30]

英國最早開始使用橡膠手套的外科醫生之一——伯克利．莫伊尼漢（Berkely Moynihan）回想他過去和同事進到手術室時，總會先把自己的外套丟到一邊，然後套上一件通常早就沾滿乾血漬和膿汁的罩衫。罩衫曾屬於某位退休員工，如今被驕傲的後繼之輩當作榮譽勳章來穿，其他許多手術用衣物也都是如此。

生產時陰部撕裂的孕婦在這些危險環境中的風險尤其高，因為這些傷口是醫生與外科醫師隨身挾帶著的細菌最喜歡入侵的地方。一八四〇年代的英格蘭與威爾斯地區，每年大約會有三千名母親因為產褥熱（又稱產後感染）這類細菌感染而喪命。這造成每兩百一十次分娩中就會有一起死亡。許多女性也因為骨盆膿腫、出血或是腹膜炎死亡——後者是一種細菌經由血液傳送到腹膜，即腹腔內部膜發炎的可怕症狀。[31]

外科醫生因為每天都目睹這些病痛，對於這些無可避免又習以為常的問題，他們通常不會感到有解決的需要。多數外科醫生只關心他們個別病人的身體，而不是住院人數和數據。他們對於造成疾病的原因毫不關心，反而是著重在診斷、預後與治療上。然而，對於醫院病房這樣高風險的狀態，以及如何解決日益嚴重的人道主義危機，李斯特已經有所想法。

那些年間，許多後來與李斯特有交集的外科醫生都認為，幫助病人和改善醫院的能力是宿命。大學醫院的資深外科醫師約翰·艾瑞克·艾瑞克森就是這樣的人。

艾瑞克森是個有著深色頭髮以及當代經典鬍鬚的精瘦男子。他親切的臉上有著一雙清澈、好奇的眼睛，配上扁斜的額頭、長鼻子，還有稍微歪斜的嘴唇。和他多數同事不同，他的操刀技巧並不是太好。他的名聲其實是建立在他的寫作與教學上。他最成功的書《外科的科學與技術》（*The Science and Art of Surgery*）出到第九版，而且幾十年來都是該科目的主要教科書。該書被翻譯成德文、義大利文、西班牙文，在美國更是享有崇高地位，美國內戰期間聯邦軍的每個醫療官都被分配到一本。[32]

但艾瑞克森對外科的未來並沒有遠見，他認為十九世紀中葉的外科正迅速地邁向其力量的終點。歷史會記住這位鬍鬚醫生誤導人的預測：「手術刀不可能永遠都有待征服的新場域；人體一定有某些部位將永遠神聖，免於這種侵略，至少不受外科醫師侵犯。或許還不算完全，但我們已經達到了最終限度，這點無庸置疑。腹部、胸部與大腦將永不再受明智而人道的外科醫生入侵。」

把剛愎自用的預言擱到一邊，艾瑞克森還是看出了因為近期教育改革，外科醫生正在經歷的重大轉變。過去外科醫生只是有著平穩雙手而受到讚揚的屠夫，如今他們是技術高深的操作者，廣大的知識引領著他們。艾瑞克森觀察道：「長久以來**雙手**曾是〔外科醫生〕的唯一依靠；如今比起雙手，他們更依賴**大腦**來執行工作。」[33]

藉由象徵著他職業危險的不幸，艾瑞克森取得了現在的地位。四年前，他的前輩約翰・菲利普斯・波特（John Phillips Potter）進入解剖室，解剖馬戲團侏儒表演者哈維・利區（Harvey Leach）的身體，因為他喜歡像有翅膀的昆蟲一樣在舞台上翻轉，倫敦許多人稱他為「飛行地精」。

經常被用「世界上最矮的人」當活招牌的利區，由於奇特的表演而小有名氣。他除了身形短小以外，其中一條腿是十八吋長，而另一條卻有二十四吋，走路時，他的手臂會像猩猩一樣摩擦過地面。當代人說，利區就像「放在小滾輪上移動的一顆頭加軀幹」。[34]

利區奇異的外表最終吸引了美國馬戲團老闆暨騙術家P・T・巴納姆（P. T. Barnum）、也是巴納姆貝利馬戲團（Barnum & Bailey Circus）創辦人的注意。巴納姆讓侏儒穿上了野獸皮，並在倫敦街道上貼滿了上面寫著「這是什麼？」的海報，巴納姆不知道的是，那時候的利區正值職涯高峰，人人都認識，短短幾天內這個神祕「野獸」的真實身分就被猜透了。[35]儘管一開始搞砸了，巴納姆還是留下利區當作表演者，直到利區四十六歲時臀部受傷感染最後死亡為止。[36]在人們大費周章確保自己死後身體能夠完整保存的年代，據說利區要求將他的身體交給最有可能把他切開的人。根據澳洲某報，利區要求將他的屍體「交給著名外科醫師利斯頓，不是要埋葬，而是要防腐並保存於玻璃箱中，因為醫生是他很特別的朋友」。[37] 另一份英國報紙則說利區：「把他的身體託付給他最親的朋友與同伴，波特先生」，這看似較有可能，因為最終執行解剖的人是波特。[38] 不論他的身體是在哪種狀況下被取得，也不論他真正希望的是什麼，利區的解剖在一八四七年四月二十二日進行。

證明了自己活躍、傑出又優秀的波特，當週才剛被任命為大學醫院的助理外科醫師。[39] 人們說是他之前擔任解剖講師時顯現的仁慈與熱情，才讓他受到教職員和學生的喜愛，而李斯特也在這些敬慕者之中。波特切開利區僵硬的身體時，他註記：「看起來股骨和肌肉彷彿已經消失了，而膝關節被提升到臀部的位置。」根據波特所言，置於正常結構中，利區看來有著「極度強壯的三角形骨骼，底部朝上……以相當強壯的韌帶接合到臀部。」[40] 波特認為這是這名熱門馬戲團表演者能夠跳上十呎高空的原因。

波特小心翼翼地將刀切入屍體深處，並時不時暫停好寫下詳細的筆記。突然間他的手術刀滑了一下，食指關節處因此刺破了一個洞。波特並未察覺自己陷入的危險處境，他繼續解剖。幾天後，這名年輕外科醫師開始演發出膿血症（因為膿腫遍及全身而引發的敗血症）——一種無疑是接觸到利區充滿細菌的屍體而導致的症狀。感染先是傳到了他的手臂，最後擴散到全身。接下來的三個星期，五名醫生——包括羅伯特．利斯頓——都來到他的床邊，據說年輕的波特死前，他們從他的骶骨部位引流出了三品脫的膿汁，也從他的胸部排出兩品脫膿汁。官方報告總結說，要是波特在進解剖室前有吃早餐，可能就不會死，因為飽食狀態下的胃可以幫助吸收解剖利區時進入他身體的有毒物質。在沒人知道細菌的年代，這種解釋幾乎完全合理。

兩百名哀悼者出席了波特的喪禮，陪伴波特的棺木進入倫敦肯薩綠地墓園（Kensal Green Cemetery）蔓延的廣闊草地，向這名在短暫職涯中表現出諸多可能的男人致敬。《刺胳針》後來哀悼這是「傑出才華與希望在血中凋零，最悲戚且令人心痛的實例」。[41] 然而，波特的不幸成了艾瑞克森的大幸。推到可憐波特墳上的塵土都還沒乾，這名丹麥裔的外科醫生就遞補了他的空缺。

沒想到，一八四七年是許多醫院外科醫生的厄運年。十二月七日——使用乙醚的那場歷史性手術完成將近一年後——偉大的外科醫師羅伯特．利斯頓突然過世，死因是主動脈瘤，得年五十三歲。他的死深深撼動大學醫院的醫療團隊，其中許多人都辭職了，選擇尋找另一個外科巨擘來跟隨。[42]失去波特和利斯頓這些眾人敬愛的教授，也導致想要就讀大學學院的學生人數銳減，相對影響了學校的收入。到了一八四〇年代末，醫院欠下三千鎊的債，因此需要將病床數從一百三十縮減至一百張。而這其中只有一半是專為外科使用。[43]

艾瑞克森很快就受到升遷。一八五〇年，三十二歲的他被任命為外科主任，讓比他資深的同事理查．奎恩（Richard Quain）非常不服，此後十五年都拒絕跟艾瑞克森講話。這就是恆久的醫院政治。艾瑞克森被分配到三名助手，而李斯特成為第四名。助手必須記錄每個病人的病史，準備飲食表，並協助解剖驗屍。李斯特與他三名同事的主管是艾瑞克森的住院外科醫師，一個名叫亨利．湯普森（Henry Thompson）的古怪年輕人，他後來因為在倫敦舉行「八式（octaves）」而聞名——在八點鐘供給八個人吃的八道菜晚餐。湯普森監督助手，並且每天早上照料艾瑞克森的病人。因為本身也是合格外科醫生，他會協助艾瑞克森進行手術，而李斯特與其他助手則不行。

這五個人全都住在醫院宿舍。李斯特以前在念人文學位時，知道住在愛德華．帕默家那種令人窒息的生活，對他是個健康的轉變。這是李斯特生命中第一次與不同教育和宗教背景的年輕人接觸，這些人有著許多與他相出入的觀點。[44]他在這樣的新環境中益發茁壯，還成為學生組織的活躍成員。這部分是為了解決在他精神崩潰之前又出現的口吃。李斯特加入了醫學社團，並在那裡與其他學生辯論用顯微鏡當作醫療研究工具的好處。他也猛烈抨擊順勢療法，說那「在科學上完全站不住腳」。[45]他的演說影響力之重，讓他在加入的隔年便獲選為社團主席。

回到醫院，李斯特才擔任艾瑞克森的助手沒多久，就爆發了丹毒，這種感染會讓皮膚變得又紅又亮，所以有時會被稱作「聖安東尼之火」。這是一種因為鏈球菌引發的症狀，感染後的數個小時內就會快速發病，引發高燒、顫抖，最終死亡。當時多數外科醫生認為丹毒無法治癒。其影響無所不在。丹毒的傳染性實在太高，費城的布拉克里公立救濟院（Blockley Almhouse，後來的費城總醫院〔Philadelphia General Hospital〕）還因此從一月到三月暫停營業，他們認為那是丹毒的季節性高峰。

比起他的多數同學，李斯特更了解這個症狀。他的母親伊莎貝拉，從李斯特小時候就反覆受到丹毒的折磨（可能也是因為母親身體狀況一直很差，才讓李斯特在晚年患上慮病症。[46]

他對鞋子的精神偏執就是最明顯的例子，他總是確保鞋底異常的厚。他其中一個朋友推測，這是李斯特「對腳濕的不合理恐懼」[47]，腳濕也是那個年代多數人認為造成生病的根源）。

丹毒是席捲十九世紀醫院的四大感染之一。另外三者分別是醫院壞疽（導致皮肉、肌肉、骨頭腐爛的潰瘍）、敗血症（血液中毒），以及膿血症（併發充滿膿汁的膿腫）。視廣泛影響因素而定，以上任一情況都有可能致命，病人的年紀和身體狀況更是關鍵。由於「四大」導致感染與化膿大幅提升的情況，後來被稱作「醫院症候群」（hospitalism），醫學界越來越多人開始把問題歸咎於都市大型醫院的開設，因為病人在裡面的互動接觸頻繁。儘管蓋了這些建物因應了人口快速成長的需求，許多醫生卻認為醫院阻礙了外科的進步。由於多數病人都因為感染死亡，要是一開始沒住院可能還不會有事。確實，當代有人爭論，醫學界無法期望「治療技術在公共實踐的進展，除非我們對現行的醫院症候群能多少做出變化或改革」。[48]

問題是當時沒人知道傳染疾病到底是如何發生的。到了一八四〇年代，具有實際效力的公共健康政策之生成，緊繫於所謂傳染學派與反傳染學派間的辯論。前者認為疾病的傳染是人對人，或是由世界其他具傳染源地區的貨品進口所導致。而傳染學派對疾病的傳導媒介沒有準確答案。有人說是化學物質，或甚至是微小的「隱形子彈」。其他人則認為那是透過「微動物」（animalcule，一個用來通稱所有微小有機體的詞彙）所傳遞。傳染學派堅持唯一能夠避免並控制傳染病的方式，是透過隔離與貿易限制。套用在天花這種疾病上，膿皰中的液體很容易被視為傳染媒介，這種時候傳染學說似乎就說得過去；然而，這卻無法解釋間接接觸疾病的傳染，例如霍亂或黃熱病。

另一面則是反傳染學派，他們相信疾病是由髒亂或腐敗的物質隨意生成的，先經過腐化的階段，再經有毒的水氣或瘴氣（miasma）在空氣中傳遞（malaria「瘧疾」一詞是從義大利文mala，即「不好的」，加上aria，「空氣」衍生而成，顯示人們相信疾病源自於瘴氣）。反傳染學派受到醫學菁英的推崇，對於傳染學派提倡傳染病盛行期間嚴禁自由貿易這點，他們相當反對。反傳染學派的支持者認為他們的理論建立在完整的觀察之上。只要看過過度擁擠城市之中的髒亂情形，就能發現人口最多的地區通常就是傳染病爆發的中心。一八四四年，尼爾·阿諾特（Neil Arnott）醫生提出了反傳染學派的結論，他表示大都會中造成疾病的主要與直接因素，是「空氣雜質中的毒素，源自於人類生活中經常接觸的廚餘分解物，或是人類自身的排出物不潔而積累成毒」。[49]反傳染學派所提倡的預防與控制計畫，重心放在能夠消除疾病孳生條件的環境改善。

儘管許多醫療從業人員都知道，兩種學說皆無法為傳染性疾病的傳播方式提供完整解釋，多數醫院外科醫生還是指出，過度擁擠的病房是醫院症候群的成因，而選擇站在反傳染學派這一邊。[50]法國人將這種現象稱作 l'intoxication nosocomiale（醫院中毒）。在大學醫院的艾瑞克森也同意。他相信是腐爛的傷口散發的瘴氣感染了病人。他認為，空氣會因為有毒氣體過多而飽和，而病人會吸入這些氣：這些瘴氣可能出現在「一年中的任何季節、任何狀況之下，如果動過手術或受傷的人聚在一起……太擁擠的話，就會吸取到毒氣」。[51]艾瑞克森估計一間十四床的病房中，只要有七個病人有傷口感染，醫院四大疾病的任一種就會爆發，而且無法挽回。他會這麼想也不能怪他。

比較鄉村與倫敦或愛丁堡這些大都市醫院手術的死亡率，婦科醫師詹姆斯．Y．辛普森發現同期間內的驚人差距。[52]觀察十二個月間於鄉村進行的手術，二十三起雙肢截除手術中僅有七人死亡。雖然這個數字看似很高，但與同期愛丁堡皇家醫院（The Royal Infirmary of

Edinburgh）相較卻是低了。該期間接受雙肢截除手術的十一人之中，居然有十人都死亡。進一步分析顯示，十九世紀中葉於鄉村進行截肢病人的主要死因是驚嚇與疲憊，而都市醫院中的主要死因則是術後感染。許多醫生開始質疑大型醫院對於病人康復能力的影響。

處理醫院症候群的狀況時，大學醫院有著敏捷的隔離措施。[53] 李斯特於一八五一年一月開始替艾瑞克森工作時，《刺胳針》報導這間醫院「維持得相當健康，而且也沒有任何源自病棟內的丹毒」。然而就在同一個月，有名大腿壞死的病人從伊斯靈頓濟貧院（Islington workhouse）被送到病房。他剛好也染上丹毒。儘管在艾瑞克森下令隔離他之前，他只佔據病床兩個小時，但那已經太遲了，傷害已經造成。短短幾個小時內，感染傳遍整個病房，奪走數名病人的生命。受感染的病人被移到醫院另一區的病房以後，這波爆發才終於被控制下來。

這些受害者多數必定會被送到解剖室進行解剖，讓李斯特和他的同事更明瞭疾病與死亡這兩個顯然無法打破的自然循環，而醫院就是這個循環的軸心。在死亡之屋治療的成功與否都是孤注一擲。但偶爾會出現讓外科醫生可以掌控的機會，能夠以出乎意料的方式去拯救性命，李斯特很快就會發現這點。

III 大型手術處女秀

THE SUTURED GUT

我們應該反問自己，在同樣的情況下，我們是否會選擇承受我們將施加於別人身上的痛苦和危險。[1]

——艾斯特利・庫柏（Astley Cooper）爵士

李斯特的蠟燭光芒在大學醫院急診與門診部門的窗戶閃爍著，時間是一八五一年六月二十七日凌晨一點鐘。其他病房的天花板最近裝好了煤氣吊燈，但醫院這一區還是得依靠燭光。[2]蠟燭在醫療環境中一直是個大問題。燭光並不一致，而外科醫生在檢視病人時，為了要看得清楚，必須把蠟燭舉得非常靠近病人，到了近乎危險的程度。艾瑞克森的一個病人最近才抱怨檢查時熱蠟滴到他的脖子。[3]

李斯特經常利用安靜的夜間時光寫下案例筆記並檢視病人。然而，這一夜，並沒有所謂的平靜。醫院外的街道突然爆發一陣騷動。李斯特從窗邊抽起蠟燭，燭光隨著他踩在實木地板上的腳步回聲漸行漸遠。他大步邁向主要入口時，穿越的火光短暫照亮了他所經過的每個房間。那一刻，大門猛地打開。李斯特舉起蠟燭看見一個慌亂警察的臉。警察懷裡是一個失去意識的女人。她被刀刺中了腸子，儘管傷口不大，她滑溜捲纏的腸子卻開始從體內竄出。

李斯特不僅是當時最資深的值班外科醫師，更是**唯一**值班中的外科醫師。

他擺好蠟燭準備開工。[4]

李斯特現在要照料的年輕女子名叫茱莉亞．蘇利文（Julia Sullivan），她是八個孩子的母親，也是她先生酒後暴怒的受害者。家暴在維多利亞時期的英國並不罕見。打老婆是全國的消遣，而像茱莉亞這樣的女人總是被當作丈夫的財產對待。

有些男人甚至在對自己的妻小感到厭倦後就把她們賣掉。這種買賣會這麼宣告：「奧斯朋先生「同意與我的妻子瑪麗．奧斯朋與一子分開，並以一鎊的金額讓渡給威廉．瑟吉恩特先生，放棄所有權利」。[5]另一個案例中，記者寫道一名屠夫把他的妻子拖到史密斯菲爾德市場，「她的脖子上套了一條鎖鏈，另一條套在腰上，將她綁在欄杆上。」[6]丈夫最後把他的妻子賣給了一名「快樂的買家」，此人付了三個基尼又五先令買下「他分離的一根肋骨」。一八〇〇至一八五〇年間，英國有超過兩百筆賣妻記錄。可想而知，沒被記錄到的一定更多。[7]

十九世紀中葉，受害女性並未受到太多法律上的保護。《時代》（*The Times*）的編輯就曾批評法院治安官給予暴力丈夫的仁慈判決，認為「締結婚姻似乎只被視為給予男性向女性施暴的一定免責權」。[8]這些暴力男子居住在一個對他們的殘暴睜一隻眼閉一隻眼的社會。一般大眾實在太習慣男人可以打女人和小孩這個想法，習慣到已經變成認同這種行為了。一八五〇年五月三十一日，《早晨日報》（*The Morning Chronicle*）的作者評論道：

> 顯然，任何努力試圖了解這些大眾情感指標的人都知道，他們就是相信自己擁有對**他們的**妻子與**他們的**小孩施暴的**權利**。以至於任何干預出現時都會讓他們感到真摯的意外。那**不是**他們的妻子或小孩嗎？他們不能想怎麼對待就怎麼對待嗎？這些句子就他們的理解而言並非只是譬喻。他們腳上的鞋子、手上的皮鞭，或是替他們載重的馬匹或屁股、妻子和小孩，對他們而言都是屬於「他們的」，與其他一切沒有任何差別。[9]

茱莉亞．蘇利文與她五十九歲的丈夫，傑瑞米亞（Jeremiah），就是活在這樣的世界，在她被緊急送到大學醫院的前一小時，她的丈夫用藏在袖子的細長小刀刺向了她。[10]

這對悲慘夫妻之間的摩擦在攻擊發生前就已累積了好一段時間。蘇利文的妻子五週前才因為不堪他的酗酒和暴力行徑而逃走。逃跑是活在一八五一年的茱莉亞少有的選項之一，當女人想要提出離婚，必須視丈夫是否犯下通姦與攻擊（但男人就不需要這種前提）才會被受理。而就算這些條件都齊了，離婚的費用也遠超過社會地位最低的女性的負擔能力，她們通常都沒有足夠的錢可以養活自己，而且要合法離婚還可能永遠見不到自己的孩子。就茱莉亞而言，定期受到酗酒丈夫的毆打，在英國法律上並不足以構成申請離婚的條件。

茱莉亞最近才剛搬離家裡，並與另一個年長的寡婦一起住在康登鎮（Camden Town）的一間房裡，那一區的倫敦混雜了貧窮的工作階級人口。攻擊發生前三週，當地一群人聽到蘇利文對著妻子大肆辱罵，還在她新住處的街道上威脅要她性命。他的行為完全是偏執加妄想，而且他還覺得茱莉亞有外遇。一個叫法蘭西斯．波托克（Francis Poltock）的男人站出來和蘇利文對峙，叫他離開，說他的妻子不會出來見他。根據法院記錄，蘇利文大發脾氣並回說：「要是她不讓我進去，我會讓她這麼**做**的。」

那夜，茱莉亞工作完回家時，蘇利文突然出現在她的公寓外。他抓著她並要她和他一同回家，然後威脅似地拍了拍自己的袖子。茱莉亞覺得不對勁，便問他在那裡藏了什麼。他冷冷地說：「怎麼了，你這蠢女人，你覺得我的外套袖子裡有什麼可以奪走你生命，還把我的靈魂送去給魔鬼的東西嗎？」

兩人陷入激烈爭吵，吵到鄰居布莉姬特．布萊恩（Bridget Bryan）都跑到門口來抱怨他們製造噪音。蘇利文乞求太太和他一起去當地一間酒吧。她拒絕，於是他就壓著她的背，把她推到街上。布莉姬特勸茱莉亞先以和為貴，聽蘇利文的話，於是三人就這麼一起走到酒吧。在那裡，茱莉亞再次拒絕和蘇利文回家，於是爭吵繼續。最後，兩個女人一同離開，打算回家。正當她們希望這樣能擺脫蘇利文和他酒醉的謾罵時，他從暗處撲向她們。以為丈夫要打自己的茱莉亞將雙手舉起捂著臉。那時他將刀子深深刺入她的腹部，一邊喊道：「看吧，我替你做了！」

茱莉亞痛苦地往前跌，布莉姬特則慌亂地將手伸進她朋友的衣服中試著找出傷口位置。她咆哮：「蘇利文，你殺了你老婆！」他呆站在那裡看著事情發生，然後惡毒地說：「才不，她還沒死呢。」

當晚值班的員警之一湯瑪斯．簡特爾（Thomas Gentle），後來回想看到茱莉亞一拐一拐地走在街上，蘇利文和她的鄰居攙扶著她。當他問她出了什麼事，她呻吟著說：「噢，警官，我的命在你手上了；這個男人用刀刺我，」指的是站在她身旁的丈夫。她本能地將手放在腹部。那時候她驚恐地發現並喘氣說：「我的腸子跑出來了！」簡特爾將驚恐的女子帶到最近的外科醫生——穆夏特先生（Mushat）家，但他卻不在。於是他尋求另外兩位巡警的幫助，其中一位陪著茱莉亞到了高爾街上的大學醫院，而簡特爾和另一位警官將蘇利文原地逮捕。這個喝醉的罪犯痛罵著，說只可惜他想像出來的妻子陪睡的情夫不在，否則他就「兩個一起教訓」。[11]

§

多數病患與傷患，包括茱莉亞．蘇利文，都是經由急診與門診部門進到大學醫院。只有極少數的人會被收進病房。這並沒有什麼特別。一般來說，一個病人進到城市醫院病房的機率只有四分之一。[12]一八四五年，國王大學醫院治療的一萬七千零九十三名患者中，有一千一百六十人都是經由門診進到醫院的。[13]多數醫院都有專門收新病人入院的「入院日」。一週可能只有那麼一天。一八三五年《時代》曾報導，有個罹患瘻管，一種腦部發炎及肺癆的年輕女子，週一前往蓋伊醫院就醫時入院遭拒，因為入院日是週五。女人週五又來了一次，但遲到了十分鐘，結果又因為不準時而被拒絕入院。沮喪又重病的她回到了鄉下，幾天後就死了。[14]

在十九世紀，除了皇家自由醫院（Royal Free Hospital）以外，幾乎所有倫敦醫院都以票券系統收入住院病人。取得票券的方式是透過醫院的「捐款人」，他們繳交年費以換取推薦病人入院及投票選出醫院職員的權利。若想得到票，病人必須先努力不懈地爭取，他們可能需要花上數日等待、拜訪捐款人的僕人，懇求一個讓他們住進醫院的機會。緊急的病例有著較高優先權。「沒救了的」——例如，得了癌症或肺結核的人——會被拒絕入院，染上性病的也是。

那夜出事的茱莉亞．蘇利文至少有那麼一件幸運的事。[15]因為她受的傷可能威脅生命，因此替她換來了立即的照護，儘管李斯特從未獨自動過手術，而且治療創傷病患的經驗也少得可憐，她能落入他的照料之中也算是大幸。她被用擔架迅速送進醫院內部，李斯特迅速查看她的下腹部。她的外衣和內衣都被扯裂，而縱向的切口大概長三分之二吋，而且還在流血。在她的衣服之下，大約八吋長的腸子從傷口滑了出來。

李斯特在這樣恐怖的時刻保持沉著。指示進行麻醉後，他用和體溫相近的溫水將腸子沾染的排泄物洗掉，然後試著將腸子緩緩放回它們正確的位置。但年輕的外科醫生發現這個切口太小了放不回去，他得把切口弄大一些。

李斯特伸手拿起解剖刀，謹慎地將傷口切大，先往上再往內，將切口開到大約四分之三吋。他將大部分的凸出物放回腹腔，直到只剩被蘇利文刺傷的那一節腸子留在傷口外頭。他小心翼翼地繼續，用一根細針和絲線縫合切口。他縫合傷口，將絲線打結，剪掉末端的線，再將受傷的那一段腸子放回腹腔，並以皮膚切口當作瓣膜，避免繼續出血或弄髒傷口。李斯特處理好腸子後，茱莉亞挫傷腫脹的腹部流出了一些稀薄的紅色液體。他很開心「只有少量失血，而且病人也很配合，雖然多少是昏厥狀態」。

將腸子分作兩個階段放回原處，這讓李斯特有時間專注用單一條線來縫合傷口。用這個大膽的決定來縫合茱莉亞的傷口，在當時是個受到極大爭議的步驟，就連最老練的外科醫生通常都會拒絕這麼做。儘管李斯特成功地用了這個方法，其他多數人卻沒有。外科醫生安德魯·埃里斯（Andrew Ellis）曾於一八四六年說：「當你研究如何治療〔切開的腸子〕時，你會發現各方意見多有差異。」有些人偏好什麼都不做，只是要持續謹慎觀察狀況，如同這位名字剛好叫卡特勒先生（Mr. Cutler，譯註：即刀匠）的外科醫師與他的病人湯瑪斯．V（Thomas V）。湯瑪斯在和朋友摔角時被刀刺傷了腸子。當他到了醫院，外科醫生看見他並沒有明顯的外出血狀況，於是處方了二十滴鴉片酒給這個痛到身體扭動的可憐男人。隔天，他的腸胃開始衰弱，病人的腹部痛苦地隆起。卡特勒示意開灌腸劑給病人，以緩解他的不適，但這毫無幫助，於是外科醫師給了他四盎司的白蘭地。第三天，病人持續處於痛苦不堪的狀態。他的皮膚與四肢變得非常冰冷，脈搏十分微弱。他又一次被處方加了蓖麻油的番瀉葉灌腸劑，而他也排了一些糞便出來。後來，他的情況好轉了一點，但卻在當天完全病倒死亡。

雖然當時縫合技術的使用已經很廣泛，但縫合的傷口或切開處通常會受到感染。當遇到受刺的腸胃時，風險就又更高了。多數外科醫生偏好把細窄的鐵製刀片用火盆加熱到又紅又燙，用來對傷口燒灼消毒。「〔肉〕燒得越慢，成效就越高。」約翰．李澤斯（John Lizars）這麼說道。如果灼燒得越深，傷口可能會敞開數週甚至數個月，由內而外地復元。當然，這種痛苦非常劇烈，而且進行的過程還無法確保病人是否會活下來，尤其是他們還必須要在通風不良、充滿細菌和病毒的維多利亞時期醫院病房內等待康復。

這就是維多利亞時期多數不幸遭遇腹部創傷的人必須面對的醫療現實。李斯特對茱莉亞・蘇利文的成功手術是技術和運氣的組合。當然，他是從疝氣的案例中學習，包括將腸子竄出的部分放回身體裡。李斯特早期擔任住院醫生時，艾瑞克森照顧了一個小時候因為腹部被踢中，而從此永遠無法擺脫疝氣的病人。[16]幾十年後，疝氣讓患者又腫脹又痛苦。艾瑞克森不得不截去病人部分的腸子，好減輕腸內承受的壓力，腸子截短以後要放回對的位置。病人手術後似乎馬上就恢復正常，但隔天卻依然過世了。

除了觀察艾瑞克森負責的相似案例外，在茱莉亞被送進大學醫院之前，李斯特很有可能剛好正在研究這個主題。其實，由於穿刺傷口導致的絞勒性疝氣是當時的熱門議題，因為都市醫院內有太多刺傷和工業意外的治療案例。四年前，即一八四七年，喬治・詹姆斯・蓋瑟瑞（George James Gutherie）才寫了一本以此為主題的書。外科醫師班傑明・崔佛斯（Benjamin Travers）也對此有許多廣泛的著作。一八二六年，他曾在《愛丁堡醫學期刊》（*Edinburgh Journal of Medical Science*）中描述過和茱莉亞・蘇利文相似的案例。案例中這名女子帶著剃刀刀片而刺傷自己的腸子，因此被送到了聖托瑪斯醫院。她到醫院時呈現昏厥狀態。崔佛斯以絲質縛線縫合她切開的腸子，爾後再將腹部切口弄大，將凸出物放回腹腔，最後再用翎縛線縫合傷口。病人必須禁食禁液體二十四小時。接下來的幾週她漸漸復元，但腹部卻突然發炎。因此，外科醫生在她的腹部用了十六隻水蛭，另外還開了灌腸劑。傷口最終復元了，她也在術後兩個月從聖托瑪斯醫院出院。[17]

身為醫科學生，李斯特對這些案例的文獻自然是很熟悉。但他之所以能在那晚對茱莉亞受傷的腸子處理得這麼完善，其實還有另一個理由。四個月前，《刺胳針》宣布了倫敦醫學會（Medical Society of London）每三年頒發一次的法特奇金獎（Fothergillian Gold Medal），這次將會著重於腹部創傷或傷害及其處置方法。李斯特在UCL工作期間已經獲得了一些獎項，而法特奇金獎是其中聲望最高的之一。李斯特是在複習他對於腹部創傷的知識，希望藉此能夠發表論文參賽嗎？

雖然李斯特的手術成功了，茱莉亞的復元才正要開始。李斯特限制她在復元期間只能吃流質食物，以免腸胃承受太大壓力。他也指示開給茱莉亞一般劑量的鴉片，一種因為大英帝國無限擴張，而在十九世紀變得比酒精還要熱門的藥。在一八六八年藥業法限制只有合格藥師能夠購買危險物質之前，你可以從任何人身上買到鴉片，從理髮師到糖果店老闆、五金商、煙草商到酒商都行。李斯特會給各種年紀的病人這種強效藥，連小孩也是。

接下來的幾週，艾瑞克森從李斯特手中接手病人，儘管在手術室表現英勇，但他仍是醫院中的下屬。就像聖托瑪斯醫院的那個女人一樣，茱莉亞術後不久就感染上腹膜炎。艾瑞克森的治療包括使用水蛭、濕敷藥物、熱敷劑來減輕症狀的鼓脹作用。茱莉亞終於康復。後來在一八五一年，她的案例在《刺胳針》中被引用了兩次。這本期刊強調茱莉亞復元的重要性：「〔手術〕非常的關鍵……我們認為應該更進一步討論細節，比我們平常習慣的再更深入些。」[18]

§

茱莉亞手術結束後的兩個月，在八月潮濕的一天，李斯特搭上公共馬車前往城市另一頭的老貝利（Old Bailey，譯註：中央刑事法院〔Central Criminal Court〕），替被控蓄意謀殺茱莉亞的蘇利文做出不利證詞。到了十九世紀中期，外科醫生出庭作證是件普遍的事。他們會提及很廣泛的事，例如被告的精神健康、各種不同的傷口，以及快速成為維多利亞時期處理掉敵人的「流行」方法，也就是化學上或生理上的犯罪下毒。李斯特是法院傳召來對蘇利文提出證詞的六人之一。

老貝利是國內最令人聞風喪膽的正義施行地。這棟如堡壘一般的建築被包圍在設計來預防囚犯與大眾溝通的半圓形磚牆之中。它就坐落在惡名昭彰的新門監獄（Newgate Prison）旁邊，當中的囚犯包括知名人物丹尼爾·笛福（Daniel Defoe）、基德船長（Captain Kidd，譯註：蘇格蘭船長，因海盜罪而被處決），以及賓州殖民地的創始人威廉·賓（William Penn）。兩棟建物的前面是進行公開處決的開放廣場，直到一八六八年仍是如此。數千名觀眾會在吊刑當天聚集到廣場，他們爭先恐後地擠到絞刑台下，為了一睹受害者在致命之繩的套索下掙扎的樣子。從確認有罪到罪犯被處刑的過程，最短可能只有兩天。

狄更斯曾寫過老貝利這個地方：「初次進來〔法院〕的人受到的最大衝擊，莫過於訴訟程序執行時的冷漠與事不關己；每場審判似乎都只是一樁買賣。」[19]律師、陪審團成員，以及觀眾慵懶地坐在實木板凳上，看著早報並低聲交談。有些人在等待下一起訴訟時睡著了。法庭瀰漫著一股若無其事的氣氛，會讓缺乏經驗的人感到相當不安。一個外人要是沒意識到老貝利的判決經常是套索的末端，那也怪不得他。

蘇利文站在證人席正對面的被告席。他上方有個用來放大他聲音的共鳴板。十八世紀時，被告席上方會架設一面鏡子，好讓光線可以照到被告人的臉上。到了李斯特的年代，鏡子已經被煤氣燈取代。這個措施讓法官和陪審團得以觀察被告的臉部表情，作為衡量證詞可信度的方法，也是個靠不住、讓很多人遭到誤判的方法。蘇利文的右邊坐著陪審團十二人。他們不會離開房間，直接在現場相互討論，並在生死未卜的被告聽力所及範圍內做出判決。在他們身後的上方則是觀眾席，人們會在那裡觀看審判的發展，和他們在手術室做的差不多。那是一個生死攸關之事構成大眾娛樂的年代。

最先作證的是湯瑪斯·簡特爾，茱莉亞遇刺後陪同她的那位警官。他告訴法庭，被告遭逮捕時是喝醉的。然而，他說，受害者在指認傑瑞米亞·蘇利文是攻擊者時意識清楚，而且在那之前、當下與之後都是清醒的。之後的兩名證人也說在攻擊發生前，他們都聽過蘇利文威脅要他妻子的命。

接著，茱莉亞本人站上證人席。完全康復，而且沒有因傷受到副作用的她無懼地面對她的攻擊者，自從遇刺那晚就再也沒見過的丈夫。在冗長的證詞中，茱莉亞回想六月二十六日那晚發生的事。有那麼一刻，蘇利文指控她和另一個男人同居，希望藉此減緩蓄意謀殺的罪名。法庭問茱莉亞是否曾經對自己的丈夫不忠，對此她回答：「從來沒有，我一生中都沒有；他無法找到任何人證明我曾對他不忠——他對我而言就是個殺人犯的存在，永遠都是。」

終於，輪到李斯特上場。他穿著貴格會信仰規範的深色服裝，嚴肅的舉止讓他有一種這個年紀的人少見的權威感。這名年輕的外科醫生向法官及陪審團報告：「我發現下腹部流出了大約八吋長的腸子，還包括一小塊小腸……無疑是同一個器具單次攻擊下造成的。」沾著血的刀，被一個十三歲的男孩湯瑪斯．華許（Thomas Walsh）發現，他是在穆夏特先生家隔壁店家工作的信差，兇刀作為呈堂證供。當樓上觀眾席的人們傾身想一睹武器樣貌時，法庭頓時安靜了下來。檢察官指控蘇利文在簡特爾與其他巡警逮捕他以前就將兇器扔掉。那是丟掉武器的絕佳時機，因為當時所有人的注意力仍集中在替他妻子找到急需的醫療救護上。刀被遞到李斯特面前，他仔細觀察，之後確認那與造成茱莉亞傷口的刀型一致，因此很有可能就是蘇利文用來刺傷妻子的兇器。

李斯特的證詞成為定罪關鍵。蘇利文蓄意謀殺的罪名成立，被判流放二十年，這代表他會被流放到澳洲的一個罪犯流放地。倫敦監獄過度擁擠的壓力越來越高，因此一七八七至一八五七年間共有十六萬兩千名罪犯被流放澳洲。遭流放的罪犯每八名之中有七名是男性。年紀最小的是九歲，最老的到八十歲都有。與監禁和絞刑相較之下，流放並不是更為安逸的選項。這些罪犯會先被帶到泰晤士河上的囚船，也就是漂浮的監獄。這些退役、老舊船隻的狀況非常可怕，作為疾病孳生溫床的強度甚至連醫院都比不上。囚犯被鎖在甲板下方的牢籠之中，四周只有恐怖。一名警衛回想：「看見掛在船桅上的囚犯衣物，上面滿是黑色的害蟲，已經黑到看起來像是有人在上面撒了胡椒一樣。」在霍亂爆發的時期，牧師通常會拒絕埋葬死者，除非浮腫、腐爛的待處置屍體數量夠多。如果囚犯成功從囚船上活了下來，就會被送到澳洲。這之中每三人只有一人撐過勞累的海路存活下來，光是航行就要花上至少八個月。

如果罪犯表現良好，他們就能收到「離開票」的緩刑，讓他們可以回家。不過，多數人都沒有真的回到英國，而是選擇在流放中度過他們剩餘的悲慘人生，不願再經歷危險的海路返回英國。

儘管流放很可怕，卻還是沒有死亡恐怖。要不是茱莉亞活了下來，謀殺罪名成立後的幾天，傑瑞米亞・蘇利文勢必會被吊在新門監獄外的絞索之上。這麼看來，兩人都是因為這名外科醫生才撿回一條命，是他在駭人的未知中獨自進行了他的大型手術處女秀，動作快速而沒有半點猶豫。這是李斯特眾多成功手術之中，他能夠完全居功的第一次。

IV 理想與躊躇

THE ALTAR OF SCIENCE

人可以踏著石頭高升
踩在過去已死的自己身上以成就更高。[1]

——丁尼生男爵阿佛烈（Alfred, Lord Tennyson）

每個星期三，外科醫師與他們的助手都會在大學醫院狹小的手術室中集合。他們依據資歷操刀，但在手術之間擦洗浸血手術台的指令，卻鮮少有人下達。身為艾瑞克森的住院醫師，李斯特也會參與這些手術，他在一旁觀察、記錄、提供協助。在那個簡樸的房間裡——有著小型的器械櫃與單一的洗槽——他開始了解一八五〇年代的手術有多麼像樂透。

在那幾個命運般的星期三之中，也有些無比幸運的案例，例如一名因為喉頭急症而被緊急送入醫院的女子。她來到醫院的那天，艾瑞克森將手術刀劃進女人脆弱的頸部，李斯特就站在他的身邊。切口湧出深色、黏稠的血。艾瑞克森狂亂地切開環狀軟骨，好製造出一個可用的孔洞進入呼吸道，但卻沒有成功。病人因為大量液體困在胸腔內而開始窒息。她的脈搏逐漸慢下來，有那麼一刻，手術室內唯一的聲音，是她的肺試著將空氣吸進氣管中的噓聲。那時，艾瑞克森臨時做出了令人訝異的舉動：將嘴巴緊靠著她頸部的傷口，開始將阻擋呼吸道的血液和黏液吸出來。吸了滿滿三口以後，病人的脈搏變快了，血色也開始重回她的雙頰。這女人排除萬難活了下來並被送回病房。但李斯特知道還有新的危險在那裡等著她。從手術刀下存活只是戰鬥了一半而已。[2]

外科醫生需要處理的傷口和問題就和倫敦的人口一樣混雜。李斯特和艾瑞克森工作的當下，城市正在不斷擴張。每年都有數千名移工進到城市。這些人不只因高速都市化造成的住宅短缺而住在髒亂之中，他們的工作更是耗費勞力而充滿危險。在現代化世界的危險現實下，醫院滿是身受重傷、失明、窒息和殘廢的人。

一八三四年到一八五〇年之間，查令十字醫院治療了六萬六千件急診，其中包括一萬六千五百五十二起自鷹架或建築跌落的案例；一千三百零八起與蒸汽引擎、製造廠齒輪，或是起重機相關的意外；五千零九十起道路擦撞；加上二千零八十八起燒燙傷病例。[3]《旁觀者》（*The Spectator*）報導的這些事故之中，有幾乎有三分之一都是由「破碎的玻璃或瓷器、意外墜落……提舉重物，或是未小心使用輻條、鉤子、刀子，或是其他家用工具所造成」。[4]孩童經常出現在這些意外中，例如十三歲的瑪莎．艾普頓（Martha Appleton），她是棉紡工廠雇用的「拾荒者」，這表示她必須撿起掉落在機械底部的原料。某天工作過度又營養不良的小瑪莎就這麼暈倒了，而她的左手就卡在無人照料的一台機器裡。她失去了五根手指，也丟了工作。[5]她的故事並不稀奇。

在工作日之間，李斯特碰到許多因為生活及工作環境低下導致的傷痛和疾病。他也見到部分最近才開始普及的病痛。例如，五十六歲的油漆工列爾西（Larecy）先生，他自年輕時便每天工作十到十五個小時。他因為所謂的「油漆工疝痛」急性發作而被送到病房，那是一種因為過度暴露在含鉛油漆之中所造成的慢性腸道失調。[6]這在工業化的國家是個日益嚴重的問題，因為越來越多步入職場的人都會接觸到化學物質或金屬。即使沒有像是砷或鉛這類有毒物質，但加工鋼、石、土與其他原物料時產生的大量飛塵也足以殺死工人。這種傷害通常需要花上好幾年才看得出端倪，到那個時候通常也已經太遲了。如維多利亞時期一名熱中於職業醫學的醫生約翰．湯瑪斯．阿里居（John Thomas Arlidge）所觀察的，「飛塵不會突然奪去人的性命，但會沉澱，一年又一年，更穩固地附著於肺部，直到最終像是形成了一層石灰一樣。呼吸變得越來越困難羸弱，直到完全停止。」[7]支氣管炎、肺炎以及一系列其他呼吸道疾病造成了許多勞工階級的早逝。

李斯特也觀察了飲食對於城市勞工健康的影響。除了每天喝下大量啤酒以外，幾乎每個病人都吃大量又便宜的肉，卻很少攝取蔬菜或水果。夏季期間，兩名雙眼塌陷、皮膚慘白、牙齒脫落的病人——顯示出壞血病的徵兆——來到李斯特的病房。當時醫生並不知道壞血病是因為缺乏人體無法自行合成的維他命 C所造成。而且，許多醫生相信是因為身體缺乏礦物鹽才會如此。依照這樣的思維，李斯特以硝酸鉀，一種醫學界誤認可以治療疾病的礦物，來治療這兩名病人。8

如果窮人的飲食品質低落是個顯而易見的日常問題，另一項人類長期生存之必要的反撲，就顯得更加難以預測了。長期以來，李斯特已經發展出能熟練辨識各種性傳遞疾病跡象的利眼。他治療的許多病人都染上了瘡疾（梅毒）。發現盤尼西林以前，梅毒曾是無法治療而且最終會致命的疾病。染上這些病的人，多數會尋求外科醫師的幫助，因為當時他們的工作並不是處理外科手術，而是外部傷害。梅毒引發的症狀會隨著時間加劇。除了罹病後期在全身留下難看的皮膚潰瘍坑疤以外，許多受害者也會經歷痲痺、失明、癡呆以及「塌鼻」，一種鼻梁陷進臉部所導致的醜陋缺陷（梅毒感染的普遍程度，讓倫敦四處都出現了「無鼻俱樂部」。有份報紙報導，「一位古怪的紳士，因為希望一次看到很多無鼻人聚集，於是邀請他在街上看到的每一位患者，約了特定一天到一間小酒館晚餐，他在那裡讓所有人締結為兄弟。」為了這些祕密派對而化名克蘭普頓（Crampton）的這個人，每個月都娛樂他的無鼻朋友，期間長達一年，直到他過世，這時這群人也「不開心地拆夥了」）。9

許多治療梅毒的療法都會用到水銀，可能會以膏藥、蒸汽浴或是藥丸的形式給予。不幸的是，它的副作用會和疾病本身一樣痛苦可怕。多數接受全面治療的病人會發生多顆牙齒剝落、潰瘍，以及神經傷害的問題。人們也很常在因病而死之前，就因為汞中毒喪命了。

在大學醫院，一個名叫馬修．凱利（Matthew Kelly）的五十六歲愛爾蘭工人因為三次嚴重跌傷而入院，他擔心可能是因為「倒地病」，即癲癇。然而，李斯特對於他大腿上的疼痛點感到懷疑，想著會不會是別的因素讓他癲癇發作。由於這個男人的性交記錄以及「強烈的性交傾向」，李斯特猜測凱利其實是初期腦炎，或是梅毒末期，這些病症都會出現癲癇性質的抽搐。由於這個疾病的已知知識實在太少，李斯特也無法幫凱利什麼忙，所以在被醫院視為無可救藥以後他就出院了。10

這並非李斯特第一次送走還在生病、但可能會危害與其接觸者健康的患者。另一個案例是一個名叫詹姆斯．恰佩爾（James Chappell）的二十一歲鞋匠，他在一八五一年的夏天入院。

好幾年前他就感染了梅毒和淋病，而且從那時候起就已經進出醫院好幾次。李斯特發現，儘管這名年輕人未婚，卻從十五歲起就已經有性行為。李斯特在他的病歷書寫道，恰佩爾「與一名女性性交一次，而且在這個年齡有時一天三到四次。」然而，對恰佩爾而言最急迫的問題，並不是他無法抑制性欲的後果。讓他進到李斯特病房的，是伴隨乾咳、攙雜著血的白色分泌物，有時分泌物的量甚至會高達一品脫半。診斷結果很清楚：一期肺癌，或是肺結核——一種在一八五〇年代沒有解藥的呼吸道疾病。醫院政策規定不能收容無藥可救的病患入院，因此李斯特就讓恰佩爾回到普羅大眾的行列。當時醫學界還不了解肺結核是個高傳染度的疾病。恰佩爾被迫與五到六個店鋪同事共睡一間房的這個事實，不禁讓人想著他的病傳染給了多少人。[11]這就是維多利亞時期經常出入倫敦醫院的典型工人生活。

§

當都市化對其工作階級人口的健康造成傷害之際，英國正熱切地慶祝其看似無懈可擊的全球商業巨擘地位。一八五一年夏季，城市擠滿了數百萬名到海德公園參觀萬國博覽會的遊客，英國因此知道科技是通往美好未來的關鍵。

在樹木之中閃耀著的，是園藝師約瑟夫．帕克斯頓（Joseph Paxton）打造的水晶宮，專為驚艷世界各地工業而建。這棟巨大的建築仿自帕克斯頓的玻璃溫室。以將近一百萬平方公尺的玻璃打造，水晶宮長達一千八百五十一呎——特別為了反映博覽會舉辦年份而挑選的數字——佔地比聖保羅大教堂還要多出六倍。建造期間，承包商為了測試建築架構的完整性，找來三百名有所不滿的工人在鋪地面跳上跳下，還找來一支軍人在建築區間行軍。

博覽會開放時，大約有來自一萬五千名供應商的十萬件物品公開展覽，其中，有著能夠一小時內印出五千份《倫敦新聞畫報》（*The Illustrated London News*）的印刷機；能夠在紙上印出浮凸字體供盲人閱讀的「有形墨水」；各種踏板和曲柄裝置在前輪的多輪車，也就是現代腳踏車的前身。其中最大的展覽品是一個巨大的液壓沖床，儘管每塊金屬管都重達一千一百四十四噸，卻能夠由一人獨自操作。當時還設置了全球第一批沖水公廁，由維多利亞時期的衛生工程師喬治．詹寧斯（George Jennings）設計。展覽期間，八十二萬七千二百八十人付了一分錢使用沖水廁所，因此出現了「花一分錢」這個流行的上廁所委婉說法。但這等奢侈，即便過了數年也都沒能改善英國最貧窮家戶的骯髒。

展覽中也有科學與醫學的新奇物，其中實用的將會為英國醫院所使用。一種看起來像是迷你腳踏車打氣筒的人造水蛭，可以用來排出「身體內不好的物質和汁液」，並穿透肌膚注入「帶來生命力的物質」。[12]還有保障可以找回截肢者抓取物體、騎馬，或是跳舞能力的義肢手、手臂和腿。其中一名來自巴黎的參展人還展示了一副完整的人體模型，由一千七百件骨骼、肌肉、血管以及骨髓神經的複製品組合而成。這個五呎九吋高的假人眼睛裡甚至還有水晶體，把它們拿開以後還能看見底下的視神經與網膜。[13]

好奇的人從世界各地慕名而來，一窺這些能讓日常生活變得更容易、快速、方便的精巧設計之驚奇。一名女子從英國西南端的彭贊斯（Penzance）步行兩百四十七哩路，為的就是參加這場盛宴。知名小說家夏綠蒂．勃朗特（Charlotte Brontë）在給她父親的信上寫道：「這是個奧妙的地方——廣闊、陌生、新奇，而且無法形容。其壯麗不只是單一的，而是所有事物組合而成的獨特壯麗。不管人類工業創造了什麼，你都可以在那裡看到。」[14]萬國博覽會於十月十一日閉幕，期間有超過六百萬人來參觀，包括約瑟夫．李斯特與他的父親約瑟夫．傑克森，而他外甥當時展示的顯微鏡也獲得大會頒授的獎項。

一八五〇年代，關於顯微鏡真正的價值仍受到廣大醫學界的辯論與爭議。然而李斯特還是堅持他的研究。博覽會結束後，他花了過分多的時間在集中注視他所準備的玻片。所有他雙手能及的東西最後都被放到目鏡之下。晚秋的一個下午，他看著沾血組織的非晶狀物體在他眼前起舞。李斯特瞇起一隻眼望入顯微鏡的目鏡，然後轉動這個光亮器具的銅製小旋鈕來調整焦距。瞬間，他和艾瑞克森當天稍早從病人身上切下的腫瘤就這麼浮現在他眼前，每一塊線條都是如此完美清晰。李斯特研究了圖像幾分鐘後，開始在一疊紙張上描出腫瘤的樣子。他畫了好幾張類似這樣的圖像，其中有些細節之精密，讓他得以在數十年後用來當作教學材料。

即使他在假期間到國內各地旅遊，他的心思卻不斷與周遭的自然世界緊緊相連。李斯特畫下蜘蛛腿的肌肉組織，以及煮熟龍蝦眼睛的角膜細胞。他切開他去托基（Torquay）——英吉利海峽上一個濱海小城——抓到的一隻海星，然後喜悅地觀察牠們在鏡頭下被放大的奇特幾何形狀。寫給他父親的信上，他還誇口說：「我甚至看到了……心臟上方的中央有個瓣膜，在每次脈搏跳動時輪替開合。」[15]後來他在泰晤士河捕到一隻八目鰻，他在深夜的房間裡切開滑溜的身體，取出鰻魚的大腦。利用顯微鏡描圖器——約瑟夫·傑克森發明的一種光學裝置，讓藝術家可以描繪投映在紙張上的物體——李斯特因此能夠以精準細節畫下顯微鏡中觀察到的生物髓細胞。[16]

李斯特發現他的生理學教授是他使用顯微鏡的盟友。威廉·夏培（William Sharpey）——那時才五十歲出頭——他看上去好像永遠都斜睨著眼，這樣也沒什麼不對勁，畢竟這個人花了大把時間緊盯著自己顯微鏡的鏡頭。李斯特一八五一年來接受他指導時，這個蘇格蘭人頭頂的頭髮已經變得相當稀疏，儘管如此，他仍試圖維持兩側看上去多到引人注目的髮量，好彌補頂上無毛的缺憾。夏培是最先開始教授完整生理學課程的人，這門科目過去被視為解剖學的附屬品。此舉後來為他贏得了「現代生理學之父」的名號。他有著過人的智力與體力。當他在課堂上示範操作肺活量計（一種測量肺部空氣容納量的儀器）時，他不費吹灰之力就填滿了儀器的每一個槽，他後來觀察道：「這個儀器應該是為發育普通的人所設計的。」[17]

李斯特很快就喜歡上夏培。他在他身上看到和自己父親相似的元素。這名生理學教授重視實驗與觀察，而非權位，是當代少見的特質。李斯特後來回想道：

身為大學學院的學生，我深受夏培醫生課程的吸引，這讓我想起我那對於生理學從未消逝的愛。我的父親，爾之貢獻……讓複合顯微鏡的地位攀升，從區區科學玩具轉變為其原本就應該是的強大研究引擎，讓我有了那樣熱愛使用的一流器具，能夠證明偉大先人過去所帶給我們與組織學相關的旁枝末節。18

受到夏培的熱誠所鼓舞，李斯特開始在顯微鏡底下觀察他可以取得的所有人類組織。他的插畫顯示出一切精密的細節，從人類皮膚，到從病人身上割下的癌舌頭。李斯特也製作他在醫院內碰過病人的全彩臨床圖。在彩色攝影發明前，這是視覺記錄病例的唯一方法。在這樣的一幅繪畫中，李斯特描繪了一個向後靠的男人，他的手擱在椅子上。他的袖子向上捲起，而他的皮膚滿是發炎傷口的坑疤，可能是性病使然。

李斯特不滿足於只當個觀察者。他也進行自己的實驗，其中包括建構在義大利牧師暨生理學家拉札羅．斯帕蘭札尼（Lazzaro Spallanzani）之上的研究，他是第一個正確描述哺乳類繁衍過程需要精子與卵結合的人。一七八四年，斯帕蘭札尼研究出替狗人工授精的技術，以及青蛙和魚的。依照斯帕蘭札尼的線索，李斯特取得公雞的精子，試圖在母雞的體外替雞蛋人工授精，但並沒有成功（還要再過一百年才真正有醫生成功將這個實驗用在人類身上。一八八四年，美國醫生威廉．潘寇斯特〔William Pancoast〕將他「長相最好看」學生的精液注入一名被麻醉女子的體內〔並未告知她〕，她的丈夫被視為無法生育。九個月後，她生下了健康的孩子。潘寇斯特最終告訴她的丈夫他做了什麼，但兩個男人決定不讓女人知道這殘酷的事實。他在一九〇九年過世後，捐精者——很諷刺的，這個名叫艾迪森．戴維斯．哈德〔Addison Davis Hard〕的醫生——以書信的方式在《醫學世界》〔*Medical World*〕坦白道出了這段祕密）[19]。

當李斯特從大學眼科學教授華頓．瓊斯那裡取得部分「新鮮藍色虹膜」後，開始將注意力轉向人眼，一八五二年，他第一次以顯微鏡對科學做出一大貢獻。[20]李斯特對虹膜收縮與擴張肌肉組織本質的辯論甚感興趣。瑞士生理學家阿爾伯特．馮．科立克（Albert von Kölliker）最近才將這個組織描述為平滑肌細胞，就像在胃、血管或膀胱之中的一樣。這類肌肉的動作是非隨意的。科立克的發現與英國最權威的眼科學家——威廉・鮑曼（William Bowman）秉持的立場相反，他認為組織是斑紋（或橫紋的），因此虹膜肌肉應該是隨意肌。

李斯特小心擺動四個小時前才剛從病人身上割下的虹膜組織。他將樣本放在顯微鏡底下，並在接下來的五到五個半小時內悉心研究，利用顯微鏡描圖器描繪下個別細胞。研究過程中，李斯特檢視了從大學醫院手術病人身上取得的額外五組虹膜，再加上馬、貓、兔子和一隻天竺鼠的虹膜。他的發現證實了科立克的理論，即，虹膜其實是由排列成收縮與擴張兩種平滑肌纖維所構成，而它們的動作確實也是非隨意的。李斯特在《顯微鏡科學季刊》發表他的結論。他的研究將他與同領域中許多人區分開來，也就是那些仍將顯微鏡視為對醫學實踐並非必要的人。[21]

對於許多教職員與學生而言，李斯特的實驗無疑只有一小部分的人能懂，因為這在一八五〇年代對於外科進步並無太大幫助。但李斯特沒有放棄。以都市化與工業化形式帶來的進展讓人類必須付出代價，但或許科學形式的進展能為醫院內日益嚴重的問題帶來解答。或許顯微鏡能夠解開人體的祕密，並終有一天為治療的現況帶來改變。

§

數個月後，艾瑞克森的病房出現另一名感染傳染病的患者。這一次的元兇是醫院壞疽，組成醫院症候群「四大」之中最毒的一項。有些醫生把這個情況稱為惡性或「蝕瘡性」（phagedenic）潰瘍，後者是源於希臘文，意思是「侵蝕」。蘇格蘭醫生約翰．貝爾（John Bell）在治療過數個因醫院壞疽死亡的病人以後，寫下了它的恐怖記實。在最初期「傷口腫脹、皮膚收縮……細胞膜融化成惡臭的黏液，筋膜露出」。[22]隨著疾病發展，傷口擴大，皮膚受到侵蝕，因此揭露出深層的肌肉與骨頭。病人可能會休克，並因為身體想要排出體內毒素而開始出現密集暈眩與腹瀉。這種痛苦萬分磨人，哀哉，但也不至於讓病人精神錯亂。病人會在痛苦折磨之中全程維持清醒意識。貝爾寫道：「患者的哭喊聲日夜不變；他們在病發的一週間因為精疲力竭而死亡；要是他們撐了下來，而潰瘍持續侵蝕並分離肌肉，直至最終大血管暴露而出，他們就會流血致死。」

英國第一個描述這種痛症的，是十八世紀末的一位海軍外科醫生，他見證了國王艦隊一個潮濕營區內壞疽的爆發。孤立於海中央，一旦有了壞疽的徵兆，水手們根本無力回天，令人作嘔的腐蝕肉味很快就會滲透本來就臭氣沖天的船艙。一七九九年的夏季，一名外科醫生看見一個水手在酒醉鬥毆中被擊中了耳朵。他因此有了輕微的傷口。然而，幾天後傷口潰瘍，將男人半邊的臉和脖子吞食殆盡，讓他的氣管和喉嚨內部暴露在外，最後奪去他的性命。[23]

有數百起像這樣的故事。HMS土星號上，一名海員的陰莖頂端發生惡性潰瘍。經過數日傷口變黑又潰爛的極端痛苦後，這個器官終於完全掉落。船上的外科醫師報告寫著：「從尿道到陰莖球整段都脫落了，包括陰囊也是，只留下勉強被細胞質包覆住的睪丸和精索血管。」彷彿這個必然的結局還需要被強調一樣，外科醫師補充說明，「他死了。」[24]

當遇到這些生瘡、蝕肉的潰瘍時，貝爾建議盡快將病人從醫院中移除：「少了被四周感染的牆壁包圍，他們就會安全。」讓外科醫師「把他們放在學校教室、教堂、糞堆還是馬廄裡」。哪裡都比「這個死亡之屋」來得好，貝爾這麼說。其他人也同意：「這個醫院壞疽……絕對和激發出異常敏感的不健康氣氛脫不了關係，因此，治療的根本就是移除這個有害的環境。」[25]

艾瑞克森的想法沒變。他太過肯定這個根深柢固的概念，相信醫院壞疽是由空氣中的腐壞物質造成。[26]但要讓染上壞疽的人和其他病人隔離並非易事。當疾病爆發，就不僅僅是醫療的問題，也牽扯到政策面。病房必須關閉。入院必須暫停。醫院內從行政人員到外科醫生都得全體動員來防止傳染的不斷擴散。[27]

當李斯特在一八五二年某天看著病人薄膜一般的分泌物從敷料滲透出來時，他一定想著這件事。當他撥開浸濕的繃帶，腐爛而潰瘍的傷口散發出一陣強烈臭氣。不久後醫院壞疽便席捲了艾瑞克森的病房，就僅僅因為這一個病人。李斯特迅速處理了感染者的傷口——這代表他的住院資歷已經足以讓他執行這麼重要的工作了。

爆發達到高峰時，李斯特觀察到某件奇特的事。一如往常，他替麻醉狀態下的病人從傷口刮掉受感染而稀爛的棕色腐肉。接著他會在傷口塗上硝酸汞，一種毒性和腐蝕性都極高的調劑。再來，他將這些記錄在他的筆記本：「通常……掀起平凡的敷料，在那之下，傷口正完美而健康地癒合成顆粒狀。」[28]只有一個案例——一個「非常結實的女人，疾病攻擊著前臂一個巨大的傷口」——硝酸汞沒有發揮功效。反之，感染以「驚人的速度」在整個傷口擴散，最終艾瑞克森必須截去手臂。截肢手術成功，而殘肢也復元得很完美——李斯特將此歸功於自己事前努力清潔手臂這點。[29]

這激起了李斯特的好奇心。為什麼高腐蝕性的調劑可以清創多數潰瘍呢？儘管他還是認為瘴氣是部分成因，但並不認為大學醫院病房內發生的一切都是髒污空氣所造成的。傷口本身一定也有問題——不能只怪病人周遭的空氣。他取得感染傷口上刮下的膿汁，小心翼翼地放上玻片並放到顯微鏡鏡片之下檢視。他所看見的，將會在他心中種下一個根，最終讓他質疑整個觀念體系，而認可這個體系的不是別人，正是他的上級兼導師約翰·艾瑞克·艾瑞克森。

他後來記錄：「我在顯微鏡下檢視取自其中一個傷口的腐肉，我畫下幾個尺寸相對一致的塊體，我想應該是 materies morbi〔致病物質〕……當時我的腦中就已經認為那大概是與寄生蟲相關的東西。」[30]

李斯特的發現驅使他更深入調查醫院感染的成因。儘管對於外科的熱情已經重燃，但他還是不確定自己最終要踏上哪條職業道路。擔任住院醫師期間遇到各種不同的病例，他曾考慮過內科醫生這個選項。在艾瑞克森的帶領下完成住院醫師修業期後，李斯特接受了擔任大學醫院資深醫師華特·H·沃爾什（Walter H. Walsche）的臨床見習醫師職位。李斯特的外甥里克曼·約翰·哥德里後來說，那時：「醫學的誘惑似乎強過外科。」[31]

在UCL的最後一年，李斯特獲頒多個榮譽獎項與金牌，他在同儕中鶴立雞群。這些獎項享有盛名，是倫敦各個教學醫院中醫學生激烈競爭的目標。他以「最高水準……醫療榮譽及在醫院期間執勤時值得信賴的表現」贏得了隆禮吉獎（Longridge Prize），並因此獲得一筆不小的獎金，一共四十英鎊。他也因為第二次的醫學考試成績獲得一面金牌與價值一百鎊的獎學金。李斯特開始克服了他的羞赧，一部分是因為自己的才華受到認可，以及在學生組織中新得到的影響力。他的朋友暨室友桑普森·詹吉（Sampson Gamgee）寫信給李斯特：「要不是多虧了你，大學學院在各校競賽中就會沒沒無聞，而如今它已躋身為倫敦第二強大學，緊追在蓋伊（譯註：Guy's Campus，國王學院的一個校區）之後，聖喬治（St. George University）已經落後我們了。」[32]

儘管如此，並非所有人都喜歡李斯特機智而好問的心。畢業即將來臨的那天，他的名字在生理學與比較解剖學的榮譽清單上墊底。他的教授威廉・卡本特（William Carpenter）在給他的信中提到為何這般冷落他：「我想應該要讓你知道，我之所以有必要將你擺在那的原因……我的答案是，你的論文實在太多缺陷，要不是這些原始觀察本身就已經附有充足證據，我根本沒辦法把你放上榮譽清單。」[33]李斯特對卡本特的決定感到不滿。他在寫給里克曼・哥德里（即後來里克曼・約翰・哥德里的父親），「我並不是太在意，因為和他交談後，我發現問題只在於你有沒有讀過他的書。」[34]

李斯特確實不是那種只因為教授叫他這麼做，他就會乖乖照做的人。另一則有趣案例發生在他擔任住院外科醫生的時候（這是他無法把上級權威的話當作最後答案的最佳展現），有個得了肝炎的六十四歲男子。除了尿液中膽汁成分過多以外，李斯特還發現其中含有高量的糖，並想著糖是不是構成膽汁的正常成分。他找了UCL最近指派的新任化學教授尋求答案，卻發現他沒辦法給出明確解答。李斯特不但沒有就此忘掉這件事，反而還取得了兩頭羊的膽汁，並在兩個樣本塗了硫酸銅和苛性鉀。兩個實驗中都沒有發現任何糖的蹤跡，李斯特於是得出了病人目前的狀況並非正常的結論。他因為此案的研究再度獲得一面金牌。[35]

一八五二年末，李斯特參加了皇家外科醫學院的考試，成為能夠施行手術的合格外科醫生。然而，他還是猶豫，無法做出獻身這個領域的最終決心。一八五三年二月，他以醫生助理的身分回到沃爾什醫生身邊。他遲遲無法決定全心投入外科，而選擇繼續習醫，這是因為有他父親經濟上的支持。有一部分原因是在生理學與比較解剖學課程位居榮譽清單最後一名，所以他仍缺乏信心和把握。接受成為全面獨立的外科醫生這個職位，就代表需要全權承擔受他照護病人的責任。或許他擔心當遇到不明或罕見疾病時，可能會對他未來的病人造成某些傷害。

儘管顯然無法下定決心，李斯特的科學好奇心卻依舊堅定，毫無縮減。他繼續實驗，並進行他自己的解剖。顯微鏡讓他能夠更深入探測人體的奧祕，勝過他本人，也勝過他的前輩、同儕，以及上級這些人所能達成的。而在艾瑞克森的病房爆發醫院壞疽時，他所觀察到的那些微生物依然無解。它們究竟是什麼，又和城市中大醫院內病人的遭遇有什麼關聯？

一直是個敏銳觀察者的夏培教授看出了李斯特的躊躇，建議他花一年時間造訪歐洲大陸的醫學院。在那裡，李斯特將更深入認識醫學與外科領域的最新進展，就像數十年前遊歷歐洲的夏培一樣。夏培想著，巴黎——有著開放病房、新興臨床專業講座、眾多開放課程，以及無數參與解剖的機會——應該就能填滿李斯特的行程了。但首先，他希望他的學生先到蘇格蘭去，與他的好友詹姆斯·賽姆（James Syme）共處一個月，他是愛丁堡大學知名臨床實驗教授，也是偉大的羅伯特·利斯頓的四等親表弟，利斯頓如今已經因為他的乙醚手術變得相當出名。夏培認為，賽姆將發現李斯特一定會積極參與他們對於發炎與血液循環本質的研究。他也認為李斯特將把賽姆視為一個能啟發他的導師。

於是，一八五三年九月，李斯特搭上通往蘇格蘭首都「Auld Reekie」（稱「老驢子」）的火車，準備開始他以為的短暫旅程。

V 外科界的拿破崙

THE NAPOLEON OF SURGERY

若要我將有適切能力的人，放到能讓他在他的領域之中真正**強大**的位置，我會選擇一個務實的解剖學家，將他放到大醫院裡去照顧患者並解剖亡者。[1]

——威廉・杭特（William Hunter）

詹姆斯・賽姆教授臉上沉重的眼袋，是他夜以繼日待在愛丁堡皇家醫院手術室內的象徵。他短小精壯，但此外就是一張大眾臉。他的時尚選擇異常不恰當，每天穿的都是一身過度寬鬆的衣服。他習慣穿一件黑色長外套，搭配硬挺的襯衫與緊緊繫在頸上的格紋領結。就像他即將見到那名來自倫敦、前程似錦的外科醫生一樣，他也有輕微的口吃，已經跟隨了他一輩子。

儘管身形短小，李斯特拜訪賽姆之際，他已經是該領域的佼佼者。同事稱他「外科界的拿破崙」，五十四歲的他在過去二十五年職業生涯中，就像海克力士突破艱巨任務一樣，試圖簡化痛苦的手術過程。賽姆看不起像是手搖鋸這類粗糙的工具，當有直截了當的方法可使用時，也會避開複雜的方式。幾乎在每一種形式的手術中，賽姆都想達到節省時間與技術這個目標。這樣的態度也反映在他特別簡潔有力的說話方式。賽姆的前任學生約翰・布朗（John Brown）提到他偉大的老師時，說他「一個不必要的字都不會浪費，連一滴墨水、一滴血也不會」。[2]

賽姆的名聲有一大部分是因為他就踝關節截肢發展出的突破，直至今日外科醫師都還是使用這種以他命名的術式。在這個創新技術出現前，當遇到足部複合式創傷與無法治療之疾病時，外科醫生會切除膝蓋以下的病肢，這將嚴重影響一個人的行動力。之所以經常選擇這個作法，是因為過去人們假設長殘肢會造成麻煩，而且病人根本無法靠長殘肢行走。賽姆的方式讓病人的腳踝殘肢能夠支撐重量，是外科界的一項創舉，而且他的方法也比截去膝蓋以下來的病肢來得更快更簡單。

如同許多在麻醉出現前就受訓的外科醫生一樣，賽姆的速度快如閃電——就和他的表親羅伯特·利斯頓一樣。他曾經在大約一分鐘內就從髖關節截去一條大腿，更不同凡響的是，當時在蘇格蘭，包括他本人在內，沒有一個外科醫生執行過這樣的術式。當然，手術並不是全然沒有併發症。當賽姆將第一刀劃進窩槽正下方的股骨時，手術室中出現響亮的碎裂聲。他迅速移開大腿，而他的助手鬆開手，好讓需要縫合的動脈露出。賽姆回憶當時的恐怖情景如下：

要不是已經看多了可怕的出血場景，我想我必會大吃一驚……確實，剛開始看見那些供給諸多大型交錯動脈血液的血管，看似好像不可能閉合了。可以想像我們並沒有花太多時間欣賞這個令人擔憂的景象；只要那麼一刻，就足以讓我們相信病人的安危就繫在我們全體的速度之上，而就在那麼幾分鐘內，十至十二條縛線的使用成功抑制了出血。[3]

他後來說那是「外科史上最偉大又最血腥的手術」。

賽姆毫不畏懼。當其他外科醫生拒絕操刀時，這個蘇格蘭人已經握好刀子就位了。一八二八年，一個名叫羅伯特・潘曼（Robert Penman）的男子絕望地找上了賽姆。八年前，他的下顎長出一顆骨性纖維腫瘤。那時候腫瘤大概是一顆雞蛋的大小。當地外科醫生切除了擋在其中的牙齒，但腫瘤還是繼續長大。那次手術失敗後，潘曼去找利斯頓諮詢，他當時因在愛丁堡醫院替病人切除一顆重達四十五磅的陰囊腫瘤而聲名大噪。然而，一看見潘曼腫脹不堪的臉，就連不屈不撓的利斯頓都嚇傻了。腫瘤的大小和位置，他想著，實在不可能進行手術。這個通常樂意接下困難案例的外科醫師的拒絕，等同宣判了潘曼死刑。如果連利斯頓都不願操刀，還有誰會願意呢？

潘曼的病情加劇，後來連飲食和呼吸都已變得相當困難。腫瘤重量已經超過四磅半，而且他下半部的臉已經幾乎完全變形。於是潘曼找上了賽姆，當時二十九歲的賽姆已經因為在外科界手法特立獨行而出名。

手術當天，潘曼被安排雙手雙腳綁起坐在椅子上。因為當時氯仿和乙醚都還未被發現，潘曼並沒有施打任何麻醉劑。當賽姆手握手術刀往前靠近，病人已坐穩身子。這個時候從腫瘤增長的中心延伸到周邊的下顎腫瘤已經大略挖光了。賽姆心中有個不同的處理辦法。他繼續切入病人下顎尚未被影響的部分，好切除腫瘤及其周圍部分健康組織，確保腫瘤完全清除。經過了酷刑一般的二十四分鐘，賽姆挖除了骨瘤生長的部位，腫瘤與下顎切片被扔入他腳邊的桶子，發出了令人作嘔的嗒嗒聲。一旁看著的人覺得實在驚奇，怎麼有人能夠忍受這般可怕的折磨。不過，克服一切的潘曼，活了下來。

手術過了好一段時間後，賽姆在街上遇到了他的前任病人，他驚訝地發現潘曼臉上的傷疤很小。如今他以茂盛的鬍子遮住被削去的下巴。賽姆滿意地想著，任何看著潘曼的人都絕不會猜到他曾經歷那樣創傷的手術。

正是像潘曼那樣的手術，讓賽姆贏得了當代最大膽外科醫生之一的名號。一八五三年九月枯燥的一天，約瑟夫．李斯特來到愛丁堡和這位外科先驅碰面。他手中緊抓著他在UCL的導師夏培教授的親筆介紹信。這個城市地理上比倫敦小，但人口卻更為稠密。儘管英國多數工業化城市都有人口過度的問題，愛丁堡幽閉恐怖的居住環境卻是因為一八五〇年代住宅短缺，加上兩年前馬鈴薯飢荒剛結束、數千名走投無路、尋求庇護的愛爾蘭移民湧入所造成。

愛丁堡有個區域，一間房子平均有二十五人居住。這類住宅有超過三分之一都只有一間房，而且大小不超過十四乘以十一呎。許多房屋都緊鄰在一起，中間包圍住一個庭院。十二世紀為了保護愛丁堡居民而建的城牆，卻限制了老城的向外擴張。於是，房子不斷向上蓋，在建築法規一點也不嚴謹的年代，房子蓋到了相當危險的高度。這區內搖晃的建築結構隨便都超過了十層樓，一層比一層更突出、更聳立，因此這些草率建成的建築頂端都遮住了陽光。住在一樓的是最窮的居民。他們周圍都是牲畜，家門前就是滿溢著人類排泄物的露天排水溝。[4]

在這些住宅區內，犯罪率就和增長的居住人數一同攀升。李斯特抵達的那年，因為各種犯罪進了警局的有超過一萬五千人。他們的罪行從偷竊、到乞求「讓煙囪可以點火」都有。這些被逮捕的惡棍當中，數千名都被冠上肢體攻擊和公共喝醉的罪名。懲罰的給予通常是任意的，沒有正當程序。有些犯法者只因為犯罪被告誡了一番，其他人則可能身陷囹圄、遭受鞭刑、甚至處決。這些違法者當中有一大部分是十二歲以下的孩童，許多人後來被送進「破爛學校（Ragged School）」——為窮困青少年提供免費教育的慈善機構。[5]

老城區中不斷惡化的貧民窟就像疼痛的傷口一樣。缺乏便利，像是乾淨水源和廁所，使得這裡的氣氛，就如一位愛丁堡居民所說的：「在垃圾和廢棄物必須放到街上的時期，這般髒亂已經令人嫌惡到近乎無法忍受的地步。」[6] 龐大人口造成的污穢與骯髒全擠進了這個小小的地區，打造出養成斑疹傷寒、肺結核以及回歸熱這類致命疾病的最佳溫床。

在這破舊的表面下，愛丁堡卻搏動著一股暗黑力量。李斯特踏上愛丁堡車站月台的當下，這個城市早已建立起自己是全球外科領導者的地位，但這樣的名聲也沾染著醜聞與謀殺。惡名昭彰的威廉・布克（William Burke）和威廉・海爾（William Hare），潛伏在愛丁堡街道上等著下一個受害者，不過是二十五年前的事。在十個月的時間內，這兩人勒死了十六個人，並將新鮮到可疑的屍體賣給羅伯特・諾克斯（Robert Knox），一個在城裡經營私人解剖學校、並對這兩人的隱祕勾當視而不見的外科醫生（布克和海爾最後因為他們的受害者之一在手術室被觀眾認出而遭到逮捕。怕丟掉小命的海爾，將鐵證和供詞都轉向他的夥伴。他因為合作而免於刑責，而布克則是獨自走上了行刑台。在這個詩意般的命運轉折下，這個殺人犯的屍體被公開解剖，數百名觀眾出席觀看。他的屍體被小心翼翼地剝開，皮膚做成了各種令人毛骨悚然的小玩意，包括口袋書，全都被兜售給歡欣、嗜血的大眾）。

布克與海爾犯下的慘案，係源自十九世紀初供給新鮮屍體給英國各地解剖學校的這門厚利生意。當時只有受吊刑殺人犯的屍體能夠被合法用於解剖。私立醫學院的數量不斷增加，可用的屍體根本就不夠。因此，城市中滿是屍體搶匪，他們有時也被稱作「掘墓盜屍人」。他們在凜冬的夜幕之下活動，蘇格蘭的寒冬讓腐化這個天然過程慢了下來。他們用木鍬和鐵鉤在每個墳上挖出一個小洞，拆開棺木的蓋子，接著把屍體拖出來。這些人一個晚上最多能偷走六具屍體，而且通常是一組人馬合作，互相爭奪、想要獨佔這門賣屍生意。

這個問題已經普遍到讓官方必須採取極端手段，以保護愛丁堡墓園裡的亡者。亡者的親人將亡者保險箱（也就是鐵格柵）放在埋葬處上方以保護他們逝去的親人。他們在周圍的牆上放滿碎石，要爬過牆就一定會製造出一些聲響。管理員在墓地設置彈簧槍和簡易版地雷作為保護措施。當地人組成「墓園社團」，在新下葬的墳墓周圍守夜，直到數個星期後屍體已經過度腐爛，不能再被解剖學校所用為止。其中有個例子，一名最近喪子的哀傷父親在孩子的棺木上方設置了一個「以電線連接棺木的四角、固定在上方、內含致命裝置的小盒子」。孩子的棺木入土時，他將火藥撒在這個基本型的大砲上，好讓「隱藏的機器能夠就緒待發」。[7]

到了一八五三年，因為新法的通過，無人認領的窮人屍體現在可以合法用來解剖，從醫人員於是便能取得大量屍體，竊屍人的惡行才因此在英國銷聲匿跡。但李斯特的新上級們——在大學教書的那一群人，以及即將要歡迎他來到愛丁堡的人——就是過去那個年代之下的成果。就連已故的羅伯特．利斯頓在老驢子教學時，雙手都曾沾染過某種形式的骯髒。在屍體貿易的巔峰時期，他會派自己的盜屍人馬到他同儕的盜屍人馬的地盤，在相互競爭的解剖學家之間形成無可挽回的分歧。

令人難以接受的真相是，若不是盜墓者以及過去數十年來他們為解剖學家取得的屍體，愛丁堡也不會打造出這讓世界歆羨的外科先驅名聲。沒有這個名聲，李斯特也不太可能會踏上拜訪賽姆教授的旅程、揭開他遊旅歐洲醫學院校的序幕。

確實，如果李斯特知道皇家醫院內這般好鬥的職場環境，他應該會重新考慮這次的蘇格蘭短行。他在向父親解釋前往愛丁堡這個決定的信中寫道：「就像在倫敦一樣，我絕不會與猜忌的對手鬥爭，也不會自毀名譽地加入庸醫行列或與其爭論……我的個性本就相當反對與他人吵架或爭執，而且，我還很懷疑自己有沒有辦法那樣。」[8]但約瑟夫．李斯特──一個當下對衝突毫不了解，而且個性羞赧、保守的年輕人──即將步入虎口了。

處於醫院多數鬥爭中心的正是賽姆本人，他經常展現出他天才的黑暗面。他易怒，而且有一種可以終身記仇的異常傾向。當婦科醫師詹姆斯．Y．辛普森在小手冊中建議外科醫生使用他發明的針壓法控制手術間的出血時，賽姆衝進手術室，抽出他的刀，在一群觀眾前面把這份文件割得粉碎。「看吧，各位先生，這就是針壓法的價值。」[9]

就連他的對手試圖和解時，賽姆的脾氣和驕傲通常都會是絆腳石。有一次，他的同事詹姆斯・米勒（James Miller）——賽姆因為他與針壓法提倡者辛普森之間的友誼，已經爭執不下了數年——決定是時候該停戰了。米勒最近生了病，而且發現自己命不久矣。他在一八六四年到了賽姆家中拜訪。當他踏進賽姆家門，看見這個難相處的外科醫生正背著雙手站在熊熊火爐前。米勒說他是來和賽姆永別的，並釋出善意伸出了他的手。賽姆冷眼看著眼前虛弱的男人，雙手保留在原來的位置，回道：「哈，所以你是來道歉的，是吧？好！我原諒你。」於是米勒一語不發轉身離開他的老對頭。

賽姆與他人的針鋒相對是他事業上的阻力也是助力。他和利斯頓吵架，自他進外科這一行，他們兩人就密切合作。他們之間的不和應該是因為一連串意見分歧，加上表親兩人在專業上越來越多較勁所造成。例如，利斯頓認為使用止血帶很可笑，他喜歡用左手的力量止住血液流通，而沒他那麼強壯的賽姆則是直言不諱地反對這種原始的方法。兩人之間的敵意在一八二九年來到了引爆點，賽姆申請當時利斯頓所就職的愛丁堡皇家醫院的外科醫生職位。由於醫院管理人員預期兩人之間的糾紛將影響到病房並干擾病人復元，於是拒絕了賽姆的申請。

賽姆並沒有花太多時間自怨自艾。同年，他買下錢伯斯街（Chambers Street）廢棄的名托宅邸（Minto House），想要改造成他自己的私人醫院。對於並不是太富有的人來說，這個舉動相當大膽。[11]賽姆將房產改造為二十四床的公共醫院。為了集資支持他的行動，他在城中可能幫助他計畫的有錢人之間流傳一本捐款冊。當冊子輪到利斯頓手中，他在裡面寫了：「切勿支持庸醫和騙子。」[12]

儘管利斯頓的舉動相當失禮，名托之家卻獲得空前成功。三年內，賽姆管理了八千起病例，並在那裡施展超過一千次手術。當中包括大型截肢手術，手肘與膝蓋的切除，以及「硬癌胸部」的乳房切除手術。於是當愛丁堡大學臨床手術主任一職於一八三三年空出來時，有了經營私人病院經歷的賽姆認為自己是理想人選。利斯頓一樣應徵了該職位，但這次，年輕的表弟終於勝出了。

六年後，利斯頓聯繫了賽姆。如今他已經搬到倫敦，並接下在ＵＣＬ的同等職位，不就後就要進行他那歷史性的乙醚手術了，也就是約瑟夫·李斯特以醫科生身分見證的那場。在他寫給疏遠表親的信上，利斯頓表達和解的希望，並以醫學術語問了賽姆，「告訴我你希望我們之間的不滿與傷痛並非被塗上石膏，而是堅定地癒合了。」[13]他最後以這樣的懇求收尾：

「我沒有你認為的那麼糟。」賽姆接受了這根橄欖枝，兩人的交情回復了。

無庸置疑，賽姆在愛丁堡找到了自己的天地。小小的外科界充滿了鬥爭、謠言與妒忌。不管何時，每個外科醫生看似都在彼此互相較量。確實，愛丁堡有時就是比倫敦更加情緒化，還曾有過因為醫療爭議而與人決鬥的外科醫生。[14]

§

李斯特一抵達，就暫住在愛丁堡較新一區的南費德烈克街（South Frederick Street）上。九月的天氣，雖然還算溫和，但卻一樣令人鬱悶。多數日子天空都掛著沉重的積雨雲，陰影覆蓋了城市，形成一股看似無法逃脫的黑暗。在往歐洲其他陽光更充沛的地區之前，他只計畫待一個月。他一安頓好，就將介紹信遞給賽姆，而他熱情地歡迎他加入城內的外科圈。

賽姆掌管皇家醫院的三間病房。在李斯特看來，這間醫院相當稀奇。一共二百二十八張床，比倫敦大學醫院多了超過兩倍。就十九世紀的水準來看，是個超大醫院。[15] 一七二九年剛建好時，只能收容四個病人。一七四一年，高校廣場（High School Yards）蓋了一棟新建築（也就是後來的醫院街〔Infirmary Street〕）。隨著時間過去，醫院逐漸擴張——一次是在一八三二年，一八五三年又有一次。後來，從德拉蒙德街（Drummond Street）到高校廣場之間全都成了皇家醫院的領地。皇家醫院佔地長約有五分之三個足球場，每一側都向外延伸出二十呎的直角。除了地面層以外，另外還有三層樓，兩間廚房、藥局、傭人房、餐廳，以及「十二間瘋人病房」。像大動脈一樣貫穿建築中心的是一座寬敞的樓梯，護理人員可以輕易地用「街椅」護送骨折、脫臼或身上有危險傷口的人。多數病人只能待在一、二樓，而需要手術才能復元的人則是在三樓，那裡接觸到新鮮空氣的機會較大。閣樓則是一間大型手術室，每週都有兩百名醫科學生擠進去見證手術。

對李斯特來說——因為大學醫院外科病床縮減，使得在艾瑞克森之下成長的機會也因此停滯不前，又加上利斯頓與波特的逝世——這是他獲得渴望已久的臨床經驗的絕佳機會。他抵達後不久，便寫信給父親：「如果一天時間可以變成兩倍長，我就會有充沛的工作量，而我相信這樣的工作量將會是人生中珍貴的一段——如果我最終要選擇外科這一行的話。」[16]李斯特的愛丁堡之旅繼續延期。

李斯特很快就成為賽姆的右手，在皇家醫院中承擔越來越多責任，並幫助他執行複雜的手術。在給妹妹瑪莉的信上，李斯特寫道老醫生昨天清晨五點就叫醒他幫忙協助緊急手術，因為「賽姆先生〔認為〕那會讓我開心」。李斯特接著告訴妹妹，他待在蘇格蘭一個月的計畫有變：

> 我在這裡獲得的學習機會，沒有任何一本書能夠教我，也沒有其他人可以，而我的經驗——從我們高爾街小醫院習得那相當有限的經驗——現在卻每日都有重要的增長。因此我認為若一切順利，我將在這裡度過冬天，這將對我有所幫助，儘管這麼做，會讓我大幅縮短到歐洲大陸去的時間。[17]

幾天後，賽姆為了他的門徒新創了一個「臨時職員」的位子，因為已經有人擔任住院外科醫師了。[18] 李斯特（本身就是一個合格外科醫師，還是英國皇家外科醫師學會〔Royal

College of Surgeons of England〕的會員）居然接受了一個學生才適合的工作，這個事實說明了賽姆對他的影響力。同樣的，賽姆為李斯特創造一個職位，還略過其他學生指派他，也顯示他相當看重李斯特。

賽姆密切關注李斯特的職涯，而且也開始依賴他，不論是在皇家醫院內外皆如此。他給了李斯特重要的任務，替他撰寫要發表的臨床講義報告。第一篇出現在《醫學月刊》（*Monthly Journal of Medical Science*），其中包含李斯特本人對骨瘤細胞結構的顯微鏡觀察。另外兩份報告也很快就發布了：一篇是賽姆處理癰疔的手術，另一篇則是以熱鐵燒灼術作為疼痛與腫脹的抗刺激劑。兩篇報告裡都有李斯特本人的原創貢獻。

賽姆成為了鼓舞的來源。李斯特在寄回家的信中激動地寫道：「如果對外科的熱愛是一個人適合該行的證明，那我一定適合成為外科醫生：因為汝絕對無法想像，我每日在這個血腥與屠宰的療癒學科之中獲得多麼大的樂趣。」[19]李斯特對賽姆之著迷，到了他必須向父親說明這樣的景仰，因為他父親寄來了一封信——半開玩笑半真切地——警告兒子必須謹慎，別讓自己過度陷入他人的掌控之中：「Nullius jurare in verba magistri」（發誓不遵從任何主人之語）。[20]

儘管他的父親因此焦躁，李斯特卻為花在協助賽姆的時間辯解：「成為協助他散播許多外科相關原創見解的工具，我十分樂意……要不是發布了這些講義，他的智慧就會在他過世的那刻隨著他一起消逝了。」[21]此外，他告訴父親，雖然理論上他同意不遵從任何主人之語的這個警告，但仔細思考後，他認為賽姆是個可敬的「主人」。

約瑟夫．傑克森並不是唯一注意到兒子對老外科醫師沉迷的人。這名爭議滿點的蘇格蘭人與李斯特新締結友誼的消息傳回了倫敦。李斯特的友人暨前任學生喬治．布歇南（George Buchanan）就在信中這麼逗了李斯特：「怎麼！你一定正身處最激烈的言語所能形容的永恆極樂狀態吧……我們在論文中看到你的名字，就像賽姆領養的小孩一樣，替他報告病例。」[22]布歇南繼續加上他自己的警告：「若你要待在外科界的話，那就當一個與賽姆成就相當的人，但千萬別染上他那過度明顯的自負！」

儘管他人表示擔憂，李斯特仍在賽姆的指導下突飛猛進。在皇家醫院，他能夠接觸的病例種類遠比倫敦多。就像當時所有外科醫師一樣，李斯特也遭遇過失敗，病人沒能活下來。

不過也是有相當值得慶幸的時刻，例如有個被刀刺中脖子的年輕人被緊急送到皇家醫院那次——正常狀況下，那個年代有這種傷應該是必死無疑的。

這男孩算是幸運也算不幸。一方面來說，刀子沒有切中頸動脈，要是被切中，他就會當場一命嗚呼。另一方面，血積在他的氣管附近，緩緩阻斷他所能吸進的空氣。其中一名目擊者說：「兩條命……全都繫在從頸動脈傷口那緩慢而漸進流出的血。」[23]因為如果年輕男子死亡，攻擊者也絕對逃不過吊刑。

賽姆與李斯特不浪費任何一秒。男孩被運上四層樓到了皇家醫院的閣樓，兩位外科醫生在那裡開始準備手術。消息很快就在醫院傳開，而手術室也馬上擠滿了外科醫生和學生，他們爭先恐後地想一睹好戲。這些潛在死亡的目擊者全神貫注地站在觀眾席，同時傷患正被自己的血噎得發出了咯咯聲。其中一名觀眾寫道，所有人的臉上「明顯攙雜著好奇心的焦慮與恐懼」。[24]

賽姆看來比李斯特沉著冷靜，當他為湧出的血做好準備時，想必確切清楚知道自己身負的重責大任。賽姆拾起手術刀，沿著年輕男人脖子上傷口那條長紅線劃開。當下，切口周圍開始形成一攤深深的血水。資深的外科醫師並未因此停下動作，他繼續朝受傷動脈的方向俐落地切開。如同賽姆後來寫的：「即便到了現在，想到我當時所處的位置，我都還是不禁顫抖，就算只有一隻手再輕微不過地移動了一下，都會立即造成頸動脈致命性的出血，而要是另一個人手上的針弄錯了方向，不管是多麼微小的錯位，也一樣會讓頸動脈噴發出無法抑制的血。」[25]

時間一秒一秒過去。觀眾傾身向前，但他們看到的只有「從傷口湧出一攤一攤的血，還有外科醫生與助手迅速動作的手指」。病人的臉「慘白得恐怖」。李斯特的臉，他寫道，則是冒滿了汗，「彷彿他剛剛賽跑完一樣。」[26]

兩名外科醫師繼續手術。賽姆將他的手指伸入開放的切口，並開始以鈍針和一塊絲縫合受傷的動脈。突然間，血從男孩的頸部噴發，浸濕了木製手術台，並在李斯特的腳邊凝結。觀眾倒抽一口氣，預期病人不久後就會死去。但賽姆繼續縫合滑溜的動脈，而李斯特同時撐開傷口並擦去流出的血。經過了緊張的幾分鐘，賽姆和李斯特都退開手術台，好讓觀眾能夠檢視切口。出血已經止住了。

手術室就這麼靜默了好幾秒，接著爆發出觀眾喧鬧的歡呼聲，以及給兩位外科醫生的喝采聲。

一八五四年一月，李斯特成了賽姆的住院外科醫生，是個他原本就或多或少已經在負責的工作。在這個正式職位中，他有了十二位替他工作的助手——是他在大學醫院的三倍之多。而這個數字很快就會增加到二十三人。賽姆開門見山地說，他倆工作上的關係將會是同事，「住院外科醫師」只是個頭銜。賽姆保證不會干預普通病例的治療，而且還給李斯特挑選已經入院病人的特權——其他任何醫院的住院醫師都不可能有的一項權利。不過，由於李斯特還沒拿到蘇格蘭的執照，他只能在皇家醫院的手術室協助賽姆，不能親自操刀。

李斯特很快就獲得了與他共事的人的尊敬與崇拜。在他年輕而且有時吵鬧的病人群中，他在UCL的招牌嚴肅和穩重似乎被化解了。李斯特甚至為他的下屬舉辦過數次奢華的晚餐聚會，而且還和他們一起撕掉某個地方庸醫張貼的廣告。他們這群得逞的圍事者拿走了廣告看板，並在醫院庭院舉行燒毀看板的嘲弄儀式。[27]

助手和職員給賽姆和李斯特分別取了「大師（the Master）」與「隊長（the Chief）」（這個表示親密的稱呼就這樣跟了他一輩子）這兩個名號。其中一名員工更是特別喜歡這位英俊的外科醫生：皇家醫院護理人員的護理長、難應付的珍奈特・波特（Janet Porter）太太。

李斯特在職期間，護理還不是需要技巧或訓練的一門職業，而且尚未獲得太多尊敬。必須近距離接觸男性身體，或是在無人看管之下與男性單獨相處，這並非受過教育、家境優渥的女性膽敢踏入的領域。弗羅倫斯・南丁格爾（後來改革護理的女人）尚未開發出後世讚揚的衛生公約。另外，還要再過九年國際紅十字會才會成立，那是十九世紀下半葉提供護理人員訓練的關鍵機構。

由於這項工作的門檻低，多數與李斯特共事的護理人員都是胡亂湊成的團隊。南丁格爾本人曾經造訪過皇家醫院，發現裡面護理人員的管理可以說是「無法無天」。她說「每天晚上用擔架抬進喝到爛醉的夜班護士」[28]是資深住院外科醫師的職責。替賽姆工作的第一年，這項討人厭的工作就落在李斯特的肩上。的確，是有那麼一個女人，因為經常宿醉而睡在醫院病床上，李斯特還因此數次責備過她。

和那些酒醉不務正業的人比起來，李斯特的仰慕者波特太太就是光譜另一端的代表。她以鐵拳管理外科醫生，且表現出一副彷彿管理整個醫院的責任全由她一人承擔的樣子。李斯特來到醫院時，波特太太的聲望已經相當穩固，也已經照料醫院病人超過十年了。她的休息室是個名副其實的相片展覽館，掛滿曾經照顧過她所負責病房的所有醫療人員照片。後續幾年，她將連接起護理界老派與新創先鋒之間的橋梁，認識她的人全都對她又愛又怕。曾於李斯特在職期間接受他治療的詩人W·E·韓利（W. E. Henley）寫道，「她狡黠灰眸之中的深沉與惡意」，還有「奉承、責備、挑戰的濃厚蘇格蘭口音」。如同其他替賽姆工作的人一樣，她散發出一股敏銳的責任感。就像韓利說的：「醫生們喜愛她、與她玩鬧、善用她的技能」，但他們說「『隊長』本人也有一半怕她」。[29]

有好幾次，我們新上任的外科醫生都發現自己與波特太太陷入棘手的狀況中。舉例來說，她抓到李斯特試圖用病房內的火鉗將她的冰敷劑敲成小碎塊。某個記錄內追溯道：「她怒氣沖沖地從他手中搶過火鉗與泥敷劑，並大聲撤退回她的廚房以示抗議。」[30]

儘管有這些咆哮怒吼，波特太太仍像母親一樣關切李斯特的健康。最明顯的一次就是在一八五四年某個風大的週日午後，李斯特和之前UCL的同學約翰·貝多（John Beddoe）一起去人稱貓脖子（The Cat's Nick）的危險小徑，他痛苦地倒在路上的那次。貓脖子在薩利斯布里斷崖（Salisbury Crags）上畫出一條鋸齒狀的小路，如一座壯觀的堡壘高聳於愛丁堡之上。[31]這座高一百五十一呎的斷崖，距離市中心東南方不到半哩路，是大約三億四千萬年前就開始於淺海形成的石炭紀海脊冰川遺跡。非常懼高的李斯特不情願地接受了朋友的挑戰，攀上薩利斯布里斷崖危險的那一側，以便在高處將愛丁堡的美景盡收眼底。貝多告訴李斯特所有偉大的思想家都這麼做過：小說家華特·司各特（Walter Scott）爵士、詩人羅伯特·伯恩斯（Robert Burns）。熱愛散步的查爾斯·達爾文（Charles Darwin）也曾來過，他後來說就是在這裡獨自漫步時，接受了地質學家詹姆斯·赫頓（James Hutton）的深邃時間理論，此概念後來在達爾文的進化論中扮演著關鍵角色。對貝多而言，這是「絕不能不完成的壯舉」。

於是兩人開始慢慢向上攀升。一步一步，城市漸漸被拋在後頭。他們走了一半，李斯特開始懷疑自己是否能到達頂點。他對領先在前的朋友呼道：「我覺得頭暈；如果今天就先這樣會不會很傻？」[32]或許貝多看見朋友眼中的恐懼，也或許他自己都累到無法繼續了。他同意他們應該回頭。

兩人原地折回，這時貝多腳滑了一下，弄掉了一顆石頭。李斯特聽見碎片剝落的聲音，抬頭想看看自己的朋友，卻正好看見朝他猛烈而來的落石。貝多試著重新站穩腳步時，李斯特將腿緊貼在峭壁上，但巨石砸中了他的大腿。據李斯特友人所言，石頭「又彈又跳地隨著山壁滾動而下，穿過一群正在玩跳房子的孩童們，沒有傷及他們」。[33]

貝多很快就評估出狀況危急。他先留下受傷的同伴，匆忙地從貓脖子爬下，不久後就帶著擔架與四名男人回來，排成鄭重的隊伍將受傷的李斯特送回醫院。波特太太站在皇家醫院的門口，一邊擰著自己手一邊哭泣。她用一口濃厚的蘇格蘭腔，責怪貝多讓她最愛的外科醫師受了傷：「哎，貝低醫生！貝低醫生！窩就知道會是誰。你們英格蘭人全都由夠蠢，跑去撒哩斯不梨上面胡鬧。」[34]

李斯特臥病在床數週，又一次延後了離開愛丁堡的時間。幸運的是，儘管他的腿嚴重瘀傷，但並沒有傷到任何骨頭。貝多想到他們離死亡是多麼接近就頭皮發麻。幾年後，他回想起若李斯特當時死了，歷史的軌跡會如何改變：「如果我在那個夏天害死了我的朋友李斯特……這世界的損失會多麼慘重，又有多少人類會就此死亡。」[35]

VI

約瑟夫、賽姆小姐與鋒銳的手術刀

THE FROG'S LEGS

所到之處皆有問題；所在之物皆缺乏解釋；一切都是疑惑與困難。只有亡者的為數之多是毋庸置疑的現實。[1]

——伊格納茲．賽麥爾維斯（Ignaz Semmelweis）

如雷的加農砲轟聲在戰場上迴盪。子彈從空中呼嘯而過，任何擋在其中的人，肉身隨之撕裂毀損。手腳猛烈斷開，內臟噴灑而出，因為自己傷勢而驚呆到無法哭喊的人，流下了染紅草地的猩紅色血液。理查・詹姆斯・麥肯錫（Richard James Mackenzie）和其他許多從未親身見識戰爭恐怖的年輕人一樣，對於戰場上等著他的一切，他可是遠遠沒做好準備。身上只有一袋外科器械加上些許氯仿，他在一八五四年加入克里米亞戰爭（the Crimean War），與高地七十二師共同對抗俄羅斯。

三十三歲的麥肯錫是賽姆的助手，他暫停職務並自願擔任軍醫。麥肯錫與李斯特同時都在賽姆手下做事，但兩人職責不同；前者更為資深，已經在皇家醫院待了很多年。在醫院期間，麥肯錫學會了許多老醫生的技術，包括著名的踝關節切除術。因為兩人工作上的密切合作，愛丁堡大學的許多教職員都認為有天麥肯錫會承接賽姆臨床教授的位置——三種外科職位中最令人覬覦的一個，因其永遠都可以分配到皇家醫院的病房。但當軍事外科教授喬治・柏林格（George Ballingall）爵士宣布退休時，麥肯錫看見了加快自己升遷速度的機會。而在他與這個職位之間就只差戰場經驗了。

麥肯錫離開愛丁堡後不久，便發現他寥寥無幾的醫療器材並不能發揮太大價值。麥肯錫最擔心的並非子彈或加農砲，而是髒污不堪的戰場之於火線上賣命軍人的影響。在寄回家的信中他寫道：「我們，如你們所知，度過了很不堪的時間……不是因為真的有太多人死，而是大量的疾病。」瘧疾、痢疾、天花與傷寒橫掃軍營，在任何戰役開始前就已經榨乾了戰士們的力量。麥肯錫為這些「連一槍都沒發射就被帶來這裡腐爛，甚至連敵人臉都沒見到的人」[2]哀嘆。

他們在九月二十日迎來機會，法軍與英軍聯合在克里米亞的阿爾馬（Alma）河以南與俄羅斯軍隊激戰。那是戰爭的第一場主要交戰。聯軍拿下了當天的勝利，但也賠上了大量傷亡。英軍大約有兩千五百名傷患，而俄軍的死傷數量是其兩倍。阿爾馬戰役是一場大屠殺：除了替受傷的同志取出無數的子彈與照料各種大小的傷口以外，麥肯錫光在當天就得進行二十七場手術（包括截去兩個髖關節），一切都在臨時搭建的醫院帳篷內進行。

那些在戰役中存活，並失去手腳的人還不清楚真正的危機是什麼。槍聲一止息，就爆發了亞洲霍亂。它穿過河流、跨過山脊、橫越峽谷，尾隨麥肯錫的部隊。它不懈地緊追在後。

由霍亂弧菌這種病毒生成的疾病，通常是藉由感染者糞便污染的水源所傳播。克里米亞戰爭期間，霍亂就這麼開始傳向歐洲大陸，而且前線軍人的腸胃裡面很可能都染上了這種疾病。經過二至五天的潛伏期，感染者會突然開始嚴重腹瀉與嘔吐，導致大量液體流失與脫水。死亡可能在幾個小時後就降臨，如麥肯錫的家書中所記載的：「許多人在晨間行軍時倒下，過了三、四、五個小時後就死去……不需要我說，遇到這種情況時，任何治療都是徒勞。」[3]若不治療，亞洲霍亂的致死率是四到六成。

持續了兩年半的衝突，期間有超過一萬八千名士兵因霍亂而亡，比克里米亞戰爭期間其他任何折磨英軍的疾病奪走的性命都還要多。[4]大志未能竟者之一就是理查・詹姆斯・麥肯錫。這位來自愛丁堡、前程似錦的外科醫師於一八五四年九月二十五日，阿爾馬戰役的五天後因霍亂而死。又一次，死亡為另一個人的前途開出了道路。

麥肯錫的許多同事都和他一同上了戰場，但李斯特的宗教信仰禁止他涉及任何暴力活動，就算他只是個專門治療傷患的外科醫師也一樣。隨著他在皇家醫院擔任外科醫生的時間接近尾聲，一八五四年底的李斯特發現自己沒有工作，也沒有任何未來計畫。幾個月前，他曾向父親提到申請成為倫敦皇家自由醫院初級外科醫生的意願。儘管李斯特很喜歡賽姆，但他也想念家人。這是接下來二十三年間，他多次嘗試回家的最先幾次。

皇家自由醫院由威廉・瑪斯登（William Marsden）於一八二八年創立，提供無法負擔醫療費用的人免費（正如其名）照護。雖然英國的醫院會照料窮人，但病人必須自己負擔病房費與伙食費。此外，只有取得醫院董事或贊助人推薦信的人才能入院，這並非易事。相較之下，瑪斯登認為「〔入院〕的唯一通行證應該是貧窮與疾病」。[5]他之所以成立皇家自由，是因為某個傍晚在聖安德魯教堂（St. Andrew's Church）的階梯上遇見一個瀕死的女孩。瑪斯登試著讓她住院，但卻因為她身無分文無法入院。幾週後，她就過世了。

在皇家自由醫院工作不只能讓李斯特回家，還有助於他的事業。醫院職位得來不易，特別是首都的醫院。這不只將提升他作為外科醫師的聲望，開啟有利可圖的私人執業，未來還可能替他謀得大學中的一職。然而，賽姆和他的老教授威廉・夏培卻不認為那份工作適合李斯特。他們勸李斯特打消申請的念頭，因為他們擔心自己的學徒會捲入該醫院最近鬧得沸沸揚揚的政治鬥爭之中。

倫敦醫學圈中到處都在流傳這個紛爭的八卦。皇家自由有三名外科醫師：威廉．瑪斯登；已經在那工作了十八年的約翰．蓋伊（John Gay）；以及《刺胳針》創刊人的兒子湯瑪斯．亨利．瓦克力（Thomas Henry Wakley）。那年十二月，蓋伊為自己的自傳提供素材，結果那卻是醫院的重要資訊。皇家自由的董事會認為，蓋伊對於書中出現貶低言論的處置實在欠缺積極性。這個時候出現了兩個陣營。一派相信董事會開除蓋伊是正當處置，另一派則認為外科醫師的事業不該受到外部體系干預。瓦克力在《刺胳針》之中為董事會的決定大力辯護，這也不令人意外，因為這次事件的結果能讓他直接晉升到蓋伊的位子。

夏培寫信給在愛丁堡的賽姆：「新的外科醫師會被丟到小瓦克力的陣營——而我擔心他們之間不久後就會出現分歧，如此一來在公眾面前就只會有吵不完又令人分心的鬥爭——甚至攸關李斯特的退休。我無法想像李斯特在這件事上會和瓦克力的看法**相同**。」[6] 賽姆還有另外一個顧慮。他擔心李斯特可能會讓好鬥的瓦克力相形失色，這可能會惹惱在倫敦醫學圈中還保有相當大勢力的瓦克力的父親。夏培寫信給賽姆，「我無法想像老瓦克力會**犧牲他兒子**，而讓其他新人贏得名聲。」夏培與賽姆兩人都向李斯特表達他們的擔憂，李斯特也在兩位導師的建議下，就這麼讓申請職位的期限過去了。

住院外科醫師職務結束後的李斯特要做什麼，這個問題還是在。他想過照原計畫遊歷歐洲，而約瑟夫．傑克森也鼓勵自己的兒子就這麼做：「汝現在可以不受任何干擾，自由去追尋汝所做出自己認為正確的計畫……去參訪歐洲大陸的一些醫學院。」[7]然而，如果皇家自由醫院職位的誘惑都不足以讓他離開愛丁堡，歐洲行就更不在話下了。結果，李斯特居然向賽姆提議接下麥肯錫的外科講課，並申請成為皇家醫院的助理外科醫生。

擔任賽姆的住院外科醫生，對李斯特而言可能是大材小用了，但這個階段的他要成為賽姆的助手，卻無疑是**不夠格的**，因為他仍未取得蘇格蘭的執照。李斯特的提議讓賽姆感到意外，他馬上就對這個計畫潑冷水。但李斯特不會輕易放棄。他表明立場。在寫給父親的信中，他問道：「若一個人不善用出現在自己眼前的機會，他能做什麼，他又有什麼用？」在李斯特心中，就算他的野心大了那麼一點，他也知道自己絕對能勝任這份工作。「雖然最初有幾次我都會從中〔機會〕退縮，」他寫道，「但我用這樣的想法去支持我的行動，也就是，如果我現在不這麼做，日後要如何承擔身為外科醫師的責任呢？」[8]儘管他這樣逞強，卻仍展露出他特有的謙虛，他在寫給信奉貴格會的父親的信中描述了自己的抱負，說他不能希望或期待自己的事業能有賽姆的「十分之一成功」。

最終，賽姆對李斯特成為他下一個助理外科醫師的想法越來越感興趣。李斯特在手術技能與知識求知欲上都讓賽姆另眼相看。在四月二十一日這天，李斯特獲選為蘇格蘭皇家外科學院的一員，並取得在愛丁堡施行手術的執照。在那之後不久，他就搬進了位於拉特蘭街（Rutland Street）三號一棟時髦的住宅，就在賽姆的診察室對面。他那持續資助他生活開銷的父親認為房租相對高了，但卻寫信告訴李斯特，他贊同他搬到「格調與陳設完全體面而且符合爾等專業地位的房產」。[9]李斯特一在新居安頓完畢，醫院董事便確認他在皇家醫院的職位。那年九月，他收到了第一筆病人給的費用，他搭配氯仿治療了病人脫臼的腳踝。李斯特的事業開始踏上軌道。[10]

§

李斯特的家設備再完善，也無法和他導師壯觀的宅邸相比。雖然米爾班克之家（Millbank House）距離市中心只有半小時腳程，對於賽姆與其家人的訪客而言，那裡就像個鄉間靜居。當你踏入這個宏偉的飛地，愛丁堡的煙霧、煤塵、喧鬧頓時消失。常春藤包圍的大宅和藹地眺望山坡以及井然有序的露台，為賽姆每天在皇家醫院經歷的恐怖提供精神慰藉。他在一八四〇年代買下這裡時，房子本身已經有數個溫室和葡萄溫室。過去幾年，賽姆的財富隨著他的私人執業增長，他新添了一座無花果園、鳳梨園、香蕉園、兩座蘭花園，還有一些種水果用的保護牆，冬天時可以用玻璃窗蓋住。在風霜漫天的蘇格蘭，那裡可以說是某種熱帶天堂。[11]

米爾班克之家是個生氣勃勃的地方。賽姆喜歡為朋友、同事，以及來愛丁堡造訪醫學或科學機構的旅人舉辦小型晚餐派對。他討厭大型聚會，喜歡一次不要超過十二名客人。李斯特也經常來，而全家都歡迎他。

就現代標準而言，賽姆家是個大家族。成員包括賽姆的第二任妻子，潔米瑪·伯恩（Jemima Burn），以及他們的三個孩子，再加上他上一任婚姻生下的兩個女兒阿格涅斯（Agnes）與露西（Lucy）。他的第一任妻子安·威利斯（Anne Willis）幾年前在生第九個孩子時過世了。賽姆的第一段婚姻共生了七個孩子，第二任婚姻中有兩個孩子因為多種疾病與意外死亡。這些喪親之痛提醒著我們，面對死亡時醫學有多麼無能。

除了定期的晚餐邀約以外，李斯特也受邀，到賽姆姊夫在蘇格蘭西岸隆湖（Loch Long）的鄉間住宅，和他們家族一起短程旅行。李斯特接受邀約，但並不只是為了獲得老賽姆的建議。他的目光落到了老闆的長女阿格涅斯身上。

阿格涅斯・賽姆是個高䠷纖細的女孩，她的樸實在她美麗的妹妹露西身旁顯得更一覽無遺。阿格涅斯經常將她的深色長髮繫成一個鬆鬆的圓髻，更凸顯她精美的容顏。寄回家的信中，陷入迷戀的李斯特滔滔不絕地說著他「珍貴的阿格涅斯」。他告訴約瑟夫・傑克森，雖然賽姆小姐外貌「一點也不顯眼」，她卻擁有討喜的的性格：「她的表情中有著一種不斷變化的神情，表現出她獨有的純真、誠實、真摯以及謙虛的靈魂。」最重要的是，李斯特寫道，「絲毫不缺乏堅決而獨立的智慧。」無疑是遺傳自她父親的一項特質。李斯特沒有太多保留地描述他的新歡：「少數時候，儘管現在對**我**而言不如以往罕見，她的雙眼流露出一顆**非常**溫暖的心的深刻情感。」[12]

李斯特的母親和父親對於兩人婚姻的前景卻一點也不熱中。阿格涅斯是堅定的蘇格蘭聖公會（Episcopal Church of Scotland）教徒，他們全家都是，而且並沒有顯示出任何背棄教會轉而加入貴格會的意圖。很早以前，李斯特的雙親就曾表示顧慮。如約瑟夫·傑克森寫的，「汝親愛的母親告訴我，她一直想說服汝別讓**其他**〔事情〕全面佔住你心頭，造成我們的損失。」他的父親警告他千萬別做出任何顯示出他想要娶阿格涅斯的事。他還說（或許是為了讓自己安心）他相信邏輯會勝出：「爾之判斷將即刻消除這個不合適的念頭。」[13]

儘管父母耳提面命，李斯特卻更深深陷入愛河。很快地，皇家醫院的所有初階醫師都知道「隊長」在追求老闆的女兒。五月中的某個員工晚餐結束後，其中一個年輕人唱出了當時一首叫作〈維利金斯與他的戴娜〉（Villikins and His Dinah）的流行曲，他改編了這首歌，歌詞敘述李斯特拒絕娶賽姆的女兒後，就神祕地死在手術刀下的故事：

> 賽姆在醫院周圍緊緊跟隨
> 看見李斯特倒地呼吸全沒

尖銳手術刀落在他身邊
一封情書寫著出血讓他把命賠——

賽姆試圖拯救這個虛構的李斯特，將受損的血管「給縫了好幾回」，但卻無力回天。這首歌以輕快的警告收尾：

現在年輕外科醫師要將警告記牢
賽姆先生的命令千萬不可拋；
所有聽見這悲劇的年輕女孩。
想想約瑟夫、賽姆小姐，與鋒銳的手術刀。[14]

儘管改編曲背後的情感是愛，但歌詞是在提醒著李斯特，追求阿格涅斯一事必須謹慎而行。她的父親不是個好惹的男人。

儘管努力嘗試，李斯特還是無法忘懷阿格涅斯。但確切的事實仍在：若他要娶個蘇格蘭聖公會的妻子，他就得放棄在貴格會社群的身分資格。對一個七年前才認真思考過放棄習醫，轉而成為牧師的人來說，這確實是個令人頭痛的抉擇。他不止要考慮信仰上的結果；還得將經濟風險納入考量。那時約瑟夫．傑克森繼續資助李斯特，給他一年三百鎊的生活開銷，再加上每年房產利率的額外一百五十鎊。然而，若他決定背棄團體，就無法保證父親會繼續給他生活費了。

最後，李斯特直接問他父親，如果娶阿格涅斯為妻，他還能不能依靠父親的經濟支柱。約瑟夫．傑克森將他的信仰顧慮放到一邊，並向他兒子保證自己的愛：「我不會因為她不是我們會內的一員，而影響我對爾金錢上的安排——或是改變對爾過去的保證。」[15]若李斯特求婚成功，他會給兒子一筆錢添購家具，他也對自己的兒子說，他預期賽姆將會對她的女兒「做出處理」（也就是提供嫁妝），而他將直接與賽姆交涉。

他的父親向他保證，他和他母親都不希望李斯特「**為了我們的感受**而出席『朋友』的禮拜」[16]（譯註：貴格會 Religious Society of Friends，最早曾經用過「朋友會」這個名稱）。他建議兒子自願退出貴格會的成員身分，不要因為娶了不同信仰的人，違反教義而被正式宣布與教會脫離關係。約瑟夫．傑克森認為這樣的安排最好，因為日後李斯特若決定重返貴格會，也還有一絲可能。

下定決心的李斯特向阿格涅斯求婚，也獲得同意。阿格涅斯與她的母親將婚禮日期訂在隔年春天。迫切想要與他的新娘開始生活的李斯特，向他父親抱怨婚禮延遲。如果由他決定，兩人即刻就能結婚。約瑟夫．傑克森（無疑是被自己兒子想要享受家庭生活的迫切給逗樂了）向他保證：「我就和爾一樣，希望越早越好，但汝將會知道，為什麼應該要將這件事留給**女士們決定的理由**。」[17]

新婚禮物開始湧入：愛爾蘭的皮姆家送來了黑色大理石鐘；他的弟弟亞瑟（Arthur）送來精美的瓷器。[18]才剛搬家的李斯特，現在又得找個更適合婚姻生活的房子。有了阿格涅斯那筆可觀的嫁妝，加上約瑟夫．傑克森送的新婚資金，這對夫婦就能負擔得起更加豪華的住處了。[19]李斯特最後在拉特蘭街十一號安頓了下來，離他原先的住所只隔了幾戶。花崗岩砌成的喬治亞式房產共有三層樓九間房，包含就在入口大廳旁的書房，李斯特要將那裡變成未來的病人問診室。在寫給他母親的信中，他也描述了二樓將被用來當作育嬰室的一間房，因為裡面「備有冷熱水水龍頭和水槽」。[20]

一八五六年四月二十三日，這對愛侶在賽姆米爾班克之家的客廳完婚。阿格涅斯的妹妹露西後來回想道，這是「出自於對貴格會的相關考量」[21]，擔心參加教堂儀式會不自在的人所做的。蘇格蘭醫生暨散文家約翰·布朗在招待結束後為這對歡喜夫妻致祝酒詞。他們有著光明的未來，不僅因為李斯特是愛丁堡的新起之星。在布朗的演說中，他斷言預測：「我相信，李斯特，會是那個在他的領域中登峰造極的人。」[22]

李斯特回到皇家醫院工作時，他繼續面對在倫敦大學醫院遇到的相同問題。病人仍然因為醫院壞疽、丹毒、敗血症以及膿血症而死。多數外科醫生已將此視為必然，受挫的李斯特開始將他病人的組織樣本放到顯微鏡下研究，以便從細胞層面更加了解究竟狀況為何。

與他許多同事一樣，李斯特發現敗血狀況發作前會出現過度發炎的現象。這個現象一旦出現，病人就會開始發燒。兩者之間的潛在關聯似乎是因為熱。發炎是一種局部的熱，而發燒是整體的熱。然而，在一八五〇年代，兩者難以預防，因為傷口乾淨癒合的機率少之又少，少到許多醫生把「值得讚揚的膿汁」當作療癒過程的重要一環。[23] 此外，醫學界中也在爭論究竟發炎是「正常的」，還是需要處置的病原過程。[24]

李斯特下定決心要深入了解發炎背後的機制。發炎與醫院壞疽之間的關聯為何？為什麼有些發炎的傷口會出現敗血現象，而有些不會？在給他父親的信中，他寫道他「覺得過去〔發炎〕的初期階段並沒有被好好追蹤，所以無法了解從健康復元的泛紅轉為發炎的過程」。[25]

控制發炎是醫院外科醫師每天都要面對的難題。當代人認為傷口的癒合有兩種方式。理想的傷口癒合狀況是「一期癒合」，外科醫生用這個詞彙來表示傷口兩邊癒合，但只有極少發炎與化膿（形成膿汁）。簡單來說，就是傷口乾淨，抑或是當時說的「美妙（sweetly）」地癒合。否則，傷口的狀況可能是「二期癒合」，也就是長出新的肉芽或傷口組織（一個經常伴隨著發炎與化膿的延長性過程）。透過第二癒合復元的傷口較容易受到感染，或是「腐爛」。

外科醫生處理傷口的方式實在太多，顯示出他們多麼努力想要了解並掌控發炎、化膿以及發燒。然而，敗血性感染有時太過任意又無法預測，這個事實又讓局面更加複雜。有些傷口沒用上太多醫療協助就能漂亮地癒合，其他卻在經常更換敷料與清創（移除壞死細胞）的悉心處理下惡化致死。許多外科醫師注意到的一個現象是，沒有造成皮膚破裂的斷裂通常會順利復元。因此，有東西由外進到傷口內的這個概念更為鞏固，導致「閉合法」這種讓傷口隔絕空氣的方法變得普及。

依據外科醫生處理案例的偏好，閉合法有多種實施方式。第一種是以乾敷料完全蓋住傷口，例如使用以牛腸子外部膜做成的槌金皮（牛大腸膜），或有黏性的膏藥。如果傷口以一期癒合的方式復元，這方法就成功了。但若傷口化膿，腐敗的毒物（即我們現在所知的細菌）——在敷料覆蓋之下無法逃脫——就會重新進入病人的血液，於是導致敗血症。為了因應這個作用，有些外科醫生會持續打開敷料，用一種叫「閉合搭配重複掀開」的方式清理傷口分泌物。事實上，羅伯特·利斯頓曾於一八四〇年代公開譴責這種作法，說「病人處於一種受到持續刺激的狀態，而且經常因為痛苦、分泌以及潮熱而精疲力竭，因此成為這種作法的受害者」。[26]

許多外科醫師反對閉合法，因為那會將熱氣封閉在傷口內，對發炎的控制反其道而行。

他們也認為不應該全面覆蓋受傷位置，因為繃帶會「吸滿腐壞的分泌物，而且充滿血腥、分解不全、惡臭的物質」，這樣一來，就會導致傷口腐爛。賽姆偏好將傷口縫合，留下小小的開口以利引流。再來，他會將其他部位用大片的乾紗布全部包住，只留下傷口開口。就這麼放著大約四天，然後將紗布移除，每兩天替換一次直到傷口癒合。

有些外科醫生偏好「水敷料」，或濕繃帶，他們認為讓傷口維持冷卻能對抗發炎的熱。其他人則直接沖洗傷口，甚至讓病人整個浸在水裡，而且必須持續換水。儘管這個方法因為無意間在分泌物一形成時就將其清除，但實行起來既昂貴又棘手，而且對於應該使用熱水、溫水或冷水，大家也都各執一詞。

最大的問題在於，雖然多數外科醫生都試著預防傷口感染，但對於一開始**為何**會發生感染卻毫無共識。有些人相信是因為空氣中的某種毒素，但誰也想不出這種毒素的本質究竟是什麼。其他人則認為感染會在自然發生（spontaneous generation）的過程中重新出現，特別是那些狀態本來就虛弱的病人。

醫學界幾乎所有人都認同近年來感染率的攀升，醫院這個場所是一大促成因素。隨著十九世紀間醫院的擴大，越來越多各種不同的病人都被送進醫院。這點在一八四六年麻醉藥的出現後更是如此，外科醫生更有信心執行麻醉藥發明之前他們可能不敢實施的手術。有了這麼多病人在病房內，維持醫院整潔變得難上加難。重要教科書《醫學、外科與其相關科學年鑑》（*Year-Book of Medicine, Surgery, and Their Allied Sciences*）的作者感到有必要告知讀者，「若情況允許，曾用於壞疽傷口上的繃帶與器具不得使用第二次；繃帶、床單或布料也不得於受感染病人所在的房間內放置、或準備。經常更換寢具、被毯以及床單，在已經爆發這類疾病的地方最為受用。」[27]

我們現今預期醫院會有的衛生標準在當時完全缺乏，當李斯特進到皇家醫院工作時也絕對沒有。找出理解發炎及感染本質的管道變得比什麼都來得重要。

§

他們結婚的第一年，阿格涅斯開始習慣在兩人的愛巢中看見青蛙。[28]她先生對於這種兩棲類的癡迷從他們倆的蜜月開始。在為期四個月的蜜月之旅前，這對新人曾在金羅斯（Kinross）一個叔輩親戚家短暫停留，從愛丁堡到金羅斯只消一天馬車的路程。李斯特帶著他的顯微鏡，而且，剛在這個叔叔的房子外面抓了幾隻青蛙，他草草搭起一間實驗室，好開始進行一系列他希望能幫助了解發炎過程的實驗——一個將會耗上他剩餘人生的題目。很遺憾（雖然對青蛙而言是幸運），李斯特的青蛙逃脫了，傭人們在房子裡四處忙著抓青蛙，造成了大騷動。這對夫妻從他們的旅行回來以後，李斯特繼續他的實驗，這次是在他拉特蘭街自宅一樓內的實驗室。他不懈地研究，妻子也在他身旁勤勉地陪伴著。阿格涅斯經常聽寫，一絲不苟地替李斯特在個案文件中記下筆記。的確，當時除了研究以外，也沒有什麼時間能做別的事了。

一直到那時，李斯特放在顯微鏡之下研究的大都還是死掉的組織。[29]這些樣本大都取自他在皇家醫院照顧的病人，有時候，甚至是從他自己身上來的。但他真正需要的是**活的**組織，才能確切了解血管在不同情況下的反應為何。這是他理解傷口照護以及術後感染原因的重要步驟。他又一次將注意力轉移到活青蛙身上，這一次他到了市中心東邊的道丁斯頓湖

（Duddingston Loch）抓了一批準備用來研究。那時，他開始解開折磨了他專業領域數個世紀的謎團。

李斯特的發炎研究是建基於UCL教授華頓．瓊斯的成果之上，他以顯微鏡觀察蝙蝠翅膀與青蛙蹼半透明組織上的末梢血管。[30]和他的教授一樣，李斯特發現感染發生以前，微血管的血流似乎已經變慢。他想了解發炎會如何影響健康肢節的血流與血管。在自家實驗室中，他進行了一系列實驗，在青蛙蹼上弄出可控制及漸進的傷口，並以目鏡測微計依次測量血管直徑。為了測量，他將各種刺激物放在蹼上，開始先用溫水，接著一次比一次更熱，直到水溫到達沸點。接著，李斯特用氯仿、芥末、巴豆油，以及醋酸測試蛙蹼反應。

他實驗的關鍵重點是找出中樞神經系統在發炎時扮演的角色。為了深入了解這點，李斯特對一隻大青蛙進行活體解剖，他移除了青蛙的整個大腦，而不傷及脊髓（為了科學研究對動物進行活體解剖這個行動在英國有著悠久的歷史。一六六四年，皇家學會的創始人之一羅伯特．虎克〔Robert Hooke〕更是顯微鏡的使用先驅——在他實驗室的桌上綁了一隻野狗，然後切開那隻嚇壞了的狗的胸部，好讓他能一窺胸腔並深入了解呼吸相關的機制。虎克開始實驗前不知道的是，肺並不是肌肉，而移除狗的胸部，讓橫膈膜無法作用，就摧毀了狗獨立呼吸的能力。為了讓狗活著，虎克拿了一根空心桿推進狗的喉嚨直到氣管。他接著用風箱打氣到狗的肺部，就這麼持續了超過一小時，仔細地研究每次人工呼吸之下器官收縮的方式。這段時間內，流浪狗驚恐地盯著他，一聲嗚咽或是痛苦哀嚎都發不出來。如同虎克，李斯特也認為活體解剖是他職業中的必要之惡，更是他個人研究與拯救他病人的珍寶）。

他切除青蛙的大腦後，觀察到「先前尺寸正常、而且迅速輸送血液的動脈，如今完全收縮，讓蹼除了靜脈中的血以外，看似完全無血。」[31]接下來的數個小時，李斯特繼續操弄脊髓，有時甚至會切除部分脊髓，直到青蛙死去：「因為心臟虛弱導致血液停止流動。」[32]他推斷，少了大腦或脊髓，青蛙體內的動脈就不會舒張。

李斯特決定在愛丁堡皇家外科醫學院發表他的發現。然而，當他發表演說的時間到來時，他的實驗結果卻還沒到達讓他自己滿意的程度。時間一天一天逼近，他的父親（當時正好來到蘇格蘭拜訪他們夫妻）發現發表前一晚他兒子的演說只完成一半，而且當天「其中三分之一必須**即興發揮**」。[33]但儘管他的準備如此不全，論文的發表卻沒有一絲瑕疵，而且其中一個版本被收錄於《自然科學會報》（*Philosophical Transactions of the Royal Society*）中。

論文中，李斯特主張「由直接刺激所導致特定數量的發炎，對一期癒合而言是相當關鍵的」。[34]換句話說，當因切開或斷裂形成的傷口持續存在時，發炎的狀況是可以預期的，而且也確實是身體自然療癒的一個部分。傷口發炎並不一定會造成敗血症。與華頓．瓊斯的觀點相反，李斯特表示，青蛙腿的血管張力是由脊髓與延髓控制，因此發炎會直接受到中樞神經系統影響。[35]簡單的說，李斯特認為發炎有兩種：局部的與神經的。

在論文結尾，李斯特將他的青蛙實驗觀察依時間記錄，並連結到例如滾水燙傷或手術切開皮膚傷口的臨床狀況。這些早期研究，對於李斯特未來關於傷口癒合的臨床研究，以及感染對組織影響的研究，都是極為關鍵的。[36]他認為發炎分為兩種這點根本上是錯的，但藉由他的開創性研究，他更能掌握發炎對組織失去活性的作用。這對於幫助他了解為何敗血狀況可能在受損組織中發生，是極為重要的。

即便是在他結束皇家外科醫學院的演講以後，還有他在皇家醫院演講與治療病人以外的時間，他都繼續用青蛙進行他的密集實驗，阿格涅斯則在一旁協助。這讓約瑟夫．傑克森寫信問他：「我已準備好要問……是什麼讓可憐的青蛙還要再經歷更多實驗。」[37] 這並非李斯特最後一次因為仔細與注意細節而阻礙他適時發表重要研究。儘管如此，在他結婚的頭三年，他發表了十五篇論文，而光是一八五八年就佔了九篇。所有發表都是基於他的原始發現，其中許多都記載了他對發炎起因與機制的生理調查，這讓他有了穩固的根基能夠建構他那影響深遠的研究。

VII 像親王一般地對待病患

CLEANLINESS AND COLD WATER

外科醫生就像農夫，他們在田裡播種，認命等待著收成的結果，接著收割，清楚知道自己無力對抗那可能會降下豪雨、颶風以及冰雹的自然力量。[1]

——理查德・馮・沃克曼（Richard von Volkmann）

一八五九年七月，五十九歲的格拉斯哥大學臨床外科皇家講座教授詹姆斯・勞瑞（James Lawrie），罹患了讓他失去言語及行動能力的癱瘓性中風。他在大學內眾所皆知，甚至曾經教過著名醫學傳教士暨探險家大衛・李文斯頓（David Livingstone）。勞瑞的位子——外科界人人垂涎的位子——突然間空了出來。

李斯特當下就寫信告訴父親這個消息：「勞瑞醫生……目前的身體狀況無法讓他再任職太久。」[2] 他表達自己對於應徵這個職位的興趣。有了聲望這麼高的頭銜，他就能在格拉斯哥開一家賺取金錢的私人診所，這是他在愛丁堡做不到的。此外，藉由當地醫院職員友人的影響力，李斯特認為自己會被任命為格拉斯哥市醫院的外科醫師。最重要的是，如同他對父親說的，若未來有機會，這會讓他「更有可能拿下在倫敦的任何職位」。[3]

不過這也有缺點。如果李斯特搬到格拉斯哥，就會終止他與他的朋友、同事、暨岳父六年來的合作關係。他向約瑟夫・傑克森表示惋惜，「離開愛丁堡會讓我感到萬分可惜，特別是對賽姆先生，如爾所知，我深深尊敬他。」[4] 李斯特也很苦惱，不知道這麼做對他的老導師及他們數年來耕耘的外科事業代表著什麼：「賽姆先生……顯然比較能夠接受我留下來，並在醫院幫他……因為在外科的事情上，沒有人像我和他一樣站在相同的立足點。」不過，三十二歲的外科醫生難以無視若自己拿到格拉斯哥的教授職位，將有哪些機會等著他。他將對於賽姆及皇家醫院的牽絆放到一邊，並寫下了自己的名字應徵職位。

同樣要應徵的還有七位醫術高超的候選人：其中五位來自格拉斯哥，另外兩位來自愛丁堡。讓事情更複雜的是，英國所有皇家講座教授，皆由內閣閣員之一任命，而這個人不太可能知道職位的任何確切需求，或是哪個候選人最適任。賽姆慷慨地推薦了他的女婿，用他特有的簡潔言語描述李斯特「嚴格看待準確度，擁有極度正確的觀察力，以及非凡的可靠判斷力，加上難得一見的熟練操刀技術與實際思維」。[5]

時間就這麼過去，但這個職位的下落卻一點消息也沒有。到了十二月，李斯特收到一封友人的私信，通知他皇家講座教授的位子將會是他的。[6]但他的歡欣雀躍很快就被澆熄，《格拉斯哥先鋒報》（*The Glasgow Herald*）於一月宣布這件事還沒完全定案。文章寫道一封由市內兩位閣員流傳於醫療界的公開信件，他們詢問當地醫生「告訴我們，你們認為哪一位候選人最適任這個職位，並在他的名字旁邊畫個叉」。[7]當時擔心貪污及金援的人大肆抗議。若候選人是由格拉斯哥的醫生挑選，那麼像李斯特這樣的外來者一定會受到不公平的待遇。

抗議聲浪越漲越高，威廉．夏培、約翰．艾瑞克．艾瑞克森以及詹姆斯．賽姆全都寫信支持李斯特的候選人資格。[8]社論出版後的十天，李斯特正式受到內閣大臣任命遞補勞瑞的位置。隔天，興高采烈的兒子寫信給父親，「歡迎消息終於來了……女王陛下御准了我的任命。」[9]李斯特描述這個感覺「像是中了快樂的毒」，而這股喜悅「我毫不懷疑，也被先前冗長的懸念提升了兩倍或三倍」。有了快樂的結局，他也認為這個決定消除了眾人普遍對格拉斯哥心胸狹隘及宗派主義的指控。在這個新的城市中，李斯特相信他和阿格涅斯可以共同創造出家的感覺。

格拉斯哥距離愛丁堡只有四十哩。兩座城市中心都有一所古老的大學，但格拉斯哥的知識氛圍卻與李斯特和賽姆共事以來所習慣的大相徑庭。格拉斯哥醫學圈的氛圍獨裁大過於投機，保守大過於特立獨行。[10]他們不輕易接受創新。李斯特在大學這群傳統思維堅定分子之中，將會難以找到立足地。

李斯特抵達他的就職典禮之際，房裡滿是大學內的傑出人士，也就是即將成為他同事的人。他們成群匯集來聽臨床外科新任教授的初次演說。李斯特焦慮不已。一天前，他被告知要以拉丁文報告他的論文，這個老舊傳統源自於醫生應該要能展現其學習深度的信念。當代曾有人寫道，「我們成為醫生或科學專家之前，必須要先成為男人與紳士。」[11]

一直到前一天深夜，李斯特都在努力準備他的重要演講。現在，他站在觀眾前，緊張地抓著一本阿格涅斯建議他帶的拉丁文字典。[12]有件事更加重他的不安，他擔心他的口吃會重現，就像有時在高度壓力之下會發生的一樣。但他一開口，就變得有條有理。拉丁文意外從容地從他的嘴裡流出。[13]正當他準備進到他論文的下一章節，大學校長從座位起身並打斷了他。他指示李斯特停下來，因為他論文的前幾段已經充分符合他們的要求。他通過了他的第一項測試。

儘管格拉斯哥大學傾向保守，改變還是正在發生中。近期到職的教職員吸引了新生，也幫助彌補了大學低落的名聲。一八四六年，威廉．湯姆森（William Thomson，人稱喀爾文男爵〔Lord Kelvin〕，他奠定了熱力學第一及第二定律的公式）加入了教職成員，擔任自然哲學教授，隨之引進了著重實驗室及實驗實務的課程。兩年後，艾倫．湯姆森（Allen Thomson）成為解剖學教授。他的顯微鏡解剖課程是大學陳舊課綱中的新穎一隅。因為這些改變，大學醫學系學生的人數開始穩健成長。李斯特加入教職成員時，共有三百一十一名學生註冊，數量幾乎是二十年前的三倍。[14]這些學生中，有一半以上都選了李斯特新開的系統外科課程，成為英國這類課程中人數最多的一門。[15]

大學當時沒有準備好接納人數突增的學生。愛丁堡撥出數百英鎊翻修教室及教學器具之時，格拉斯哥在這方面幾乎沒有絲毫經濟投資。[16]李斯特（他的實務教學方法需要使用解剖樣本、模型以及繪圖）發現分配給他的教室根本不適用。他決定自己投入經費整修空間，他採取的手段包括建造一間接連教室的「休息室」，用來存放他的稀有樣本收藏。[17]桌椅也都替換成新的，整間教室清潔後又重新粉刷。阿格涅斯也幫忙重新裝飾。她在五月寫給婆婆伊莎貝拉的信中寫道，「看起來真是好極了……三扇門上的檯面呢，門框邊緣以橡木色襯托，上頭還有明亮的銅製小把手用來開闔；一扇門邊擺了一塊非常氣派的石板，另一扇則是擺著直挺挺的骨骼標本。門框上方掛了幾個盤子，其他則是擺設在漂亮的橡木桌上。」[18]整修對於李斯特的新學生有著立即的影響，他們一進到教室就脫下帽子，依序就座後便恭敬地安靜等待。截然一新的環境顯示，他們也將以全新的方法接受教育。[19]

雖然他依舊擔心在大眾面前說話，但李斯特的第一堂課卻是個絕對的成功。他以十六世紀外科醫生安布魯瓦茲．帕雷（Ambroise Paré）的名言作為開場，「我負責替傷患包紮，上帝負責治療傷患。」[20]然後開始討論解剖與生理學之於外科的重要性。李斯特的講課既富教育性又有趣。他的外甥說，當這個通常都很含蓄的貴格會老師「默默對順勢療法做出了具紳士風度的諷刺」，這是他在UCL學生時期就一直譴責的手法，而學生們「在該笑的時候全都笑了」。

他講課的主要議題之一，是在切病除肢時做出耐用的義肢，好讓截肢者盡可能恢復肢體功能，而且不給他們的家人或社會造成太大負擔。當李斯特說出他替一個性格堅忍的蘇格蘭年輕人切除雙腿後，他還能大跳蘇格蘭高地舞的故事時，再度讓學生們哄堂大笑。[21]課堂後，李斯特寫信給母親，「我現在覺得，能夠擁有這般慷慨的助力，我沒有什麼辦不到的事……怪的是整堂課中我的焦慮消失得了無痕跡。」[22]

學生們馬上就熟悉了他們的新教授，而他也因此更適應自己身為老師的角色。他的口吃傾向甚至讓他們很感激，因為這樣他說話的速度才會緩下來，讓他們更好抄寫筆記。他的一個畢業生後來寫道，李斯特的學生其實都崇拜他。回到愛丁堡，賽姆也聽說了他徒弟的進展。他寫信給女婿，「這場遊戲可以說是由你操控」，接著幾乎像是想到一樣，補了一句「全心祝福你能順利完成遊戲」。[23]

李斯特接受大學任命後不久，便獲選為皇家學會的一員——在他事業的初期是個莫大的榮譽。這是個他父親也獲得過的殊榮，表彰他開發了第一個消色差透鏡。約瑟夫·傑克森知道他兒子要加入他成為學會的一員時，感到興奮無比。李斯特成為一連串傑出成員的一分子，包括勞勃·波以耳（Robert Boyle）、艾薩克·牛頓爵士以及查爾斯·達爾文。之所以入選，是為了表揚他對於發炎及血液凝結的原創研究，他在一八六〇年向皇家學會發布此研究。

當李斯特申請格拉斯哥皇家醫院的外科醫師職位時，他正於大學深入研究這個議題。他認為醫院的職位對他身為老師這個角色至關重要，因為那讓他可以在真正的病人身上展現出他的理論與方法。在接受教授職位前，曾有朋友告知他，一旦他顧好學術角色時，皇家醫院的職位就絕不會少了他。確實，李斯特最初寫信告知父親勞瑞的退休及大學職缺時，就曾提及這個期待。因此當他的申請遭到回絕時，他感到萬分意外。

李斯特將這件事呈報給鞋靴匠大衛．史密斯（David Smith），也就是醫院的理事長。要想進入醫院理事會可以透過大額捐款，因此由史密斯這種沒有醫療背景的人掌管醫院並非奇事。皇家醫院理事會共有二十五位理事。其中兩位是大學的醫學教授，剩下的則是由宗教代表、政治人物以及其公共機構代表組合而成；他們對於科學可不會有什麼遠見。李斯特——一個試圖從基層由內而外改變外科慣常作法的人——躲不過的是遇上像史密斯這樣的人，認為醫院只為一個原因存在：治療病人。李斯特與當代思維進步的人，包括詹姆斯．賽姆，都認為醫院的功能不只如此：那是個學生可以從真實案例學習的地方。

李斯特向史密斯解釋，身為臨床外科教授，在醫院病房內為學生實際展示是非常重要的，如此他們才能將理論與實踐融會貫通。他自己就是這種教育下的產物。史密斯對這個想法感到荒謬。「停、停，李斯特先生，那是個很愛丁堡的想法，」他這麼對著氣餒的外科醫生說。「我們是個治療導向的機構，不是教育導向的。」[24]多數醫院理事都同意史密斯，並於一八六〇年投票反對李斯特於醫院任職。

史密斯認為格拉斯哥皇家醫院的主要角色應該是治療，其實是符合現實的。城市人口於一八〇〇至一八五〇年間成長了四倍，而在一八五〇到一九二五年間又會再多出四倍。一八二〇年代，財產被剝奪的高地人大舉湧進，一八四〇年代又有數千個逃離愛爾蘭馬鈴薯飢荒的難民進入。李斯特來到格拉斯哥時，那裡已經是世界最大城市之一，人稱「帝國第二大城」，僅次於倫敦。作為有著超過四十萬人口都市的唯一大型醫院，皇家醫院努力想追上市內漸增的醫療需求。

就像在倫敦和愛丁堡一樣，犯罪無所不在，疾病也無處不肆虐。但這個時候的格拉斯哥狀況比多數英國城市都還糟。德國哲學家暨記者弗里德里希．恩格斯（Friedrich Engels）來到這座城市時，他的觀察是「我見過人類墮落到最下層的樣子，在英國和海外都有，但幾經推敲後我可以說，直到我看過格拉斯哥的狹巷之前，我還不相信，居然有如此為數龐大的骯髒、犯罪、悲慘與疾病存在任何文明國家的角落」。他說，那個地方「從有著一般人性的人類到動物都不會想在這裡落腳」。[25]

格拉斯哥正在拓展重工業，尤其是造船、工程、火車頭建造、金屬加工以及煉油，因此，醫院對於嚴重傷害的案例應接不暇。例如三十五歲的威廉・朵夫（William Duff），他在凱斯廣場（Keith Place）的一處新石油廠工作，為了在檢修孔上方點燃蠟燭造成臉部及上半身嚴重燒燙傷。[26]還有在軍用品工廠工作、十八歲的約瑟夫・奈爾（Joseph Neille），他拿了一個以為裡面裝了茶的錫壺倒進火裡，等他意識到壺裡裝的是兩磅重的火藥時，已經為時太晚。醫院還經常需要處理顱骨斷裂、斷手及危及生命的墜落。[27]

有鑑於工業意外的攀升加上疾病持續爆發，大衛・史密斯認為對皇家醫院最需要著重的是治療病人，而不是醫學生或教授，這點其實不難理解。不過，史密斯認為像李斯特這種人的存在會是個阻礙，因為他將病房當作教學環境使用，這並不是普遍的作法。數十年前，許多格拉斯哥外的都市醫院都認定了與大學建立合作的利益，如此才能吸引到醫學界頂尖高明的從業人員。

一八六〇年，英國大醫院中的多數醫療職位都是自願職，而儘管出任職位是件相當具有威望的事，醫生和外科醫生卻都沒有給薪。多數外科醫生的收入有兩個來源：私人診所及付費學生。而隨著巴黎與其他地方的醫院臨床教學開始發展，英國學生也期待家鄉教育能夠同等嚴謹。醫院管理階層知道，如果他們允許醫療職員在病房教學，就能吸引更多知名醫生和外科醫生，否則這些無給薪的機構也沒有讓他們貢獻出時間與專長的誘因。格拉斯哥皇家醫院在李斯特申請醫院外科醫師職位時，顯然沒有這樣的看法。這讓一切更顯得荒謬，因為醫院和大學距離甚近，合作會是互利，對兩者發展的助益不言而喻。

經過了幾個月，李斯特仍未獲得任何醫院正式分派的病人。他的學生也因為這樣的耽擱而沮喪，因為這代表他們也無法獲得任何病房臨床教學的好處。他們實在太喜歡李斯特的課，還因此讓他成為他們醫學社團的榮譽主席。冬季課程的尾聲，學生們對他們無比欽佩的教授有了進一步表示。他們連署聲明，表示希望李斯特能夠即刻就職皇家醫院：「請允許我們表達我們的期盼，為了這個興起的職業，也為了大學本身，皇家醫院即將任命的外科醫師職位，希望您的申請獲得認可，讓您獲得與您能力與身分相符的成功。」[28]這份文件至少有一百六十一個學生簽署。

事實上，李斯特在大學教學近兩年**後**，格拉斯哥皇家醫院才開始分配病人給他。[29] 即便是在動議通過後，醫院部分管理人員還是繼續抗議，表示他們擔心李斯特漸長的名聲會帶來激進派的印象。不過，李斯特就算還沒獲得全面成功，也贏了當下。

李斯特在一八六一年開始進入醫院病房，當時新的外科病棟才剛建好。原先，醫院容納一百三十六張床，但這次擴建讓病床數達到五百七十二張，是愛丁堡皇家醫院的兩倍，更是李斯特在倫敦醫院訓練時的四倍。[30] 每個外科醫生會被分配管理一間女病房、兩間男病房，後者以急性與慢性疾病的治療區分。儘管數個月前才剛建好，外科病棟很快就成為李斯特所工作過最不衛生的地方之一。[31] 如同他的一個同事所說：「全新的病棟也沒能躲過傷口感染流行病的入侵。」[32]

這些太耳熟能詳的敵人，包括續發性出血、敗血症、膿血症、醫院壞疽、破傷風及丹毒沒有一刻不出現在病房。傷口的感染化膿已經變得可以預期。李斯特的男性急性病房位於一樓，旁邊就是墓地（充斥著因上次霍亂爆發而腐爛的屍體），兩者之間只隔著一面薄牆。他抱怨「大量棺木堆疊的最上層」只差幾英寸就能碰到醫院地面了，說這「對於所有相關人員都是一大失望，這個高貴的建築原來不健康到了極致」。[33]整間醫院內可以洗手和器械的地方也很少。如同李斯特的住院外科醫生反應的，「當幾乎每個傷口都因為化膿而腐爛，有時先不洗淨雙手與器械，直到敷料和探針觸診全面結束後再做，看似再合理不過。」[34]一切都覆蓋著一層薄薄的污垢。

如同一八六〇年代多數醫院，來到皇家醫院的病人都是無法負擔私人照護的窮人。有些沒受教育也不識字。許多醫生和外科醫生將他們視為社會低層，治療他們時經常出現近乎臨床疏離的冷酷。忠於貴格會出身的李斯特，卻對他病房內的病患展現出程度罕見的憐憫。當他提到特定病人時，他拒絕使用「病案（case）」一詞，而是選擇稱他們為「這個可憐的男人」或是「這個善良的女人」。[35]他也建議學生們使用「術語」，如此「所說的和暗示的怎麼樣都不會造成他們的焦慮和驚恐」[36]——一個現今絕對會被視為不道德的舉動，但李斯特卻是純粹出於憐憫才這麼說的。他的學生之一後來回想，當器械員某次端著擺滿術刀、未覆蓋任何布的托盤進到手術室時，李斯特對他勸戒一番。這位熟練的外科醫師迅速將一條毛巾扔到托盤上，並以低沉、傷心的語氣說：「你怎麼能如此殘酷地無視這個可憐女人的感受？她要承受的還不夠嗎，有需要擺出這一些毫無遮掩的鐵具徒增她的痛苦嗎？」[37]

李斯特知道處於醫院會是個可怕的經歷，因此他遵守他的黃金規則：「每個病人，就算是階級最低下的，都應該受到同等關照，而且將他們當作是威爾斯親王本人一樣對待。」[38]當他的病房出現幼童病患時，他所做的遠超過職責必需的。李斯特的住院外科醫師道格拉斯・蓋瑟瑞（Douglas Gutherie），後來提到關於一個小女孩的感人故事，她因為膝蓋膿瘍而住院。李斯特替她治療並在傷口上藥以後，小女孩拾起她的娃娃給他。他溫柔地從小女孩手中接過娃娃，發現娃娃少了一條腿。小女孩在她的枕頭下翻找了一會，讓李斯特感到有趣的是——找出了斷掉的腿。他一邊檢查他最新的病患，一臉不祥地搖了搖頭。李斯特轉頭讓蓋瑟瑞拿了針和棉花。他小心翼翼地將腿縫回娃娃身上，並開心地默默將娃娃還給小女孩。蓋瑟瑞說她的「棕色大眼表達出無盡的感謝，但兩人一句話都沒說」。外科醫生和小孩似乎能完全理解對方。[39]

當治療過程免不了疼痛時，要贏得那些無法完全了解自己要經歷什麼的人的信任，通常是件難事。李斯特當然也遇過一些麻煩的病人，但這似乎從未造成他的煩惱。舉例來說，一個記錄上名叫「伊莉莎白・M'K」的磨坊工人因為手受傷來到格拉斯哥皇家醫院。李斯特替她動手術，並在後續幾週試圖彎曲她的手指，好讓她的肌肉和筋骨恢復靈活度。不幸的是，女人誤以為李斯特是想要弄斷她的手指，於是驚恐地逃出醫院。五個月後她再度回到醫院，她的手完全麻痺，因為這段時間她一直沒有拆除夾板。李斯特表現出看似無盡的耐心，繼續療程，而病人的手終於回復部分活動力。

李斯特在術後親自陪同病況嚴重的病患回到病房，並堅持協助將病患從擔架轉移到床上。為確保病人舒適，他會安排放置一些小枕頭和熱水瓶，並警告病人的照護者應該用法蘭絨包覆熱水瓶，接受麻醉的男／女病患才不會在復元期間意外燙傷自己。他甚至在術後幫病人更衣。李斯特的住院醫師之一曾經描述他如何「以近乎女性一般的悉心替換病人的床單」，「把床單弄得整整齊齊」。對那些已經醒過來的病人，他會先問：「你現在覺得舒服嗎？」才會繼續巡到下一張床。[40]

就連在私人診所，他對病人都展現出強烈同情心，甚至是關心到了他們的口袋。因此，李斯特拒絕開帳單給那些他治療的病人，並教導他的學生，他們應該「不要像商人賣貨一樣為〔他們的〕服務收費」。李斯特反映出他信仰的高原則，他相信，知道自己的作為是為病人行善，才是身為外科醫師的最大回饋。「我們抽出來的血、我們造成的痛苦應該要收費嗎？」他這麼問學生。[41]

當李斯特不是沉浸在醫院工作時，便是在他的實驗室進行實驗，發表多項與血液凝結與發炎的相關發現。他發現血液在硫化橡膠管中能夠維持液態數個小時，但若放在一般杯中就會迅速凝結。他推斷，血液凝結是因為「一般物質對其所施加的影響，只要短時間接觸便會產生血液的變化，引起血液中固態與液態成分的共同反應，其中血球讓血漿有了凝結的傾向」。[42] 他也轉移注意力到顯微鏡下觀察化膿組織，包括兔子的眼球、大體積小馬的頸動脈，以及從他自己的病人身上切下的新鮮組織。

李斯特也設計多樣外科器械，並獲得專利，顯示他本身不但創新手術方式，也改革傷口照護的方式。這些器械包括縫合傷口用的針、可以從耳朵移除物體的小鉤子，還有用來壓縮腹部大動脈（人體內最大的血管）的螺旋止血器。他最著名的外科工具是鼻竇鑷（sinus forceps）。有著像剪刀一樣的握把，這把六寸長的細長刀片可以從最小的洞口挑出絨毛。[43]這些器械儘管實用，卻對於改善醫院死亡率沒有太大幫助。當醫院症候群在醫院爆發，人們照樣死去，數量驚人。一八六三年八月，李斯特替一個名叫尼爾·坎貝爾（Neil Campbell）的二十歲工人進行手腕手術。李斯特發明了一種不需要截去手、但能移除手腕病態骨骼的術式。[44]幾個月後男孩回到醫院，他的手腕骨再度腐爛。李斯特重複手術，這次切除了更多病態骨骼。雖然手術成功，坎貝爾的復元卻不然。不久後，他就因為引發膿血症而死。李斯特因為自己無力預防與控制病人的敗血症狀而益發挫敗。他的病例筆記記錄了煩擾他的問題：「晚上十一時。問題。有毒物質是如何從傷口進到血管的？是受切割血管的洞口中的血塊化膿了，還是微血管吸收了有毒物質並將其帶進靜脈血管裡呢？」[45]

§

雖然在專業上相當勤奮，李斯特的私人生活卻有著纏擾他的問題。一八六四年三月陰鬱的一天，阿格涅斯出發前往厄普頓拜訪公婆。李斯特的母親伊莎貝拉又一次陷入重病。她罹患和之前她兒子一樣的諸多皮膚病之一：丹毒。她的女兒住在附近，但她們也有自己的家庭，無法提供她所需要的照護。儘管在他們結婚第一年，李斯特曾在寫給父親的信中暗示過阿格涅斯可能懷孕了，但孩子從來沒有懷上，以後也都沒有。照護的工作就落到無子嗣的這對夫妻上了。

同年六月這時，愛丁堡大學釋出了一個大學教授職位。排除他的良好風範及認真的學生們，李斯特與當下醫院理事的關係還是很緊張。再者，他忙碌的日程表示他能進行私人研究的時間微乎其微。除了每天要到皇家醫院看診以外，他每天還有一場講課——對於李斯特這樣拘泥課程規劃的人而言，並不是什麼小事。除了這些以外，他身邊也沒有賽姆。李斯特懷念身邊有著想法一致的知識分子一同工作的時光，那是跟他一樣從不滿足現況的人，而非像他在格拉斯哥的許多同事那般。李斯特將這個愛丁堡的職位視為另一個可以讓他回到倫敦的機會。如他外甥後來描述的，「李斯特一直將自己視為蘇格蘭的過客……他想著，如果要考慮任何南遷的可能，愛丁堡會是比格拉斯哥更好的出發點。」[46]

又一次，李斯特遭遇了苦澀的挫折。他在收到申請遭拒、加上任命他的對手詹姆斯・史班斯（James Spence）的消息以後，賽姆才推論李斯特比較適合待在格拉斯哥。他的老丈人認為儘管李斯特未能成功拿下愛丁堡的職位，但他在外科界的名聲還是會因此增長。

正當事業失敗的愁雲籠罩在頂上，李斯特又收到了母親病情迅速加劇的消息。狀況緊急，於是他收拾行囊前往厄普頓陪伴母親。一八六四年九月三日，伊莎貝拉・李斯特敗給了與丹毒的戰鬥，而在李斯特自己的醫院內，相同的疾病繼續揮之不去。

§

為了填滿自己妻子過世的空洞，約瑟夫・傑克森開始更加頻繁地與自己的孩子們通信。「想到爾等願意讓我每週期待爾等鯉素，還有每次收信之時，就能讓爾等可憐的父親感到滿足，」[47]他在信中對兒子這麼寫道。李斯特保證每週寫信給父親（他忠實地實踐這個諾言）。[48]在兩人往返的諸多魚雁之中，約瑟夫・傑克森提醒兒子他的年歲已長。李斯特回想：

「如爾所言，我已步入中年……想到自己已經是七十歲的一半，感覺真是奇怪！但我猜想剩下的一半，如果能在這個世界完全度過，將會比已經逝去的那一半要來得快。過得多快並不重要，只要它終能將我們帶向對的目標。」49

在這期間，李斯特嘗試改善皇家醫院的衛生條件，希望因此能降低醫院症候群的發生。醫院內的「清潔」通常只代表在手術室內開窗和掃地，而皇家醫院也不例外。李斯特料想要是他能讓病房更乾淨，或許他就不會再失去病人。

於是他開始贊同一八六〇年代所謂的「清潔與冷水」思想學派，他們將銀器變灰暗和髒污空氣造成感染兩者做類比。這個學派的支持者知道，如果一個人將湯匙浸泡在冷水中，就能延緩湯匙表面形成硫化物。秉持這個邏輯，他們認為先將水煮滾後冷卻，再用冷水清潔器械與傷口部位，外科醫師就能預防術後感染的發生。他們尤其重視冷水，是為了對付他們認為造成了發炎與發燒的熱。

李斯特對於清潔的著重，仍與他認為因為是病房內有毒空氣造成醫院症候群爆發有關。其他人已經開始質疑這個理論。一七九五至一八六〇年間，三名醫生提出產後感染（產褥熱）——就像敗血症一樣，是與局部和系統發炎一同發生——並非因瘴氣，而是由醫生傳給病人的致病物質（materies morbi）造成。支持者相信遵守醫院清潔的嚴格規定並無法預防疾病。[50]

這三名醫生之一是蘇格蘭人亞歷山大・戈登（Alexander Gordon），一七八九年十二月亞伯丁市（Aberdeen）發生了持續許久的疾病爆發事件，那時他正在當地工作。三年間，戈登治療了七十七名感染產褥熱的女人，其中二十五名在他的照護下死去。[51]他在一七九五年發布的報告提出，「幾經深思熟慮之後，傳染性產褥熱之起因，並不是空氣中的有害成分」（即，瘴氣），而是因為醫療人員本身，在照料受感染的病患以後，又將發燒散布至新病人身上。[52]戈登相信是醫生身上挾帶的某種物質導致了產褥熱。他主張自己「只要知道是哪個助產士幫忙接生，或產後由哪個護士照顧，就能預知哪些女人可能會染上這種疾病」。而他的預測幾乎每次都正確。有鑑於此，戈登建議在病人因產褥熱死亡後，燒毀她們使用過的衣物及床單，而曾照料這些人的護士和助產士「應該仔細清洗自己，並在下次使用前先以煙燻消毒穿著之衣物」。

第二個做出此連結的人，是美國散文作家暨醫師奧立佛・溫戴爾・霍姆斯（Oliver Wendell Holmes），也是後來哈佛大學的解剖學教授。[53]一八四三年，他發表了一本小冊子名叫《產褥熱的傳染性》（*The Contagiousness of Puerperal Fever*）。他的作品大量引用了戈登的研究，並在他研究初次發表五十年後，又替這個蘇格蘭人的主張的復興立下基礎。不幸的是，霍姆斯沒能給他的同代人留下太大印象，而且在一八五〇年代還因為他的主張受到兩名顯赫婦科醫生的抨擊，指控他們是自己想要對抗之疾病的帶病原者，對他們而言是人身污辱。

再來就是伊格納茲・賽麥爾維斯，當霍姆斯在美國寫出這個理論的同時，他也在維也納解決了如何預防產褥熱的難題。[54]在維也納綜合醫院擔任助理醫師的賽麥爾維斯，注意到醫院內兩間婦產病房的差異。其中一間是由醫學生打理，另一間則是助產士與他們的學生照料。儘管兩間病房提供給病人的設施完全一樣，由醫學生管理的病房死亡率相當高，每三人就可能有一人死亡。該區醫學界的人注意到這個失衡，將原因歸咎為，因為男醫學生對待病人沒有女助產士這麼溫柔，因此危害了母親的存活率，讓她們更容易發展出產褥熱。賽麥爾維斯並不相信如此說法。

一八四七年，他的同事之一因為驗屍時切到自己的手而送命。讓這個匈牙利醫生意外的是，他發現奪走他朋友性命的疾病就和產褥熱一樣。萬一在停屍間工作的醫生身上夾帶了「屍體粒子」，還在幫助接生寶寶時將這個粒子帶進了病房，而這就是造成感染率攀升的原因呢？終究，賽麥爾維斯觀察到，這些年輕人當中，有很多都在解剖完成後直接去照料醫院的孕婦。因為相信產褥熱並非由瘴氣、而是由死人身上的「傳染性物質」所導致，賽麥爾維斯在醫院設置了一個裝滿氯化水的水槽。所有經過解剖室要進入病房的人都得先清洗雙手，才能開始照料病人。自此醫學生管理的病房死亡率驟降。一八四七年四月，死亡率是百分之十八・三。[55]洗手變成規定以後的幾個月，六月的死亡率變成百分之二・二，接著七月又降到一・二，八月則是一・九。

賽麥爾維斯拯救了許多生命；然而，他秉持產褥熱發生是和接觸屍體形成感染有關的這個理念，其優點卻沒能說服多少醫生。就連那些願意嘗試他的方法的人，通常也都沒有適切執行，因而產生令人洩氣的結果。他所出版相關主題的書收到好幾個負評之後，賽麥爾維斯猛烈抨擊他的評論者。他的舉動變得過於乖僻，讓他的同事難堪，他最終被關進精神病院，餘生就在對產褥熱與拒絕洗手的醫生的怒氣中度過。

其實，賽麥爾維斯的方法與理論對醫學界還是有點影響。[56]李斯特造訪了這個被圍剿的醫生曾經工作過的某間布達佩斯醫院，他後來回想：「從來沒人向我提過賽麥爾維斯的名字，而且他似乎已經被他出生的城市、甚至世界給完全遺忘了。」[57]

儘管極力嘗試，李斯特制定的措施沒有一個能夠影響死亡率，就連提升病房衛生也無效。病人持續死亡，而他也無能阻止生命的流失。光是在一週內，李斯特就有五個病人因為膿血症死亡，而其他多數都還未康復，待在同一間病房受醫院壞疽之苦。[58]他的住院外科醫生描述，李斯特開始被一股神聖的不滿足感籠罩。他說，他的腦海「不斷努力想找出待解決問題的本質」。[59]李斯特開始將這股怒氣帶進他的教室，他對學生說出已經纏擾他許久的問題：「我們普遍可以觀察到，當受傷沒有損及皮膚，病人總是能夠康復而不會患上任何嚴重疾病。然而，就算只是微小的傷害，一旦傷及皮膚，最慘烈的問題卻總會伴隨而來。為什麼會這樣？能夠解釋這個問題的人將會取得不朽的聲譽。」[60]

接著，在一八六四年尾聲，當李斯特為了預防他在皇家醫院的病人死去而奮鬥時，一位化學教授兼同事湯瑪斯・安德森（Thomas Anderson）轉移了他的注意力，那將幫助套出佔據他心頭醫學謎團的解答。[61]也就是法國微生物學家暨化學家路易・巴斯德（Louis Pasteur）對於發酵與腐化的最新研究。

VIII 石炭酸的神奇特性

THEY'RE ALL DEAD

對人類而言，沒有比自己生命更重要的科學題目。沒有比人類每天**生活與行事依循的步驟**更不間斷被吸收的知識。[1]

——喬治・亨利・路易斯（George Henry Lewes）

詢問完他其中一名病人的安危以後，助手告知倫敦蓋伊醫院的一位外科醫生，他問的那個人已經死了。已經聽慣這種消息的醫生回答：「噢，那好吧！」他移動到下一間病房詢問另一個病人。又一次，答案是：「死了，先生。」外科醫生停了一會，非常挫敗地大聲說：「怎麼，他們不會**全都**死了吧？」對此，他的助手回答：「是的，先生，他們都死了。」[2]

這樣的場景在英國各地上演。醫院的死亡率在一八六〇年代到達了巔峰。清潔病房的工夫對於醫院症候群的發生沒有太大影響。此外，過去幾年，醫學界對於領先的疾病理論出現越來越多意見落差。

尤其是霍亂，如今已經變得更加難以用瘴氣這個典型框架來解釋。這幾十年光是在英格蘭和威爾斯地區，就有三起霍亂大爆發，奪走將近十萬條生命。[3]這個疾病也在歐洲猖獗蔓延，形成了不容忽視的醫學、政治及人道危機。雖然反傳染學派可以指出，爆發通常發生在骯髒的都會區域，卻無法解釋為何霍亂會跟著人類交通路線從印度亞大陸開始散播，也無法說明為什麼在臭氣微弱的冬季還會有疾病爆發。[4]

回到一八四〇年代尾聲，一名來自布里斯托的醫生威廉・巴德（William Budd）主張，疾病是因為受污染的下水道挾帶「特定物種的活性有機體，藉由吞嚥進到人體，並以自體繁殖的方式在腸道倍增」。[5] 巴德在《英國醫學期刊》（*British Medical Journal*）發表的一篇文章寫道，「沒有所謂的證據」可以證明「特定傳染病的毒素會自然產生」[6] 或是透過瘴氣傳播。在後來的爆發中，他將以消毒劑消毒作為優先措施，並建議「所有來自病人的排出物，只要是從病人身體中出來的，可以的話，都要放進含有氯化鋅溶液的容器」。[7]

巴德並非唯一質問霍亂蔓延的自然起源及空氣傳染的人。一八五四年，當外科醫生約翰·斯諾（John Snow）在倫敦蘇活區的住家附近爆發慘重霍亂之時，他也著手調查原因。斯諾開始在地圖上標出病例，接著他注意到染病的人之中多數都從西南角博德街（Broad Street，現為博德威克〔Broadwick〕）與劍橋街（Cambridge Street，現為雷辛頓〔Lexington〕）口的幫浦取水。就連最初看來與幫浦無關的病例，後來也發現原來相關，例如一名住在離水源有一段路的五十九歲女子。當斯諾訪問她兒子時，他說他母親經常到博德街，因為她比較喜歡出自該特定幫浦的水的味道。她從該水源喝水後兩天內就死亡了。

和巴德一樣，斯諾推論出霍亂是由受污染水源所散播，而不是空氣中的有毒氣體或瘴氣。

他發表了傳染病的地圖來支持他的理論。儘管當局抱持強烈懷疑，斯諾卻仍說服他們移除博德街的幫浦龍頭，此後爆發就迅速消退了。

這類事件讓醫學界內開始懷疑疾病源自於髒污、而且是透過空氣中有毒氣體或瘴氣散播的這種主導看法。一八五八年，當可怕、無法逃脫的臭氣滲透倫敦時，沿著泰晤士河一哩路上的每個角落和縫隙都瀰漫著臭味，這時又出現了更多證據。酷熱的夏季暑氣讓惡臭更為嚴重。人們為了避開泰晤士河而繞路。「大臭氣」源自於堆積在河岸的人類排泄物——隨著倫敦人口不斷增長而更加惡化的一個問題。如同以電磁學研究聞名的科學家麥可・法拉第（Michael Faraday）所評論的：「厚重的濁氣堆疊如雲，連在地面上都能看得清楚。」[8]某天午後他在河上航行時，注意到河水成了「不透明的淡棕色液體」。那氣味實在太可怕了，議會成員都得用厚布蓋住他們的窗戶才能繼續工作。《泰晤士報》報導政府官員「決心要將事件調查個水落石出，卻被迫撤退到圖書館，每個人都用手帕捂著鼻子」。[9]

倫敦人以為源於河水的「有毒臭氣」（即瘴氣）會導致城市爆發疾病。甚至有傳聞說已經有船夫因為吸入有毒水氣而死。數千人擔心自己送命而逃離城市。衛生改革派多年努力嘗試取得建造新下水道系統的資金，他們認為要是議會最終因為自己損失成員而被迫插手干預，將會是件可歌可泣的事。然而，怪的是，那個夏天並無傳染病爆發。

一八五〇到六〇年代，人們明顯地從相信瘴氣論改為相信傳染理論，部分原因就是這些事件。然而，許多醫生仍抱持懷疑態度。特別是斯諾的調查仍無法為疾病**傳染**提出可信的機制。他的結論將霍亂與受污染的飲用水掛鉤。但，如同其他傳染學派，斯諾沒有詳細解釋到底是什麼藉由水被散播出去。是微動物嗎？還是有毒化學物質？如果是後者，最終不是會被像是泰晤士河這樣大量的水給稀釋掉嗎？除此之外，斯諾本人也承認傳染學沒能替**所有**疾病提出圓滿解答，而他也繼續看著那些發展期間會造成腐爛的疾病自然產生，例如丹毒。為傳染及流行病散播找出更合理解釋的呼聲越來越高。

醫院感染的問題已經煩擾了李斯特許久，久到他覺得是否永遠找不出解決辦法了。但在與安德森教授談論到巴斯德對於發酵的最新研究後，他又找回了樂觀態度。李斯特馬上就去找了巴斯德關於有機物質分解的著作，並在阿格涅斯的幫助下，開始在自家實驗室複製法國科學家的實驗。這是第一次，他尋找的答案唾手可及。

李斯特正在熟悉的這個研究，源自於九年前某個當地酒商找上巴斯德的一個問題。畢果（Bigo）先生一直以來都用甜菜根汁釀酒，他注意到他有好幾個酒甕在發酵過程酸掉。巴斯德是當時里爾大學（Lille University）科學院的主任。他傑出化學家的名聲已經建立了好幾年，從他證明晶體的形狀、其分子結構及其對於偏振光的影響全都是相關的開始。他很快就建構出只有活性劑才能製造光學活性的對稱化合物這個觀點，而分子對稱性的後續研究也將解開生命起源的祕密。

但為何畢果會找上化學家問問題呢？當時，人們將發酵視為化學而非生物過程。儘管許多科學家認同酵母在糖轉化為酒精的過程中扮演著催化劑的角色，但多數人認為酵母是個複雜的化學物質。因為畢果的兒子是巴斯德的學生之一，他因此而聽說了巴斯德的研究。所以畢果找上化學家幫忙，一點也不奇怪。

其實，巴斯德想要調查是什麼讓酒甕變酸也有他個人的理由。他對戊醇的本質已經關注了好一段時間，他發現那是「由兩種異構體組成的複雜環境；其中一個會在旋光計下旋轉平面光；而另一個則無活性，而且也無光學活動」。[10]此外，前者還有巴斯德證明只會出現在活性劑之中的不對稱特性。甜菜根汁有著戊醇中的活性與非活性成分，正給了巴斯德一個獨特的機會，可以在不同條件下研究兩種異構體。

巴斯德開始每天都到酒廠，酒窖最終被他改裝成臨時實驗室。和畢果一樣，他注意到某些批次的酒味道正常，而其他的卻散發出近乎腐爛的氣味。[11]這些酒甕上都覆蓋著一層神祕的薄膜。不得其解的巴斯德從每個酒甕採集樣本，並在他的顯微鏡下檢視。讓他意外的是，他發現不同樣本中的酵母形狀不一。若酒沒有變酸，酵母的形狀就是圓的。如果酒酸掉了，酵母形狀就是拉長的，而且旁邊伴隨一種體積更小的棒狀結構：細菌。[12]腐壞酒的生化分析也顯示出在錯誤的環境下，氫會附著在甜菜根當中的硝酸鹽上，製造出乳酸，因此散發出讓酒嘗起來酸掉的腐臭氣味。

最重要的是，巴斯德得以證明光學活性的戊醇是由酵母而來，而非如過去某些科學家主張的由糖而來。他以旋光計測量證明，戊醇和非活性劑的糖差異過大，不可能有糖非對稱的特性。而因為巴斯德認為生命本身就是造成不對稱的原因，他得出了發酵是生物過程，而幫助製酒的酵母是活性有機體的結論。

巴斯德的對手指出，在糖產生乳酸或丁酸的發酵過程中並不需要酵母，而且在腐壞的肉當中也不可能看到酵母有機體。但讓酒甕**酸掉**的原因並不在酵母；而是細菌（棒狀微生物）讓酒腐壞了。巴斯德以同樣的方式證明了酸牛奶和腐壞奶油也是如此，雖然不同案例中造成腐敗的各有不同微生物。他在顯微鏡下觀察的微生物的特質似乎有著專一性。

巴斯德的結論相當大膽。主張因為酵母是活性有機體，於是才會對甜菜根汁起作用，正是違背了十九世紀中期的化學主流原則。儘管守舊派願意接受可發酵物質當中具有微生物，但也僅限於微生物會在發酵過程中自然出現的這個前提。然而，巴斯德認為這些微生物藉由塵污顆粒在空氣中散播，而且是自己生成的。它們並非重新生成的。

在一系列的實驗中，巴斯德將可發酵物質煮沸以消除當中既有的微生物。接著他將這些物質放進兩種不同的燒瓶中。第一種是上方有開口的普通燒瓶。第二種是有著 S 型瓶頸，能夠避免灰塵與其他顆粒進入的燒瓶（鵝頸瓶）。這個燒瓶同樣維持敞開並接觸空氣。經過一段特定時間後，第一個燒瓶開始充滿微生物，而鵝頸瓶則維持不受污染。從這些實驗中，巴斯德終於證明微生物並非自然生成；否則，鵝頸瓶應該也會再度受到感染。他的實驗奠定了現代生物學的基石：只有生命會招致生命。巴斯德在向索邦學院（Sorbonne）發表研究時說：「透過這個簡單實驗，自然生成的學說再也無法從這致命一擊下重新立足。」[13]不久後「細菌」這個詞便開始被用來描述這些千變萬化的微生物。

轉眼間，原本受到科學界多數人尊崇為嚴謹科學家的巴斯德，成了支持他所謂「無限微小世界」的特立獨行派。[14]威脅顛覆長久以來世界運作方式的既有觀點，他的研究立刻就遭受攻擊。科學期刊《新聞報》（*La Presse*）對這位法國科學家下了譴責之語：「巴斯德先生，恐怕你所引用的實驗將會反咬你一口……你想要帶我們進入的世界實在太過異想天開了。」[15]

巴斯德沒有受到阻嚇，他開始找出發酵與腐化兩者的關聯。「我的想法可以有無限運用，」他在一八六三年寫道。「我已準備好探討腐敗性疾病這個大謎團，這事沒有一刻不盤據我心頭。」[16]巴斯德對傳染疾病這個主題的關注其來有自：一八五九至六五年間，他的三個女兒都因為傷寒去世。

巴斯德認為，腐化就和發酵一樣，都是因為微小的微生物藉由空氣中的粉塵傳播生長所導致。「生命每個階段都在指揮死亡的運作，」[17]他寫道。不過，這之中只有一個問題。巴斯德不是醫生，在他對此研究稍有進展時，他曾經很惋惜地說：「多麼希望我有……能夠讓自己全心投入研究這些傳染病之一的專門知識。」[18]很幸運，巴斯德的研究已經開始吸引了醫學界少數幾個人的注意，例如維多利亞女王的外科醫生湯瑪斯．史班瑟．威爾斯（Thomas Spencer Wells）爵士。

威爾斯在一八六三年向英國醫學會（British Medical Association）發表演說時，曾提到巴斯德關於發酵與腐化的最新研究，那是李斯特注意到巴斯德研究的前一年。其中，威爾斯表示巴斯德對有機物質分解的研究能夠幫助找出腐壞性感染的成因：「藉由運用我們受惠於巴斯德的知識，知道了大氣中有機細菌的存在……我們就能輕易理解，有些細菌會在傷口分泌物或膿汁中找到最適合的養分，而且它們也在吸收這些養分時將其變更轉化成一種毒素。」[19]遺憾的是，威爾斯沒能在大會中達到他預期的影響。[20]他的同儕並不相信細菌的存在，而如同其他讀過巴斯德研究的人一樣，威爾斯也沒有真正嘗試將細菌造成腐化的這個理論運用到實務上。

李斯特接下了這個棒子。最初，他專注於巴斯德研究的某一部分，證實他已經有的一個看法：危險確實存在於病人周遭的空氣。和威爾斯一樣，李斯特從巴斯德的研究中得到一個觀念，醫院感染的來源並不是空氣本身，而是其中的微生物。早期，他可能想過空氣的污染及傷口感染是由單一有機體入侵所導致。李斯特還無法想像空氣傳播的細菌數量之大，以及它們程度不同的毒性，他也還不懂細菌有諸多散播的方式，還能透過許多不同媒介。

李斯特終於理解到他無法預防傷口接觸空氣中細菌的這個關鍵事實。於是他將注意力轉向找尋在感染發生前消滅傷口內微生物的方法。巴斯德操作了一系列實驗，展現三種可以摧毀細菌的方式：熱氣、過濾或消毒劑。李斯特排除了前兩項，因為它們都不適用於傷口處理。他決定聚焦在找出不造成進一步傷害的前提下最有效的殺菌方式：「當我閱讀巴斯德的文章時，我對自己說：就像我們可以用不損害頭皮的毒藥消滅小孩滿頭的蝨子一樣，因此我相信我們可以在病患傷口塗抹具毒性的藥品，在不傷及軟組織的前提下消除細菌。」[21]

外科醫生使用消毒劑刺激傷口已經行之有年。問題是醫生間對於造成敗血症的原因並無共識，而且這些物質只有在感染已經生成**後**才被用來控制化膿。大約是在這時，《刺胳針》報導：「過去醫生的照護工作絕大部分都是在避免發炎與……治療發炎。如今我們已經不那麼害怕它了。而當代外科醫生對於敗血症的恐懼，就如同他們的前人畏懼發炎一樣，但敗血症卻又是更真切更強大的邪惡。」[22]不巧的是，雖然血液中毒比發言來得更危險，醫學期刊搞錯了一個根本事實：化膿伴隨發炎而生，而且經常是血液中毒與敗血症的**症狀**。[23]發炎本身不是一種病，卻通常代表某些更可怕的問題正在發生。在確立了這個區別之前，外科醫生很難理解感染發生前要使用消毒劑這個原理，尤其是因為醫學界中許多人仍相信發炎與膿汁是癒合過程的一部分。良好、乾淨以及有限的「值得讚揚的膿汁」都是正常傷口癒合的必需，但過量或受污染的膿汁就被視為腐敗的危險媒介。

讓事情更複雜的是，許多消毒物質已被證實無效或會對組織造成進一步傷害，導致傷口更容易受到感染。從酒和奎寧，到碘和松節油全都被用來處理傷口感染，但在腐壞性化膿已經出現以後，沒有一種消毒劑能夠持續有效地阻止化膿。侵蝕性物質，例如硝酸，能夠有效抑制腐壞性感染，卻又經常被稀釋到無法發揮功效的程度。

一八六五年的頭幾個月，已經了解醫院感染起因的李斯特，在嘗試找出對抗微生物的最佳方法時，測試了許多消毒溶劑。其中多數的效果記錄都不理想，或許是因為他在發炎及化膿已經開始出現後才使用的緣故。李斯特想要以預防的方式測試這些溶劑的效力。他先轉向當時最流行的物質之一，叫作康狄氏消毒液（Condy's fluid），或過錳酸鉀，也是早期攝影師用來當作閃光粉的材料。李斯特在一個病人術後不久，感染還未發生之前，測試這個溶劑。他的助手阿奇博德・馬洛克（Archibald Malloch）寫道：他「一手抓著病肢，以及所有縫線都被切開的皮瓣，另一邊，李斯特先生在皮瓣與皮瓣之間，倒下一壺又一壺稀釋的熱康狄氏消毒液作為清潔；最後殘肢才覆蓋上亞麻油濕敷劑」。[24]儘管這個化合物當中擁有強大的氧化劑能用來消毒，但傷口最終還是開始化膿。沒能達到他所追求的結果，李斯特放棄了他的測試。

後來某天，李斯特想起曾讀到卡萊爾（Carlisle）修築下水道的工程師會用石炭酸處理垃圾的腐爛味，並消除附近以液態肥料灌溉的牧地異味。是曼徹斯特皇家研究院的化學榮譽教授弗烈德利克．克雷斯．卡沃特（Frederick Crace Calvert）建議他們這麼做的，他在巴黎研究期間首次認識了這個化合物的神奇特性。工程師辛勞之下得到的意外收穫是，石炭酸也殺光了造成這一區塊放牧地牲畜爆發牛瘟疫的原生蟲。[25]李斯特寫道，他「因為石炭酸對鎮上下水道製造出的驚人成效事蹟而大受撼動」。[26]這會是他一直以來在尋找的消毒劑嗎？

石炭酸，又稱作苯酚，是煤焦的衍生物。最先於一八三四年發現，並以其原始狀態用作保養鐵道枕木及船隻木材的木焦油。[27]當時英國外科界並不知道此物。多數情況下，石炭酸的建議用途包括保存食物，有時也會被當作殺蟲劑，有時則是除臭劑。

李斯特從神通廣大的湯瑪斯．安德森那裡獲得一批粗酸樣本，並放在顯微鏡下觀察其特質。他很快就發現，自己需要更多石炭酸才能用於病人身上測試效力。安德森於是安排他與卡沃特直接在曼徹斯特碰面，卡沃特那時剛開始小規模生產這種白色結晶狀、加熱後會液化的化合物。卡沃特一直都提倡將煤焦用於醫學用途，特別是在處理傷口腐爛及保存解剖用的屍體上。他非常熱心提供李斯特他的石炭酸樣本。

李斯特沒過多久就有了受試者可以測試。一八六五年三月，他在皇家醫院替某個病人切除了手腕骨疽（腐壞的骨頭）。之後，他謹慎地用石炭酸清洗傷口，希望能清創傷口使其不受污染。令他沮喪的是，感染還是出現了，而李斯特被迫承認他的試驗是一場失敗。幾週後又出現另一個機會，因為腿斷掉而被送到皇家醫院、二十二歲的尼爾・凱利（Neil Kelly）。又一次，李斯特將卡沃特的石炭酸用到受傷的腿上──傷口很快開始化膿。但李斯特仍然相信石炭酸是關鍵，並責怪自己造成了失敗：「最後，這證實失敗，而我現在認為，這是因為管理不當。」[28]

若李斯特想要繼續在病人身上測試石炭酸，他需要落實更有效率的系統。他不能只是胡亂測試，因為每個病例彼此間的變因太多，他無法了解該物質真正的效力。有鑑於此，他暫時排除測試手術病例。而因為簡單的骨折沒有撕破皮膚，他推斷微生物除了開放傷口以外，沒有其他進入的管道。[29]他決定將石炭酸測試限制於複合性骨折：骨頭斷裂而刺破皮膚的傷。這種傷的感染率特別高，而且最後經常必須訴諸截肢。[30]從道德觀點來看，在複合性骨折上測試石炭酸合情合理。如果消毒劑沒有發揮效用，腿還是可以截掉（也算是某種必然）。但若石炭酸發揮功效，就能保住病人的手腳。

李斯特對於這個方法保持謹慎樂觀。如今他只需要等著複合性骨折的病人來到醫院就行了。

§

格拉斯哥繁忙街道上熙來攘往的馬車聲從日出開始，直至城內多數人都就寢後還未停歇。頭重腳輕的馬車在不平坦的路面上危險地走著，而公車則是塞滿乘客，喀噹喀噹地駛過壅塞的大道。出租馬車以莊嚴的步伐開過，商人堆滿供給市場貨物的推車以狂亂的速度在車輛縫隙竄進竄出。不時，一輛披著黑布的靈車與悼念者行列會讓喧囂短暫肅靜下來，但多數日子，路上都是人流車流絡繹不絕。像格拉斯哥這種過度擁擠的城市，聽起來「彷彿創世以來的所有馬車輪噪音全部混合化作一聲抑鬱、哀嘆的悶哼」，[31]當代曾有人這麼寫道。這座城中的每日嘈雜之音對於外來人的眼耳都是一種衝擊。

一八六五年八月初潮濕的一天，十一歲的詹姆斯・格林里斯（James Greenlees）一腳踏進了這樣的混亂。他已經無數次穿越過這些街道，但在那麼一刻他的注意力飄散了。他一踏進繁忙的交通中，一輛貨車就這樣衝上他，讓他痛倒在地，左腿被壓在其中一個金屬框邊的車輪下。駕駛停下馬車慌亂地跳了下來。旁觀者蜂擁至意外現場。格林里斯躺在那裡尖叫著，滿臉淚水。他的脛骨在馬車的重壓下碎裂，並穿刺小腿肌膚突出流血。若想要救回他的腿，他就必須盡速到醫院。

這般狀態下的格林里斯很難被送到醫院。先是要讓沉重的車輪從他腿上移開，還得非常小心翼翼地將他移動到湊合用的擔架上，穿過城市到達醫院。他在意外後三小時抵達皇家醫院。真正進到病房時，格林里斯已經大量失血，情況危急。

身為當天下午值班的外科醫生之一，李斯特在男孩一被送進醫院時就接到通知。李斯特保持冷靜評估狀況。碎裂並不乾淨。更令人擔憂的是，格林里斯腳上的開放傷口在穿越城鎮來到醫院的路上，已經沾染上了污泥和塵土，可能無法排除截肢了。李斯特知道有許多狀況沒有這男孩嚴重的複合性骨折病人都因此死亡。若是他的岳父詹姆斯・賽姆，可能會立刻動手術；但李斯特意識到格林里斯還相當年輕，少了一條腿很可能就會讓這男孩淪為次等公民，大大限制了他未來的工作可能。若無法走路，這男孩要怎麼維持生計？

但事實還是一樣：延緩截肢無疑會讓格林里斯的生命陷入危險。若男孩因此引發醫院感染症狀，在感染發生後截去他的腿可能無法阻擋敗血持續蔓延。同時，李斯特仍然相信石炭酸可以阻擋感染。這是他一直在等待的機會。李斯特迅速做出決定。他決定要賭一賭消毒劑這個方式。

他動作迅速，先替男孩施加了氯仿麻醉，這時候的他已經痛到神智不清了。格林里斯腿上的開放傷口已經暴露在外數個小時。他必須在任何已經進到傷口內的微生物加倍滋長以前，先清理傷口的血。在他的住院外科醫生麥克菲（MacFee）的協助下，李斯特開始用石炭酸徹底清洗傷口。接著他用油灰覆蓋住傷口，避免石炭酸溶劑因為血液及淋巴排出而被沖掉或稀釋。最後，他在敷料上方放了一個錫蓋，阻止石炭酸進一步蒸發。

接下來的三天，李斯特照料格林里斯復元，他每過幾個小時會拿起錫蓋，並在敷料上倒更多石炭酸沖洗傷口。儘管才剛經歷過這般創傷，格林里斯的精神卻很好，而李斯特也注意到他的胃口正常。最重要的是，李斯特察覺當他每天檢查男孩的腿時，敷料沒有散發出任何腐敗味。傷口正在乾淨癒合。

到了第四天，李斯特移開繃帶。他在他的病歷本寫下，傷口周圍的皮膚輕微泛紅，但並沒有出現化膿。沒有膿汁出現是個好徵兆。但泛紅卻讓李斯特不安。顯然石炭酸正在刺激男孩的皮膚，且製造出了李斯特極力嘗試避免的那種發炎。他要如何抵銷這個副作用，卻又不削弱石炭酸作為消毒劑的威力呢？

李斯特在接下來的五天嘗試用水稀釋石炭酸。很遺憾，這樣並沒能抵銷消毒劑導致的泛紅。於是李斯特轉而用橄欖油來稀釋這個化學溶劑。這看似對傷口具有鎮靜的效果，而且也沒有削弱石炭酸的消毒特性。很快地，格林里斯腿上的泛紅消退，傷口開始閉合。新的配方發揮功效了。

小腿被馬車壓碎後的六週又兩天，詹姆斯．格林里斯走出了皇家醫院。

現在李斯特確信石炭酸就是他長久以來尋找的消毒劑，他在接下來的幾個月用相似的方式治療皇家醫院一個又一個的病人。有右脛骨被馬踢到碎裂的三十二歲工人，還有因為鐵鍊鬆脫，被高掛在四呎以上、重達一千三百五十磅的鐵箱砸爛腿的二十二歲工廠工人。其中一個比較令人心碎的案例，是一個十歲的男孩，他在工廠工作時手腕被蒸汽驅動的機器夾住。李斯特記錄道，男孩哭喊求助了兩分鐘，但都沒有人來幫忙。同時，機器繼續運作，「切入前臂的尺骨，夾碎了中段（骨頭），橈骨（向後）彎折。」[32] 男孩被送至皇家醫院，那時他骨頭的上部碎片從皮膚穿刺而出，兩條長二到三吋的肌肉就懸在開放傷口的邊緣。李斯特救回了男孩的手臂，也救回他一命。

一切也並非都風平浪靜。李斯特這次經歷了兩次失敗。其一是一名被擁擠的公共巴士輾過腿的七歲男孩。李斯特前往度假，並將照料工作交給麥克菲醫生時，男孩感染了醫院壞疽，他在照護傷口時沒有李斯特那樣一絲不苟。[33] 男孩最終活了下來，但一條腿沒了。另一個則是在初次手術完成後數週突然過世。「幾天後，」李斯特寫道，「發生嚴重大量出血，血浸透了床，滴到下方的地板。」[34]後來醫護人員才注意到，原來是男人骨折處有一塊尖銳的碎骨刺到大腿的膝膕動脈，導致這名五十七歲的工人流血致死。

一八六五年，因複合性骨折住院而受到李斯特照護的十個人之中，有八個在石炭酸的幫助下復元了。[35]如果不算麥克菲醫生照顧的那一次截肢病例，李斯特的失敗率是百分之九。如果加進這截肢的病例，他的失敗率是百分之十八。對李斯特而言，這是絕對的成功。

以李斯特獨有的方式，他覺得盡可能的徹底相當重要，也想在宣布他的發現之前評估石炭酸對其他傷口的效力。李斯特的方法能否在手術案例中奏效就是最終極的測試。見證羅伯特．利斯頓那場象徵無痛外科時代來臨的歷史性乙醚手術，至今已經過了二十年。從此以後，外科醫生在準備要多麼深入切進身體時變得更為大膽。隨著手術變得越趨侵入性，術後感染的案例就越多，也越可能發生。如果李斯特能夠減少或消滅這個威脅，讓外科醫生能夠施行複雜度更高的手術，而不用擔心病人的傷口引發敗血症狀，外科的本質將永遠改變。

他首先將注意力轉到膿腫上，尤其是因為脊椎結核併發的膿腫，也稱作腰大肌膿瘍。當大量膿汁集中在腹腔後面的長條肌肉上時，就會引發這樣的膿腫。它們通常會長大到開始擴張至腹股溝，導致需要切除及引流。然而，腰大肌膿瘍所形成的身體部位容易招致感染，而手術介入又極度危險。

接下來的幾個月，李斯特開發出一套用石炭酸消毒切口周圍皮膚的技術，並用和他給格林里斯治療相似的類油灰物作為凹洞敷料。[36]他以一般的白堊粉（石灰硝酸鹽）混合石炭酸調劑放入煮沸過的亞麻仁油中。在傷口和油灰之間，他放了一塊也泡過石炭油的棉。滲透過棉絨的血在底下結成了痂。敷料每日更換，但浸過油的棉絨就放著不動。當到了移除棉絨時，坑洞就留下了一個牢固的瘢，或是疤。在寫給父親的信中，李斯特自豪地說：「以這種方式治療膿腫病例的過程與整個化膿主題的理論是如此美好和諧，除此之外，現在的療程變得相當簡單容易，任何人都可以實施，實在讓我歡喜不已。」[37]

一八六六年七月——正當李斯特還在微調他的石炭酸術法時——他發現ＵＣＬ系統外科主任的位置空了出來。雖然在格拉斯哥一切順利，李斯特仍然渴望回到母校，好讓他能夠更靠近現在已經八十歲的父親。這個期待更吸引他的一點在於，教授職位同時伴隨著在大學醫院的永久職位，也就是他事業起步的地方。

李斯特寫信給布魯厄姆男爵，他同時是UCL及醫院的董事長，請求他支持自己的候選。隨信附上的是印刷版的〈治療複合性骨折的新方法通知〉（Notice of a New Method of Treating Compound Fractures）。李斯特在文中支持化膿的細菌理論。除了他的朋友、家人及同事圈，這是他首次發表他的消毒原則。在尋求布魯厄姆男爵的支持不久後，李斯特就收到自己沒有贏得職位的消息。但李斯特沒有讓這個消息干擾他的研究太久。「最近我有時在想，如果我在大學醫院工作，我可能就無法像現在這樣。」李斯特在收到自己的拒絕信後不久寫信給約瑟夫・傑克森。「我在這裡工作可能有用得多，儘管這樣也默默得多。」[38]

李斯特繼續進行石炭酸實驗，將治療延伸到包括撕裂傷及挫傷。[39] 其中有一次，他從某個男人手臂移除了一顆大型腫瘤。腫瘤的位置實在太深入體內，李斯特認為若不是使用了他的消毒系統，傷口一定會化膿。那男人的命和手臂都被救回，而他也在幾週後出院。

每一年李斯特的方法都出現了有效的證明，他這才開始意識到這背後的意義。「我現在執行移除腫瘤的手術，或等等，是以與過去截然不同的感覺進行；事實上，外科也已經變得完全不同，」[40]某天他在給父親的信中這樣寫道。要是李斯特能讓世界相信他技術的效力，他的領域未來將有無限可能。

在格拉斯哥皇家醫院進行石炭酸實驗後的兩年間，李斯特在《刺胳針》發表了他的研究發現。一八六七年三月十六日，標題為〈複合性骨折、膿腫等的新治療方式，和化膿狀況的觀察〉（On a New Method of Treating Compound Fracture, Abscess, etc., with Observations on the Conditions of Suppuration），共有五部分的文章，第一部分印刷出版。剩餘的四部分在後續的幾週和幾月間出版。在這些文章中，李斯特依據路易．巴斯德所提出空氣中細菌造成腐化這個備受爭議的觀點，示範他創立的一套系統。他寫道：「懸浮（在空中）的微小粒子，即細菌與其他低階生命體，早已經由顯微鏡揭露，但僅被視為腐壞的意外附加物。」[41]如今已經由巴斯德證明是「關鍵成因」。「使用某些能夠殺死這些敗血細菌的材料照護傷口」是必需。李斯特的系統利用了石炭酸的消毒特性以避免細菌進入傷口，同時也摧毀已經入侵身體的細菌。[42]

他的文章為教育性而非理論性，但他對巴斯德科學理念的投入顯而易見。每一部分的文章多數都是他所詳細記錄的病例史，李斯特訴說著他在避免或控制每位病人傷口化膿時的掙扎。他的目的是想要**告訴**讀者，歡迎他們站在李斯特的肩膀上感受，他的方法應該要如何被複製。貫穿整個系列文章，他也說明為何他拒絕使用某些類別的敷料，以及當其他人失敗時，為何他要嘗試不同的方法，藉此演示他的系統如何運作。李斯特在實驗中所運用的科學方法，就這樣公開示眾。

除此以外，李斯特探究並提倡他的消毒方法，這樣值得讚許的無私決心也顯而易見。凸顯出貴格會出身所接受的教育灌輸，他寫道：「這個作法的優點實在太過顯著，因此我覺得盡全力去傳播這個作法的責任在我。」[43] 任何人都能在格拉斯哥皇家醫院由李斯特掌管的兩間病房找到這些優點的實體證據。儘管這裡因為新鮮空氣不流通而曾是醫院內最不健康的地方，他的記錄說明，在替病人使用他的消毒療法後，發生醫院感染的數量大幅降低。自從李斯特引進他的系統後，再也沒有任何一起膿血症、壞疽或是丹毒的案例發生。

他堅信他的消毒方式是拯救無數生命的關鍵，而他也踏出了傳播這個福音的第一步。但這樣的快樂很快就會被來自家鄉的問題給沖淡。

IX 捲進懷疑論者的風暴

THE STORM

醫療糾紛……是醫學進步無可避免的意外。他們如同淨化空氣的暴風雨一樣；我們必須任其擺布。[1]

——尚—巴布提斯・布約（Jean-Baptiste Bouillaud）

一八六七年夏天，當她踏出出租馬車，到達兩層樓高的喬治亞式住宅時，伊莎貝拉・皮姆（Isabella Pim）感覺全世界的重量都在她的肩上。她在炙熱的夏天行過將近四百哩路才來到這扇門前。幾週前，伊莎貝拉（或是「B」，她的家人溫柔地這麼喚她）發現了胸部硬塊。她害怕的是最糟的結果，於是決定長途跋涉經過愛丁堡到格拉斯哥，去諮詢她所認識最好的外科醫生：她的哥哥約瑟夫・李斯特。

殘酷的事實是，這個年代發現胸部有硬塊的女性多數都等待許久才尋求幫助。乳癌前期，腫瘤相對不痛。但手術是個極其痛苦的選項，而且儘管熬過手術刀，但因為多數外科醫生移除的乳房組織不足以阻止癌症的蔓延，所以女性還是很可能會死亡。倫敦較知名的外科醫師之一詹姆斯・佩吉特（James Paget）就曾感嘆，即使他已切除患病部位，還是無法阻止癌症回歸。「患病的局部可能被切除了，」他寫道，「但留在那裡的東西，過了一段時間就會復甦，相似的疾病再次出現，在某種形式或程度上會比第一次出現的還要糟，而且總是傾向更接近死亡。」[2]

這個世紀早期麻醉還未出現，必須盡快執行痛苦的手術過程時，癌細胞遺留的風險特別高。在寫給她女兒的信中，六十歲的露西・瑟斯頓（Lucy Thurston）描述她經歷乳房切除時的恐怖折磨。外科醫生抵達時，他張開手讓她看他的手術刀：

> 接著就是一道又長又深的切口，第一刀在我乳房的一側，然後再到另一側。我被強烈的作嘔感侵襲，吐出了我的早餐。接著就是極度暈眩感。這是身體徹頭徹尾的大致感受。我的每吋都感受到，彷彿肉體無法運作了……我自己決心要見證整場手術。但我什麼都記不起來，我剛好瞥到的每一眼，都是醫生沾滿鮮血的右手，一直延伸到他的手腕。他後來告訴我，一條動脈的血一度噴到他的眼睛，害他看不見。我在他的手下將近一個半小時，切掉我整個胸部、切掉手臂下方的腺、縫合動脈、擦吸血水、縫合傷口、貼上黏著的石灰、再包上繃帶。[3]

瑟斯頓熬過了手術，又繼續活了二十二年，但很多人並非如此。

隨著麻醉技術出現，乳房手術持續變得更具侵入性，因為疼痛已經不是外科醫生憂心的要點了。這對其死亡率有著嚴重影響，理由諸多。一八五四年，巴黎大學（University of Paris）首席外科醫生阿弗列德・亞曼・魏爾普（Alfred Armand Velpeau）呼籲他的外科同僚，以更侵略的手法治療乳癌，以確保癌細胞全數切除。為了這麼做，他建議不只是乳房，連底下的胸部肌肉都應該被切除，也就是所謂的整體乳房切除術。當然，這可能會讓病人後續受到感染。

伊莎貝拉發現自己現在也一樣進退兩難。倫敦聖巴托羅買醫院的一名外科醫生已經拒絕進行手術，而當她在愛丁堡短暫停留時，詹姆斯・賽姆也建議不要進行乳房切除。腫瘤很大，手術要有效的話，就必須移除大量組織。就算伊莎貝拉熬過手術，賽姆也擔心胸部的開放傷口會引發敗血症，導致她死亡。儘管他在自己的病人身上成功運用了李斯特的消毒系統，但不管有沒有石炭酸，賽姆仍擔心如此大型的傷口會難以照料。不如好好過完她剩下的人生，不管那還有多久。

但伊莎貝拉還沒放棄希望。她知道哥哥一生中移除過許多癌症腫瘤。不久前，她才聽哥哥說他以石炭酸降低了術後感染的風險。如李斯特所寫的，「B似乎對我有著全然的信心。」[4]

替伊莎貝拉看診完後，李斯特同意執行他第一次的乳房切除手術。為此，他得違抗他領域中備受尊崇的兩人的醫療建議。但如果他有那麼一絲機會能夠阻止癌症在他親愛妹妹的體內蔓延，他就必須試一試。「考量到是在執行什麼手術，」他寫信告訴父親，「我不會想讓其他人來做。」[5]雖然也並無他人自願。

他先到大學的解剖室，在屍體身上練習切除乳房。然而，當他正在磨練自己操刀的決心時，他在第十一個小時決定要到愛丁堡諮詢賽姆。顯然，他心中地位如此崇高的賽姆最初建議不動手術這件事，在他心頭揮之不去。賽姆屈服了。「沒人能說手術一點機會也沒有。」[6]他在一長串討論後這麼告訴女婿。兩人討論了李斯特近期使用石炭酸的案例。賽姆表示將其用在伊莎貝拉身上可能會消除手術伴隨的危險。「雖然沒太顯露出來，但我感受到他真誠的善良及表示，滿滿的憐憫，而我大大鬆了一口氣離開愛丁堡。」[7]李斯特記下他與賽姆的會面。如今算是平靜下來的他回到格拉斯哥，並為伊莎貝拉的手術做準備。約定手術時間的前一天，他寄了一封信回家給約瑟夫・傑克森：「我想在這封信到達爾手以前，親愛的 B將已完成手術。既然已經決定要做，顯然再拖延一天都不恰當：因此昨晚我終於安排了……而我們決定手術將在明天一點半進行。」[8]伊莎貝拉的乳房切除手術將不會在皇家醫院進行，因為那只會增加她發生醫院感染的風險。李斯特決定在他自己的住宅進行乳房切除手術，用他自己的餐桌——這是一個對於負擔得起私人照護而言的普遍選擇。

一八六七年六月十六日，伊莎貝拉．李斯特．皮姆進入了臨時搭建的手術室，裡面站著她的哥哥和三名助手。事前已經浸泡過石炭酸的手術器械上面覆蓋著一塊布，好讓她免受看見這幅景象之苦。她讓自己在前一晚才用餐過的桌上躺平，不久後她就在氯仿的作用下陷入深眠狀態。李斯特及三名外科醫生開始將手泡進石炭酸溶液，接著清理伊莎貝拉要動手術的部位。李斯特踏向前，手中握著手術刀，小心翼翼地切開了兩邊胸肌，並切除腋下。在他移除乳房組織、肌肉、淋巴結以後，李斯特的注意力轉向敷裹傷口。

李斯特用事前浸泡於石炭酸及亞麻仁油消毒劑中的紗布蓋住她的胸部，一共有八層。[9]在他的實驗過程中，他發現多孔的材料不適合作為消毒劑敷料，因為石炭酸會被血水和分泌物沖淡。他悄悄放入一片叫作細白布這種比較不透氣的棉布（也已經浸泡過消毒劑）在最頂層的紗布上。這讓分泌物可以從傷口滲出，但又不會讓石炭酸流失。他在她的前胸與後背都使用這些敷料。每一條紗布都從肩峰（肩胛骨頂端突出的骨頭）延伸到手肘下方，並穿過脊椎繞回手臂。李斯特更在她的側身及手臂下側間放置了大量紗布，以免手臂太過靠近身體。雖然這個位置對伊莎貝拉而言不太舒適，但他相信傷口絕不能靠近她的手臂，這點尤其重要，如此才能讓傷口不受限制地排出分泌物。像個木乃伊一樣渾身綑帶的伊莎貝拉被送回客房，並在那裡休養等待康復。

他的助手赫克特·卡麥隆曾說過，李斯特耗費了莫大的心神，才能在對他如此珍貴的人身上執行這樣大膽的手術。[10] 手術完成時，李斯特的焦慮感頓時消失：「我很開心手術完成了……我會說手術進行得很順利，**至少**就算她不是我妹妹也一樣，但我希望再也不需要重複做這件事了。」[11]

伊莎貝拉的傷口在李斯特術間及術後以石炭酸悉心照料之下，沒有出現化膿並癒合了。在他的努力之下，在癌細胞重回到她的肝之前，伊莎貝拉又多活了三年。與過往不同，這次李斯特根本幫不上忙。然而，他的消毒系統卻替未來的乳房手術帶來新希望。不遠的未來，這位外科醫生就能單憑預測決定是否要執行乳房切除手術——而不是依據病人是否具發展出術後敗血症的風險。

在伊莎貝拉乳房切除手術成果的支持下，再加上他在皇家醫院持續的成功案例，李斯特對英國醫學會發表了他使用石炭酸的成果。一八六七年八月九日，他發表了論文，標題為〈探討外科實踐中的消毒原則〉（On the Antiseptic Principle）。[12]短短幾週前，他分五部分的文章最後一段才出現在《刺胳針》。迄今，醫學圈對他的研究尚未出現負面反應。確實，至今的回響都是壓倒性的認同。賽姆在《刺胳針》發表了複合性骨折及手術運用石炭酸的七則成功案例時，也是默默表達了他對李斯特的支持。[13]而李斯特在英國醫學會的演講發表後不久，《刺胳針》的編輯以謹慎的樂觀態度評論：「如果李斯特教授對於石炭酸治療複合性骨折之力量這個結論得到證實……我們稱之為他發現的重要性，就怎麼樣都稱不上高估了。」[14]

然而，風暴正在醞釀。隨著第一批反對的聲浪出現，最初反抗李斯特消毒方式的理由與其是否有效根本無關。看似最具爭議性的議題在於，對李斯特的多數批評都誤以為他是在宣稱發現了石炭酸消毒特性的功勞，而這是歐洲大陸外科醫生已經使用多年的東西。九月二十一日這天，愛丁堡《每日評論》（*Daily Review*）刊登了一封信，署名為「齊魯厄奇古斯」（Chirurgicus，譯註：即拉丁文的外科醫生）。其中作者寫道，他擔心李斯特近期關於手術中使用石炭酸的文章，是「算計好要破壞我們的名譽——尤其是對我們法德兩國的鄰居——因為文章內容將石炭酸初次作為外科用途的功勞歸於李斯特教授」。[15] 齊魯厄奇古斯繼續指出，法國醫生暨藥劑師朱爾．拉梅耶（Jules Lemaire）早在李斯特第一次使用石炭酸前就寫過相關文章：「在我面前……有著這個主題的厚重文件……由巴黎的拉梅耶醫生所寫，而這本書的第二版已於一八六五年發行。」拉梅耶說明了石炭酸「於手術中阻止化膿的功效，以及作為複合性骨折及傷口敷料的功效」，作者如此斷言道。

儘管文章以假名書寫，但所有人都知道，齊魯厄奇古斯的信是出自那位發現氯仿、極具影響力的醫生詹姆斯．Y．辛普森之手。這位知名產科醫生熱切地將文章發送給醫學圈的人，也包括《刺胳針》的編輯詹姆斯．G．瓦克力（James G. Wakley）。一週後，期刊登出了這篇文章，還附上了瓦克力的註記：「李斯特教授的功勞在於，廣泛讓全國認識了這個消毒劑。」[16]用這些文字，全球頂尖醫學期刊讓李斯特唯一的成就，看上去就只是在英國複製歐洲大陸的作法，但事實是，李斯特是基於科學原則提出了革命性的傷口管理方法。

辛普森之所以希望降低李斯特消毒療法的影響，也有他個人的動機。事實在於，如果李斯特的方法奏效，他的方法就會和辛普森的針壓法直接槓上，其目的也在於促進傷口不化膿而癒合（賽姆在愛丁堡皇家醫院手術室的觀眾面前撕碎辛普森的冊子時，痛斥的正是這個方法）。針壓法係用金屬針將大血管撕裂的一端固定在不需要的皮膚或肌肉組織上，因此手術時不需用上縛線就能止住血流，而這通常會成為術後感染的來源。李斯特就曾在一八五九年發表的論文中駁斥針壓法，而辛普森無法不對此做出回應。這位產科醫生甚至還送給李斯特一本針壓法手冊，另外附上一封信，批評外科領域使用縛線這種「怪異而令人費解的」[17]方法，「固執又蓄意地在每個大型傷口植入死亡且腐爛的動脈組織」。他的技術只有少數醫生使用的這個事實令他心神不寧。早期一位傳記作者曾說，辛普森容不下任何挑戰針壓法的事：「他相信，針壓法的優越性已經成立，因此，任何繼續在切除手術中使用縛線的傾向都令人無法容忍。」[18]

李斯特發現自己再度與頑固的辛普森陷入激辯。最初的攻擊出現在愛丁堡《每日評論》後的幾週，李斯特在《刺胳針》對齊魯厄奇古斯做出回應。他承認從未讀過拉梅耶的書，但也宣稱這「一點也不令人意外」[19]，因為這位法國外科醫師的研究「似乎沒有引起我們領域的注意」。他繼續捍衛自己研發的系統，說到過格拉斯哥親眼見證他消毒療法的觀眾也未曾質疑其原創性。「新穎之處，」他寫道，「並不在於將石炭酸作為外科用途（我也從未這麼主張過），而是將它作為保護癒合過程不受外部干擾影響的方法。」李斯特以對作者的嘲弄結尾：「相信如此微不足道的無端指責不會阻礙一個實用方法的採用，先生，以上。」

為準備應付之後可能會發生的事，李斯特去找了拉梅耶的書。格拉斯哥到處都找不到這本七百頁厚的書，於是他前往愛丁堡，在大學圖書館取得一本。[20]這本書還很碰巧在幾天前出現（可能是辛普森本人放在那的），雖然李斯特從未真的說出這個猜測。閱讀這本書時，李斯特發現，幾乎是每一種可想像的病痛，拉梅耶都推薦使用石炭酸。最重要的是，他並未提供任何使用的方式或引導原則。而拉梅耶記錄了石炭酸消毒空氣及改善傷口癒合的效力，也推薦使用石炭酸來降低身體分泌物所散發的氣味，儘管這兩點屬實，他卻不認為是腐化導致膿汁生成。讀完這本書後，李斯特向父親宣泄他對拉梅耶主張的懷疑：「我有理由相信，他是以最樂觀的角度看待他的實驗結果。」因為這位法國外科醫生用了「**非常**稀釋的石炭酸溶液」。[21]

十月十九日，李斯特發表了對齊魯厄奇古斯的第二次回應。他重申自己從未聲稱是第一個在外科範疇使用石炭酸的人：「伴隨使用它所得到的成功並不在於它的特定功效，而是受到有效保護而不受腐化的惡性影響時，受傷部位擁有的驚人復元力。」[22]這是否代表石炭酸並不是他得到樂觀結果的關鍵因素？或許是為了將輿論從拉梅耶轉回到他治療方法的核心，李斯特主張要是他「以其他平常使用的消毒劑進行實驗……我真的認為，如果我依照相同原則執行的話，應該會得到極度相似的結果」。

他的回覆也附上一封來自醫學生菲利浦・黑爾（Philip Hair）的信，他就住在卡萊爾，即數年前以石炭酸處理下水道的那個城鎮。李斯特強調這個年輕人「能夠輕易分辨僅使用石炭酸與使用我建議的作法兩者的區別」。[23]在他的信中，黑爾證明去年冬天他在巴黎念書時，並未在當地見到能與李斯特的消毒步驟相提並論的作法。自返國後，黑爾也在愛丁堡見證李斯特成功實施他的技術，並寫道，他很樂意提供願為他的聲明作證的八位同期研究生姓名與住址給李斯特。

辛普森不喜歡被挑戰，而李斯特的回覆只會進一步激怒他。[24] 這位婦科醫生捨棄了他的化名，並直接於《刺胳針》中對李斯特回擊。回應的開頭諷刺地引用李斯特所說的「微不足道的無端指責」，這只揭露他是在愛丁堡《每日評論》刊登信件的作者。又一次，辛普森提起拉梅耶，並指控李斯特忽視既有醫學文獻之罪。他還提到亞伯丁大學醫院的威廉·皮爾里（William Pirrie）處理與移除胸部腫瘤相關的案例時，有三分之二的案例都是以針壓法來抑制化膿，而不管李斯特的消毒療法是否有效，若要阻止膿汁形成，針壓法才是更優越的方法。為防大家在第一次沒聽懂，辛普森又接著說：「容我在此簡短指出，李斯特先生提出的所有理論以及與本主題相關的用途，無疑早有其他作者領先發表了。」

李斯特沒有上當。他給《刺胳針》送了一個簡短的回應：「由於我已經努力將此事放在其真正所屬的位置，也不願侵犯任何人的權利，我必須克制自己不回應〔辛普森的〕指控。」[25]然而，他告訴讀者他會在一系列論文中證明他系統的優點，論文將在接下來幾個月發表，並留給醫學界判斷辛普森的批判是否合理。李斯特相信要評斷他的系統，應該是透過科學證據，而非取決與他多麼有力地為自己辯解。

巧的是，皮爾里教授（辛普森在擁護針壓法時所提到的這個人）在李斯特於《刺胳針》做出最終回應的同日，也在期刊發表了文章。他具體讚頌了石炭酸用來治療燒燙傷的優點，也預測如果李斯特的消毒法在治療其他傷痛也一樣有效的話，「將會是治療這些危險而疼痛傷口的一大福音。」文章沒有一處提及針壓法。那一刻，辛普森不再出聲了。[26]

儘管李斯特對外維持莊嚴的沉默，私下卻因為這樣的攻擊而深受打擊。在給約瑟夫．傑克森的信中，他寫道，「我一直認為，這些醫學期刊的編輯不注意我寫的任何文章是最好的事；這樣一來，我的研究的好處——如果有任何好處可言的話，將可以默默改善人們對於疾病的知識與治療。」他悲嘆地接著說：「名譽並非長在凡人土壤中的植物。」[27]李斯特的外甥說他的舅舅對辛普森的攻擊感到厭惡又煩惱。這位沉默、含蓄的外科醫生——曾經以為比起倫敦，少了許多專業爭執的蘇格蘭城市更適合他的個性。若要鼓勵外科醫生鄭重看待他的消毒療法，他需要的就不只是少數醫學生的證詞。

許多對手將李斯特的消毒療法與在化膿傷口塗上膏藥，然後聽天由命的作法相提並論——就像那些數十年來都使用酒、奎寧以及康狄氏消毒液的醫生一樣。來自利物浦的費德列克．W．里基茨（Frederick W. Ricketts）站在辛普森這邊，主張針壓法「簡單、有效、又高雅」，而李斯特的方法則「老舊而粗俗」。[28] 終生職於一八六七年十月終止、曾與李斯特在皇家醫院共事的醫生詹姆斯．摩頓（James Morton），也以相同的方式推斷。「與其他普遍使用的消毒劑相比，石炭酸絕對沒有更為優越，甚至不能相提並論。」[29] 如同里基茨，摩頓也認為李斯特的方法過時，而且不滿這些方法被稱作治療「系統」。反之，他將這些方法描述為「一種消毒模式的敷料」——諸多既有方式的其中一種——還認為李斯特在宣揚他的成果時，「可能讓他的筆跑得太快了」。[30]

雖然老一代的外科醫生願意在病人身上嘗試他的消毒療法，他們卻很難接受化膿是由細菌造成的這個理論，也就是李斯特系統的核心。若外科醫生繼續誤解感染的成因，他們就很難正確執行他的方式。在這些辯論之中，李斯特對格拉斯哥內外科醫師學會（Medico-Chirurgical Society of Glasgow）發表演說，強調消毒療法的施行應該依據健全的原則，即路易・巴斯德的原則。[31]

李斯特的同事摩頓不僅挑剔他的方法有缺陷，也不接受細菌造成化膿的這個前提。摩頓說李斯特發表的研究只是在散播恐懼。「這裡的自然被當成某種兇殘的女巫，」他寫道，「她邪惡的詭計必須被敉平。她必須被良善行為所約束，她不再受到信任。」[32]就連《刺胳針》的編輯都拒絕使用「細菌」一詞，反稱它們為「空氣中蘊含的腐敗元素」。[33]對於許多正值職業巔峰的外科醫師而言，要接受他們過去十五至二十年來，都因為傷口受到微小、隱形生物的感染而無意中導致病人死亡的這個事實，實在太過困難。

李斯特的消毒療法也存在實務上的問題。人們認為他的方式過度複雜，而且也不斷進化。就算外科醫師接受細菌是元兇的理論，他們也無法或不願意以達到預期結果所需的精準度去執行他的方法。那一代外科醫生所受的訓練，是來自於注重速度與務實而非精確度。「盧斯先生在手術室中，尚未開始使用縫線之前，偶爾會用海綿擦拭傷口，但並沒有發現這麼做的任何好處，於是他中斷了這項作法。」[34]一份報告這麼記載著。同樣的，赫姆斯．庫特（Holmes Coote）先生「不認同李斯特的方法，他認為太礙事了」。[35]另一位外科醫生回報，李斯特的消毒療法能夠在化膿出現之後有效地消除這個狀況，但卻不是個預防的好辦法：「至於它的抗化膿特性，並未出現非常令人滿意的結果。」[36]

著名外科醫師詹姆斯．佩吉特在倫敦使用李斯特的方法時，也得到了不一致的結果。在他初次對此發表的文章內，他推斷或許自己沒有正確依照系統執行。[37]然而，在此不久後，佩吉特卻一概否決李斯特的系統，說那很危險，尤其如果石炭酸放在傷口上太久的話。而這次，佩吉特聲稱自己謹慎依循了每個步驟，「就算不如李斯特教授那樣的技術，但也比一般治療碎裂傷時要謹慎得多。」[38]李斯特的消毒療法「確實沒有好處」——佩吉特這麼想。

由於在醫學界的地位顯著，佩吉特的證詞是一大衝擊。最抗拒李斯特消毒療法的呼聲來自首都，這也不令人意外。隨著不利於李斯特的結論一個接著一個出現，《刺胳針》的編輯不禁想著，為何倫敦看似尤其抗拒他的方法。「這裡化膿的情形和格拉斯哥的不同嗎？」他開玩笑問道。「或是這裡並沒有以李斯特先生一直強調成功所需的謹慎去嘗試消毒療法呢？」[39]只要其他人仍粗糙或不情願地去執行他的方法，要贏得眾人的信賴和支持就難如登天。李斯特需要採取更積極的手段。

THE GLASS GARDEN

X 與志同道合者一同抗戰

新概念總會受到質疑，更經常遭到反對，這只是因為它們並非既有的存在，沒有其他原因。[1]

——約翰·洛克（John Locke）

詹姆斯・賽姆發現他助手從房間另一端看著他的特殊神情。在山德威克公寓（Shandwick Place）的問診室，湯瑪斯・安那戴爾（Thomas Annandale）一整個早上都仔細地注視著替病人看診的賽姆，已經到了讓他開始煩躁的程度。前兩個月對這名老外科醫生相當艱難，而他也覺得精神不佳。那是一八六九年的春天，賽姆已經快要七十歲了。他的妻子潔米瑪，在二月突然過世，在他心中和家中都留下了一個空缺。約瑟夫・傑克森——同樣身為鰥夫——一聽到這個消息，就寫信給兒子：「對汝可敬的岳父，他的喪親之痛及在家的孤寂感，我可以真切地感同身受。」少了潔米瑪那慰藉人心的存在，米爾班克之家再也不如以往。

賽姆知道他的親友都為他擔心。但就在那天上午，他覺得安那戴爾的關心有點過頭了。一個小時前，賽姆覺得自己在和病人說話時嘴巴微微抽動，而在他寫下處方時手也顫抖著。不過，他沒想太多。或許是他的口吃又短暫再現，或許是因為年紀大了。但是，不論原因為何，安那戴爾已經開始讓他覺得不自在，於是他決定中斷這種干擾。彷彿是怕這個年輕人沒注意到自己的小狀況一樣，賽姆以宏亮清晰的聲音說，「我方才那陣不安的感覺真是奇怪；我覺得好像自己想要說話卻說不出來。」

隨著時間過去，賽姆在市內又操刀了幾場手術。這段時間，他一直都感覺到安那戴爾的注視就像要把他看穿了一樣。每次手術時，年輕的外科醫生都站在賽姆身邊。「雖然我心急地看著每個步驟，」安那戴爾後來說，「卻看不出賽姆先生〔手術時〕的動作有什麼異常。」[2]但他的助手就是甩不開某些事不對勁的感覺。

那天下午，兩人回到山德威克公寓的私人診所。賽姆的兒子及姪女在看診室等他，而他和家人私下談話時，他終於可以暫時逃離安那戴爾那批判的眼光。經過短暫但愉快的談話後，賽姆因為下個病人就要來了，便送家人離開診所。他一關上辦公室的門，就注意到自己的助手朝家人走去，在走廊上小聲地談話。

幾分鐘後，傳來一聲巨響，賽姆應聲倒下。

賽姆經歷的是癱瘓性中風，雖然他說話的能力保住了，但身體左半邊已經無法正常運作。情況看起來相當糟糕，但他身旁的人還是維持樂觀。這位年老的外科醫師一年前才剛經歷中風復元。所有人都認為第二次的結果會和上次一樣。《刺胳針》向醫學世界宣告了這個消息，表示這次發病並不嚴重，而且「可以堅定抱持全面康復的希望」。[3] 幾週後，《刺胳針》再度報導賽姆的身體狀況。他已經恢復了手的行動力，現在也可以在自家花園走動了。「我們僅能與整個領域共體感慨，」文章繼續說道，「即便賽姆先生不能再以他罕見的技術操刀，或是以讓他成為領域權威的廣闊經驗及明智判斷為專業問題貢獻獨到精闢的意見，我們仍希望他能不再受苦。」[4]

賽姆康復期間，李斯特與妻子到愛丁堡陪伴他。阿格涅斯與她的妹妹露西共同分擔照護的工作，緩慢而堅定地，賽姆開始復元。但年老的外科醫師很快就注意到自己的極限。那年夏天，他辭去愛丁堡大學臨床外科主任的職位，並希望李斯特能接手。[5] 不久後，大學內一百二十七名醫學生聯合寫信給李斯特，懇求他接下職位。「我們這麼做是因為堅信您是最具能力的人選，」他們寫道，「藉由您於外科的造詣與成就，維持住由賽姆先生為大學及主任一職創下的尊嚴與威望。」[6] 他們讚揚李斯特近期石炭酸研究對科學的貢獻：「您的消毒療法為英國外科史劃下了新紀元，將會讓這個領域享有不朽的榮耀，更對人類帶來無法言喻的福祉。」李斯特不需要再多聽勸說了。一八六九年八月十八日，他獲選成為愛丁堡大學臨床外科主任。

雖然是因為發生了不幸之事，但那還真是個恰到好處的回歸。賽姆的友人之一寫信給李斯特說：「對大家而言的至上幸運——特別是賽姆先生，我想如果是最糟人選獲勝、最佳人選被棄置，他也不會想活了。」[7]《刺胳針》也讚許這個安排，儘管這個期刊的編輯還是小心翼翼，不為李斯特的消毒療法背書：「我們全面鼎力支持李斯特先生作為人選……儘管對與他消毒研究相關的信心還有待確認，他仍完全準備好要提升外科的科學性。」[8]

接下來的這個月，李斯特和阿格涅斯搬回愛丁堡。在遷入夏洛蒂廣場（Charlotte Square）九號的華宅前，他們暫時落腳於艾伯康比公寓（Abercromby Place）十七號。賽姆搬到米爾班克之前，這棟房子曾是他的財產，儘管簽下這樣的房產需要一筆鉅款，李斯特還是可以負擔。他已不再是當年的區區住院外科醫師了。

同時，對李斯特消毒系統的嘲弄繼續增長。醫學圈內許多人試圖將他描繪成自命不凡的江湖郎中，他的概念說好聽是愚蠢，說難聽可是危險至極。[9]在倫敦大學醫院，外科醫生約翰·

馬歇爾（John Marshall）自從觀察到一名經歷乳房切除的女病患排出綠色尿液之後，就痛斥消毒療法。接著又有相似的報告出現。這都讓李斯特感到訝異。他早就知道石炭酸中毒的危險，也親眼見證過中毒的後果，更早在數年前就警告過醫生們必須稀釋溶劑。[10]他很確定這不過又是另一個因為疏忽執行他的方法而導致失敗的案例。

其中較具批判性的呼聲來自格拉斯哥一名外科醫師唐納德．坎培爾．布萊克（Donald Campbell Black），他說李斯特的消毒療法是「醫學科學的最新玩具。」他認為李斯特的結論只是巧合，並告誡他稱之為「石炭酸狂熱」的這個現象。他寫道，沒有什麼能比像李斯特這類外科醫生「增長的業餘嗜好」，「更加阻礙醫學或外科科學進展的事了。」[11]除此之外，布萊克也質疑皇家醫院究竟有沒有改善。他從《醫學時事和公報》（*The Medical Times and Gazette*）取得數據，顯示過去八年間，李斯特的醫院因為截肢與複合性骨折導致的死亡率並沒有變化。

一八六〇至六二年間，接受截肢手術的人有三分之一都過世了。經歷複合性骨折但未接受截肢手術的也有四分之一的死亡率。一八六七及六八年，在李斯特已將消毒療法引進醫院時，死亡率的數值也與先前沒太大差別。[12]確實，因為截肢而死亡的人數稍有增長，但這些數據也未反映事實，因為那是整間醫院的總死亡人數。並非每個在格拉斯哥皇家醫院的外科醫生都採用了李斯特的方法。即便是接受他方法的人，也有很多未能以所需的準確及一致性來得到預期的結果。若要解釋這樣的差距，李斯特未來就得將自己的成功與同醫院其他外科醫生的加以區別。

那些**確實**接受李斯特實驗結果的人，仍對死亡率降低的真正原因存有懷疑。好幾名醫生說他的成功是因為醫院新病棟的整體衛生改良——不全然是因為他的消毒系統。李斯特對此做出反擊：「去假設我描述發生在我病房的這種健康改變是因為上述原因，根本是無稽之談。」[13]他重申，開始使用石炭酸之前，他的病房一直是皇家醫院健康條件最差的之一，甚至還說：「石炭酸和醫院之間的連結是個令人懷疑的特權。」他認為責任全落在醫院的管理階級身上，也就是他剛到格拉斯哥時，阻擋他出任皇家醫院外科醫生的同一群人。李斯特寫道，「我和管理體系之間存在恆久的抗爭，他們迫切想為格拉斯哥增長的人口提供更多醫院住宿空間……而傾向於引進更多床位。」[14]雖然管理階層拆除了病房的高牆來促進空氣流通，但這是在他已經用石炭酸治療病人九個月後才發生的事。因此，李斯特認為這不能當作他病房死亡率下降的理由。至於那些將他的成功歸因為飲食改良及口糧分配提高的人，李斯特寫道，單憑飲食就能革除膿血症、丹毒以及醫院壞疽，「任何有才智的醫生都不可能會有這種想法。」[15]

李斯特對格拉斯哥皇家醫院的評論自然是受到了醫院管理階層的注意，其中許多人已經對這位外科先鋒懷有鄙視之心。職銜僅次於醫院理事的亨利・拉蒙德（Henry Lamond）很快便做出回應。拉蒙德寫信給《刺胳針》的編輯，說李斯特「只要是有關醫院對身體有害及環境的指控……都是不公正且沒有事實根據的」。管理人員認為，李斯特的消毒療法在近年對醫院下降的死亡率貢獻相當小。反而，他們相信「醫院的健康及其他條件改善，不僅是在醫療部門，也在外科部門，主要都是多虧了更完善的通風、飲食以及近年來醫院理事高度注重的卓越護理照顧」。[16]

最嚴重的公開批判出自里茲（Leeds）的一名外科醫生湯瑪斯・郎樂禮（Thomas Nunneley），他最引以為傲的就是完全不允許使用石炭酸治療病人。在他一八六九年對英國醫學會的演講中，他提到李斯特的消毒系統奠定在「未經證實的幻想上，這些東西只存在於相信他們的人的想像之中」。他認為李斯特提倡細菌理論實在荒謬：「我恐怕，那對於有機細菌的推測並不只是單純的謬論，」他對與會者這麼說，詹姆斯．Y．辛普森也在場。「這是一種正面損傷，」他接著說，「若在教學上說……那些經常伴隨傷口而來的嚴重後果是出自單一原因，而且只要解決這個單一原因就能避免……會讓人忽視那些通常又多又複雜的因素。」[17]

在給郎樂禮的回應中，李斯特幾乎無法掩飾他的厭惡：「他竟如此義正辭嚴反對一個他根本不了解的療法；而且，他自己也承認從未嘗試過，那是件心胸狹隘的事。」[18]注意到自己的兒子因為這些攻擊而倍感挫折，約瑟夫．傑克森試圖安慰他。他在一封信中寫道，「不管汝所提出的方法再怎麼緩慢而不完美地被他人採用，也不管他們可能多麼輕視或攻擊你的主張，能夠將有如消毒療法這等福祉帶給爾等同類，是一件極其美好的事。」[19]

李斯特與懷疑論者激辯的同時，他的家族也再度遇上了新問題。搬到愛丁堡幾週後，他收到來自兄弟亞瑟的信，他才剛到厄普頓探望他們的父親。亞瑟坦白說，自己「沒做好看見親愛的爸爸有這麼大轉變的準備」。[20]約瑟夫．傑克森已經變得虛弱到甚至不太能在床上翻身。他們的父親如今已經八十三歲了，儘管他一直是個強壯的男人，李斯特也在過去幾年注意到約瑟夫．傑克森的小變化。他數個月前開始嚴重咳嗽，也曾在寫給李斯特的信中因為腳踝皮膚感染的問題發過牢騷。更明顯的徵兆是他父親過去清晰的銅版手寫體變得越來越難辨認——耄耋之年協調能力開始流失的確切徵兆，就和中風發作後的賽姆一樣。

李斯特整理行囊前往倫敦。他抵達的時間正好。五天後，一八六九年十月二十四日，約瑟夫．傑克森過世了。李斯特因為喪親而大受打擊。每當李斯特的生命、職業出現煩惱或不確定之事，約瑟夫．傑克森一直都是引領他的理性之聲。當李斯特考慮放棄他的醫療志向而改成為貴格會教士時，是他的父親預見那並非適合兒子的道路，並溫柔地將他導回正途。李斯特會想念父親的珍貴忠告。

深陷悲痛之中的李斯特寫信給他的妹夫里克曼．哥德里。他描述前一晚在童年住家一場奇怪的夢。夢裡，李斯特從他厄普頓家中的臥室走下樓，而他的父親熱情地迎接他。「他親切地握了我的手，並像我小時候一樣親吻我。」[21]李斯特寫道。他們聊了幾句，後來李斯特問他父親長途旅行後睡得是否安穩。約瑟夫．傑克森回說並沒有睡得太好，但他精神還是很不錯，而父子兩人都相當開心。這時候李斯特注意到自己的父親抓著一本小書，他認為裡面是父親旅程的筆記。那一刻，李斯特醒過來，並想著如果能夠一讀父親的筆記將會多麼有意思。

他以誠懇、近乎是詩意一般的願望寫下信的結尾：「願我能在平靜的彼岸見爾一面。」

父親過世後兩週，李斯特對他在愛丁堡大學的新學生介紹課程。他向當天也出席的賽姆致敬。「我們都應該慶幸大師仍與我們同在，」李斯特這麼說，或許他當時也想著自己的父親。他告訴聚集在課堂的年輕人，因為他「能夠隨意運用〔賽姆〕無窮無盡的智慧與經驗，他，在某種程度而言，仍會透過我擔任你們的老師。」[22]

賽姆的情況持續惡化。李斯特初次授課的幾個月後，年老的外科醫生失去了言語的能力。不久後連吞嚥的能力也背離了他，在餵食管尚未存在的年代，這已經是個致命的狀況。顯然賽姆這一次無法復元了。一八七〇年六月二十六日，「外科界的拿破崙」逝世了。醫學界為失去這樣一位顯赫的外科醫生而哀悼。《刺胳針》的作者群們哀嘆，「賽姆先生的離世也帶走了世上最縝密的思想家，更或許是外科界最好的老師……只要他的學生還活著的一天，他們就永遠不會忘記〔他〕，只要人類還需要外科這門藝術的一天，身為外科醫師的他也會永遠活在世人的記憶中。」[23]同樣的，《英國醫學期刊》這麼描述他，「毫不猶豫地將賽姆先生排在我們現代外科醫生之首。」[24]

李斯特對賽姆離世感到的悲痛無人能及。他在一年內失去了兩位父親。如今賽姆走了，他也沒有幾個能夠徵求意見的資深外科醫生了。李斯特的外甥後來說，只要賽姆還在世的一天，他就會被視為「蘇格蘭的第一外科醫生」。如今他已逝世，全國將會把這個榮譽授予約瑟夫．李斯特。

§

至今醫學界還是不太情願接受微小有機體會導致疾病的這個想法。如同李斯特其中一位助理的敏銳觀察：「偉大的科學新發現總會在其道上留下捍衛舊觀念之士的破損名譽。要他們寬恕讓他們本身的努力變得毫無價值的人是件難事。」[25]如果要讓老外科醫生「拋棄」數十年以來的正統是件難事，李斯特想著，讓新進學生轉而相信他的理論與方法，就容易得多了。他在格拉斯哥已經有了一群忠心的跟隨者，如今希望愛丁堡也能一樣。

李斯特課程的首要特色是演示。他的課程通常專注在感染理論上，並以案例史及實驗室演示為輔。李斯特提供豐富的建議、警告與說明——全都基於他個人的經歷。在醫院對學生演講時，他甚至會將病人從病房帶到手術室。李斯特的目標並非列舉事實，而是反覆灌輸原則。其中一名學生記得，雖然科目對他而言是全新的，「但事實如此明顯又有邏輯地陳列在眼前，讓我覺得問題幾乎不可能有其他解釋。」[26]當威廉・華生・謝恩（William Watson Cheyne）還在愛丁堡當學生時（他後來成為著名外科醫生暨消毒的擁護者），就曾評論李斯特和另一位系統外科教授課程的差異。後者為「有關身體與發炎反應的古怪理論所構成的沉悶枯燥演示」「在我看來相當莫名其妙」[27]，他這麼寫道。相反的，謝恩寫下了「被李斯特呈現在我們面前的奇妙景象給迷住了」的感受，而且在第一次上課離開教室後，成為了「該領域的愛好者」。

李斯特的學生對他們的老師有著高度期待，而他，相對的，也對學生期許甚高。他就像警察一樣管理教室。猶如當時的習慣作法，學生在出席課堂時要拿出上面寫了自己名字的票券。這可以讓老師記錄學生的勤缺。利用這個作法，李斯特當掉慣性蹺課的學生。年輕學子踏入他內心奧祕之際，他站在門口親自收集票券。這是為了確保學生不會替缺席的朋友遞交兩張票券（一個李斯特所鄙棄的慣性行為）。「任何令人認為用口或用筆撒謊而認為是無關緊要的事，都是最危險的，」李斯特這麼寫道，「他以後也會以相同無關緊要的態度寫下謊言。」[28]他也控制教室的出入以防遲到的學生干擾上課。「我安排所有的出入口，因此特定時間過後沒有人能夠進入教室，」他寫道，「而且學生只能經由一扇門離開。」[29]

愛丁堡大學的許多教授都因無法控制不守規矩的學生而生氣衝出教室，這件事眾人皆知。但李斯特以他其他同事無法做到的方式管理學生。他的教室是人們景仰科學的一個肅穆場所。如他過去一位學生說的，「只要他在，就連〔一個〕別針掉落的聲音都清晰入耳；他掌握了眾人的注意力，並施展出嚴肅與誠懇的咒語。」[30]只有那麼一次咒語曾被破解，當一個年輕人以「宏亮而神聖的語氣」對李斯特的消毒療法開了玩笑。李斯特舉目望向開玩笑的人，並給了他一記憐憫的眼神。這一眼的效果有如魔法，同一名學生這麼說，那名質問者一年後就因為全身麻痺而往生。「我們當時還不知道螺旋體〔造成梅毒的細菌〕，而且還開玩笑道是因為他褻瀆神聖，朱庇特（Jove）才會奪去他的生命。」

李斯特對他的手術助理也有著與學生相當的高標準要求。有一次他在病房治療病人，向助手索取手術刀時就曾弄出一大風波。助手遞給李斯特手術刀，他用手掌仔細測試刀鋒後發現手術刀有瑕疵。李斯特莊嚴而緩慢地走向房間另一端，將手術器械丟入爐火。他重申他的需求。助手又一次將手術刀遞給他，李斯特再次將器械丟進火中。「病人吃驚地看著眼前教授燒毀手術器械的景象；學生們嚇到集中注意力，眼睛先望向李斯特，接著又望向我，而外圍觀眾也被激起了空前的好奇心，想知道究竟發生了什麼事，」助手後來寫道。李斯特又一次走回來向助手要手術刀。這名恐懼而顫抖的年輕人遞出了第三把手術刀。這次李斯特終於接受了。在責罵助手前，李斯特直直盯著他的臉：「你膽敢讓這個可憐的男人承受你自己都不會用的刀嗎？」[31]

李斯特對學生和助手的嚴格其來有自。每場成功的手術及每次消毒敷料的成功運用，都能作為抗衡自然發生學說的證據。生命並非重新發展的，正如他的學生所看見的一樣，感染的生成是可以被阻止的。他在《刺胳針》的報告或許不足以說服部分外科醫師細菌理論的效度，但他的學生每次陪他巡視病房時，都用自己的雙眼見證了消毒系統的成功。如果說眼見為憑，李斯特正在創造一群門徒：畢業後這群門徒會將他的理念散播到除了大學這個狹隘空間以外的世界。他的跟隨者，後來人稱「李斯特派」（Listerians），很快便會主宰英國外科界的制度及思想體系，以可敬的專注讓消毒學說遍地開花。

一八六七年李斯特發表的消毒系統不過是他對於傷口腐壞研究的起點。[32] 他未曾停止以石炭酸進行實驗，也在其中對他的方法進行調整或微修。確實，李斯特的學生——可能以確定要使用一種技術的決心看完演示，卻發現下一次碰到他們的教授時，他已經開發出一套新方法——會習慣預料這些變化。對他們而言，這強調了實驗在醫學中的價值，更體現了觀察的敏銳與準確度能夠讓外科更為進步的這個事實。

從一開始，李斯特便提倡以石炭酸消毒所有物品，從手術器械到外科醫生的雙手，這樣的程序也漸漸讓他自己的手遭到腐蝕。但即便縛線（截肢時用來綁住血管或阻斷動脈瘤供血的必需品）浸泡過石炭酸後還是無法解決問題。當時習慣束緊縛線並讓結的一端或兩端都從傷口突出。外科醫生這麼做一部分是為了引流，也是為了傷口癒合後方便拆除縛線。遺憾的是，這個作法也讓感染更有機可乘。

李斯特推測，若他想要消除感染，就不要引流，因此就不需要讓縛線懸掛在傷口外。他需要的是一種強力有彈性的素材，要可以輕易打結，直到其功用完成前都不會斷裂，也不會失去功效或被身體吸收。起初，李斯特選擇將絲泡在石炭酸內，因為絲的表面滑順，而且看似不會刺激組織。他切開馬匹的脖子並以絲製縛線束緊主動脈。六週後，馬卻因其他原因突然死去。李斯特當時因為感冒臥病在床，於是他請助手赫克特．卡麥隆切下馬匹脖子的左半邊，並在當天稍晚到他家向他報告。晚上十一點，卡麥隆將樣本交給生病的外科醫生，他強迫自己下床，並一直工作到凌晨，以分離出綁了縛線的部位。不出他所料：絲線還在，但如今已經被壓縮進纖維組織中了。

讓李斯特在病人身上測試絲製縛線的機會很快就出現了。[33]一名女子因為腿部動脈瘤而找上李斯特。李斯特先用石炭酸浸泡絲線，再用它綁住使腫瘤腫脹的動脈。病人活了下來，但十個月後卻因為第二顆動脈瘤破裂死亡。李斯特取得屍體並進行解剖檢查。他發現絲縛線被身體吸收了；然而，切口附近卻有一小顆膿囊，他擔心那是膿腫浮現的前期。顯然，絲縛線並非他所希望成為的長期解答。於是李斯特的注意力轉移到另一個有機素材：腸線。

「腸線（catgut，譯註：貓腸）」一詞其實算是個誤稱。這種線原本是用綿羊或山羊內臟製成的，不過有時也可取材於牛、豬、馬、騾或驢的內臟。又一次，於人體使用前，李斯特先在動物身上實驗，這次選的是一頭小牛。他的外甥里克曼·約翰·哥德里協助他進行實驗：「我清晰記得手術的過程……先是剃毛並清潔部位，對於消毒細節一絲不苟的注意力，浸泡在石炭酸酸油之中要當作敷料的毛巾；以及我外祖父木桌上、以高深莫測眼神注視著人對獸執行儀式的雪花石膏佛像。」[34]一個月後，小牛被宰了，肉分給了李斯特的助手，他留下動脈進行檢視。腸腺被附近組織完全吸收了。

遺憾的是，當李斯特開始在人體測試腸線時，發現人體太容易吸收這個素材，導致病人會有二次出血的風險。他以一系列的石炭酸溶液進行實驗，最後終於能夠讓吸收的過程緩慢下來。他在《刺胳針》發表他的報告時，期刊編輯的評論是，腸腺「不僅是對於實際手術的貢獻」[35]，因為這證實了無生命的有機素材能夠被活體吸收。腸腺很快便成為李斯特消毒療法的標準配備，也是在這幾個發展的年頭間，他的系統逐步演變的例子之一。

的確，橫跨整個職業生涯，他都執著於改良腸線。[36]搬到愛丁堡後，他開始在三百頁長的對開筆記本上謹慎記錄他的實驗，到他退休之際，這樣的筆記本已經寫滿了四本。這些筆記本中最初的記錄就是關於腸腺，日期記錄著一八七〇年一月二十七日。一八九九年，研究筆記也以相同的主題結尾。

隨著李斯特的方法不斷演進，懷疑論者將這些不間斷的變化視為他承認自己最初系統無效的證據。他們不懂這些調整是科學演進的自然過程。詹姆斯・Y・辛普森又踏入爭議之中，為國內醫院揮之不去的問題提出了近乎宿命論的解決辦法。他主張，如果無法控制交叉感染，醫院就該暫時拆掉並重立新院。就連李斯特以前的老師約翰・艾瑞克・艾瑞克森都採納了這個看法。「一旦醫院已經無法挽救膿血症的蔓延，就無法用任何已知的衛生手段來消毒醫院，就像不可能消毒已經長出蛆的腐敗起司一樣，」他寫道。艾瑞克森心中的解答只有一個，而那並不是他過去學生的消毒系統。他提倡全面「拆除受感染的建物」。[37]

儘管李斯特面對諸多反對聲浪，他仍與認同他事業中革命本質的志同道合者一同抗戰。最初，他的系統在歐洲大陸獲得的支持比在英國還多，一八七〇年李斯特甚至獲得法德兩國邀請，協助修改普法戰爭中受傷軍人的傷口治療方針。[38]因此，自從在哈勒（Halle）的醫院——塞滿了因戰爭受傷的軍人，而且感染的狀況實在太惡劣，導致醫院關門在即——施行李斯特的方法獲得驚人成效後，德國醫生理查．馮．沃克曼也成了堅定的信奉者。接著，歐洲地區其他醫生也採納了李斯特的系統，包括一名丹麥醫生Ｍ．Ｈ．薩克斯托夫（M. H. Saxtroph），他寫信回報李斯特他的成功。藉由這些證詞的支持，李斯特刺激最批判他消毒療法的倫敦外科醫生：「哥本哈根可以取得這樣的成功案例，但英國首都卻未對此做出太多嘗試，真是怪了。」[39]

緩慢而穩定地，他祖國的外科醫師也開始挺身捍衛他。其中一個是卵巢切除術的先鋒湯瑪斯・基斯（Thomas Keith），這在當時是個涉及切開腹腔內卵巢瘤的危險手術。整個十九世紀，卵巢切除術都是個極具爭議的主題。膽敢著手如此侵入性手術的人被取了「開肚者」的綽號，因為他們必須要在病人腹部劃下一刀長長的切口，而這通常會成為敗血症的原因。[40]

先前唐納德・坎培爾・布萊克抨擊李斯特時，基斯就曾為李斯特辯護，布萊克不僅將李斯特的研究貶為醫學科學界的最新玩具，更在批評消毒系統時連基斯的名字一起批評下去。基斯在《英國醫學期刊》回應布萊克。與布萊克暗示的相反，基斯說他「如同看見李斯特先生做的一樣」照料傷口，並且大獲成功。[41]布萊克本身也是來自格拉斯哥的外科醫生，當李斯特提高了城中醫學院的聲譽，甚至賦予其名聲之際，他的同事卻如此中傷他，這個事實讓基斯相當沮喪。他認為，消毒系統就是未來：「我想，我到現在才開始了解李斯特先生的消毒方式與他的石炭酸動物製縛線將對外科有何等貢獻。」利物浦皇家醫院的外科醫生E・R・畢克思戴斯（E. R. Bickersteth），也回報了成功運用消毒腸腺縛線的數個案例。他認為消毒法是「我們的技藝邁向完美之途的一大步」。[42]

到了此時，李斯特已經回應了格拉斯哥皇家醫院的死亡率並未於引進他的消毒療法後下降的指控。他比對了他的病房在一八六四至六六年間，與一八六七至六八年間他開始使用石炭酸後的死亡人數。他發現，一八六四至六六年間，也就是消毒療法引進之前，接受截肢手術的三十五人中，有十六人死亡，而運用消毒療法後，四十名動過手術的病患，只有六名死亡。

這個報告促使《刺胳針》的編輯召集倫敦各醫院，再一次「公平且慎重地」測試李斯特的消毒法。[43]他建議由李斯特自己的學生來監督實驗。在格拉斯哥達成的「也應該要能在倫敦實現」，期刊編輯這麼推斷。就這樣，一八七〇年，所有的目光都聚焦到了首都。

§

回到愛丁堡，甫獲外科醫生執照的約翰・拉德・列森（John Rudd Leesson）到了約瑟夫・李斯特家門口。[44]男子顯然相當緊張。列森踏上他家寬闊的階梯時，這間房子「就像讓李斯特更遙不可及的護城河」。他來問這位知名教授，自己是否能擠進他在醫院外科助手的名單。雖然列森曾經照料過李斯特的病房，卻從未與這位他後來相當景仰的男子當面說過話。

管家（一個因為舉止嚴厲而獲得「擊棍先生」〔Mr. Bludgeon〕這個綽號的男子）帶領列森到李斯特坐在其中的私人書房後關上門。年輕的外科醫生發現自己身在一間擺滿桃花心木玻璃書櫃與大型朝北窗的豪華房間。李斯特從桌子後面起身問候列森，列森「直覺感到自己……面前崇高目標的體現」。年長的外科醫生以列森所描述的「歡娛且迷人的微笑」讓這個新手放下警戒。經過短暫對話後，李斯特從書桌抽屜拿出一本小冊子，並將男人的名字寫進內頁。他告訴列森，明年冬天他就能開始擔任他的手術助手。

列森正要轉身離開之際，注意到窗前桌上有些異狀。好幾排試管被玻璃遮罩覆蓋，在陽光下閃爍，管內裝著半滿的液體並以脫脂棉球塞住：李斯特的玻璃花園。「那是我從未見過的奇特組合，我一點也猜不到那些是什麼，或是為什麼它們會被用棉花球塞著，」他後來寫道。「我以前碰過的試管口都是開放的，我完全不記得有看過開口堵住的。」

見到年輕外科醫生臉上突然湧現的興趣，李斯特跑到他旁邊，高興地向列森展示他自己古怪的液體收藏。他說明其中有些試管是混濁發霉的，而其他則維持清澈。「我試圖展現出一種琢磨的興趣，」列森承認，「但卻絲毫不知道這一切是為了什麼。」當教授得意洋洋地發表他關於腐化的最新實驗時，列森很驚訝這位知名外科醫生居然還有時間追尋其他不相關又偏僻的事物。

希望能以高點結束這次會面，列森四處看了看，找尋他能發揮的主題。這時他看見放在李斯特桌上的鮑爾與李蘭（Powell and Lealand）大型顯微鏡。他告訴教授，之前在倫敦聖托瑪斯醫院教過他解剖學、一位令人尊敬的年老講師也曾用過相似的器具。李斯特的雙眼閃爍著興奮的光芒：他說顯微鏡「似乎能帶〔他〕回到現實」。他熱切地與列森聊著這個器具對外科未來的重要性。

「我完全不知道〔顯微鏡〕和塞住的試管有何關聯。」列森後來坦承道。儘管他已經在倫敦最大最先進的醫院待了兩年半，這位新科外科醫生說他「從沒聽過任何和微生物相關的事……遑論微生物與醫學或外科之間的任何關聯。」科學知識與方法在醫學實務中的角色——是這個領域從屠宰的藝術轉變為前瞻學科的關鍵——尚未建立。但時機是站在李斯特這邊的。

XI 女王的膿腫

THE QUEEN'S ABSCESS

他雙唇吐出的事實有著雙倍的信服力量，
前來嘲弄的愚人們，最後留下來祈禱。[1]

——奧立佛・戈德斯密（Oliver Goldsmith）

一八七一年九月四日，李斯特的馬車停在巴摩拉城堡（Balmoral Castle）的宏偉入口，即維多利亞女王在蘇格蘭高地分散地產的中心。前一天，他收到一通緊急電報，請他到皇室住宅一趟。女王病得很重。她腋下的膿腫已經長到一顆橙子的大小，測量直徑到達六吋。賽姆死後，李斯特成了蘇格蘭最知名的外科醫生，當事情已經嚴重到涉及女王的健康時，找他來諮詢也是再正常不過的事。

維多利亞的問題發生在數週前，自從她開始喉嚨痛以後。過沒多久，她的右臂便開始疼痛腫脹。事發後不久，女王在日記中抱怨她的「右臂狀況沒有改善，而且也得不到任何治療。每種方式都試過了」。[2]女王的醫生請求她允許外科醫生來看看。沒有意識到事態嚴重的她反對這個提議，但保證會三思這件事。幾天後，疼痛已經變得無法忍受，維多利亞終於同意了。

謹慎的外科醫師帶著所有手術可能用到的物品，包括他的最新發明：石炭酸噴霧。幾個月前，李斯特有了製作這個儀器的想法，一部分是受到由英國化學家約翰．丁達爾（John Tyndall）進行的系列實驗所促成。丁達爾藉由一道穿過空氣的密集光束，證明了大氣中飄浮著大量塵粒。然而，他發現當空氣中沒有這些粒子時，光束就會消失。丁達爾以熱氣呈現沒有顆粒的空氣樣本，並證明含腐敗物質的溶劑接觸到這種空氣時會維持無菌，但與含有顆粒的空氣接觸時，很快就會受到細菌及黴菌感染而腐壞。他以驚訝的語氣描述空氣中的粒子數量，「我們生命的每時每刻……都在我們的腸子裡翻攪」[3]，還特別因為這些顆粒對手術器械可能產生的影響表示擔憂。對李斯特而言，這只更加強了醫療環境之下空氣中的細菌必須被摧毀的想法。石炭酸噴霧因此就被設計來消毒病人身邊的空氣，手術進行時與術後更換敷料時都會使用。但這也有另一個用途。李斯特認為，使用噴霧可以降低石炭酸直接刺激傷口的必要，因其通常會侵蝕皮膚並提高發炎或感染的風險。

一開始，這是個手持裝置，但如同李斯特其他發明一樣，他的一生中也改造了這個裝置數次。該裝置後期的樣子——叫作「驢子引擎」（譯註：蒸汽引擎），這個大型的銅製噴霧器安置在約莫三呎高的腳架上。噴霧器上有著大約一呎長的把手，能用來操作噴霧。整個機械裝置將近十磅重，是個需要李斯特的助手幫忙搬運的笨重裝置，耗時的手術過程中，助手們會輪流在手術室內操控這個噴霧器。李斯特的一名前學生曾寫道，「愛丁堡市民已經習慣看見〔他〕開車穿過街道，與他巨大的戰爭引擎擁擠地塞在四輪敞篷車內的樣子。」4

儘管裝置看起來很滑稽，使用石炭酸噴霧卻是醫學史上的重要時刻。在這之前，批判人士可以說李斯特的療法是傳統作法的延伸，不過是以某種消毒劑清理傷口而已。然而，噴霧器卻顯示李斯特對細菌理論的全心投入，特別是由路易．巴斯德所提出的觀點。這個時候，區分不同種類細菌的研究還很少，致病與無害細菌的分辨就更不用說了。李斯特數十年後才捨棄了石炭酸噴霧，就在德國醫生暨微生物學家羅伯特．柯霍（Robert Koch）研發出用培養皿（Petri dish，以他的助理尤里斯．佩特里〔Julius Petri〕命名）培養並替細菌染色的技術後。這個技術讓柯霍可以將特定微生物與特定疾病配對，並推進細菌作為特定物種存在的理論，而且每種都會製造出獨特的臨床症狀。透過他的方法，柯霍證明了空氣中的病原體不是傷口感染的主兇，也就是說消毒空氣根本沒用。

然而，一八七一年，李斯特對這個技術非常投入，因此當他被傳喚到女王床邊時，他也隨身攜帶著石炭酸噴霧。當李斯特進到維多利亞在巴摩拉城堡的宏偉寢室時，他很確信自己的消毒系統可以拯救生命。然而，對醫院病患使用石炭酸，或是用在自己妹妹身上，和用來治療女王是截然不同的事。如果他的動作對君主造成恆久傷害，他的名聲就毀於一旦了。李斯特在替維多利亞看診並發現情勢緊急時一定相當惶恐。若膿腫惡化，某種程度的敗血症都有可能發生，女王就會一命嗚呼。

維多利亞不情願地同意接受手術。後來她在日記中坦承，「我感到萬分緊張，同時也承受著極大痛苦。我將被施予氯仿，但只有少量，因為我的身體狀況實在不佳。」[5]事實上，她整場手術都會維持半醒狀態，因為女王健康狀況危急，李斯特決定不施加大量麻醉劑。

李斯特請求御醫威廉．詹納（William Jenner）的幫助，將手術期間操作石炭酸噴霧的任務交給他。李斯特開始消毒他的器械、雙手以及女王手臂被感染的部位，詹納將石炭酸噴霧噴入空中，讓房間充滿獨特的甜膩焦油味。當李斯特對房內消毒劑的飽和程度感到滿足時，他朝維多利亞的膿腫劃下深深一刀。血水和膿汁從傷口湧出。李斯特仔細清理切口，而詹納繼續用力擠壓石炭酸噴霧，讓房內所有人都被一層侵蝕性的白霧籠罩。御醫有一度手拙，不小心將這個古怪機器朝女王的臉噴去。當她抱怨時，詹納半開玩笑地回答他只是個擠壓風箱的工人。手術一結束，李斯特小心翼翼地包紮傷口，讓筋疲力盡的君主休息。

隔天，李斯特在替換維多利亞的敷料時，注意到放在手術傷口的敷料下方開始有膿汁形成。李斯特需要迅速處理才能防止感染發生。看了一眼噴霧器，他突然有了個主意。他拆除了儀器的橡膠管，將它整夜浸泡在石炭酸中，並在隔天早上將橡膠管插入傷口引流膿汁。隔天，李斯特的外甥寫道，他的舅舅「很開心發現〔傷口〕沒有任何東西流出，只有至多一兩滴的清澈血清」。[6] 李斯特本人後來聲稱那是他第一次使用這樣的引流方式。[7] 他巧妙的臨時發明，再加上他消毒法的運用，無疑拯救了維多利亞的性命。一週後，李斯特離開巴拉摩城堡並回到愛丁堡，他相當滿意女王的康復狀況。

回到教室，他對學生開玩笑道：「紳士們，我是唯一一個拿刀插入女王身體的人！」[8]

約瑟夫・李斯特成功治療維多利亞的消息傳了開來。光是允許他在自己身上動手術，就是女王賦予李斯特消毒系統的皇家認證。此外，詹姆斯・Y・辛普森因為心臟問題過世，終於讓數年來阻礙李斯特事業的紛爭畫下句點。

李斯特與皇室的會面結束後不久，路易・巴斯德到了倫敦。旅途上，約翰・丁達爾（近期才參訪過李斯特在格拉斯哥的病房）隨口向這位法國科學家提到一位「備受讚賞的英國外科醫生」，他以巴斯德的研究作為方針，對理解腐壞及感染疾病的原因有了重大貢獻。這是巴斯德第一次聽到李斯特的名字。他的興趣攀升。

兩人開始長期通信。[9]在他們的信中，討論了他們的實驗、理論、發現，並對彼此表示出尊重與敬意。李斯特將巴斯德視為提供他方法了解傷口敗血原因的人。相對的，巴斯德也對李斯特將這個主題發揮至此感到敬畏。如同巴斯德所寫，「你的操作準確度（以及）你對實驗方法全然的理解力，令我十分驚艷，」[10]他很驚訝李斯特在照顧病人之餘還有時間進行此複雜的研究。「這對我而言是個完美謎團，」他對李斯特這麼寫道，「你能夠全心投入需要這等關照、時間的研究，且不間斷地耗費心神，同時也能全身投入外科這門職業，並擔任這麼一間大醫院的首席外科醫生。我不認為我們這裡能夠找到另一個像你這樣的奇才。」對李斯特來說——一個總是對科學方法懷抱巨大信心的人——這是他所能獲得的最高稱讚了，尤其當這種讚美來自巴斯德這般值得尊崇的人物時。

隨著他的名聲傳開，李斯特的教室坐滿了學生以及來自世界各地的顯赫外賓，為了親眼見證這名外科醫生實際行動而來到愛丁堡。他在國內四處旅行，對醫學界的聽眾詳細闡述他消毒系統的優點。[11]令人振奮的回報終於開始在倫敦各地出現。《刺胳針》呼籲的行動奏效了：首都的醫院再次測試消毒系統的效力。這一次，結果比起一八六〇年代末、李斯特初次發表研究時來得更振奮人心。聖喬治醫院宣布其員工對李斯特方法的信心提升。密德薩斯醫院（Middlesex Hospital）也在使用石炭酸及氯化鋅取得正面結果後，表達了相同看法。但最強的支持來自於倫敦醫院，外科醫生開始實施消毒系統後，去年執行的近五十場手術，「因重傷害導致的全身性症狀明顯減少。」[12]

儘管首都已經明顯趨於接受李斯特的療法，他的消毒方式卻還要花上好幾年才會被倫敦全面採用。其中一大原因是城內許多外科醫生不願意認同巴斯德對腐壞的細菌理論。倫敦一位外科醫生還嘲笑李斯特和他的創新研究，他大聲地甩上手術室的門，好「把李斯特先生的細菌擋在門外」。[13]出現在《刺胳針》中的一則信件上，署名「流浪者」（Flaneur）的撰信人對於城市中如此緩慢採用消毒法的現象做出了敏銳觀察：

事實是，比起外科，這是個科學問題，因此，儘管科學化的德國急切採取這個方法，半科學的蘇格蘭稍微不情願地接受，但消毒學說從未在任何程度上受到沉悶而務實的英國外科醫生欣賞或理解。樂意為病人這麼做的他，長期以來已經將部分消毒系統執行到相當的程度了，多虧他講究的英式直覺；但這其實就像什麼都不懂卻在談論詩歌的女士一樣。[14]

對李斯特而言，說服格拉斯哥及愛丁堡醫生相信他消毒系統的價值相對容易，因為這些城市的中心都有一間醫院和大學。倫敦的醫學圈卻更為分散，科學思維更不明顯。臨床教學在首都的普遍度還不及蘇格蘭。李斯特抱怨道：「如果我回到倫敦，詢問當地臨床外科準則如何執行，不只是我曾在倫敦當過學生的經歷，還有曾經到過倫敦再來這裡的外國訪客都能證明，和我們這裡的系統相比，他們的不過是個騙局。」[15]除非李斯特從內部改革體系，否則這會是他無法克服的障礙。

有一群人從未質疑過李斯特的消毒療法：因其存活下來的人。有一位在李斯特將他的系統引進前後都住過醫院的老人，他對親眼看見的差異這麼評論道：「天哪，自從我上次到這裡來以後，你還真是做了重大改善。」[16]就連外科領域以外、非李斯特的病人也都受到這股奇蹟般的療癒之風吹撫。在寫給她小姑的信中，阿格涅斯・李斯特回顧關於當地一個男孩在鑄造廠被嚴重燒傷，後來卻因為使用石炭酸而復元的故事。派崔克・赫隆・華生（Patrick Heron Watson，曾經是李斯特的住院外科醫生）在事故當天與李斯特碰面。他告訴李斯特夫婦「**他以為**男孩不可能復元了」。[17]阿格涅斯寫道：「但在石炭酸的幫助下，他正在復元中，而這個消息引起了好幾間鑄造廠的關注。」事實上，工人代表們親自來到醫院探視男孩。阿格涅斯寫道，後來「男孩的雇主將指派華生醫生擔任他們工作上的外科醫生，而且每年付給他三百鎊的薪水」。另一名也曾與李斯特共事的住院外科醫生後來寫道：「如果來自他同事的那部分支持出現得很慢，那麼新舊兩種系統都體驗過的病人，很快就能分辨差異了。」

一八七五年，當李斯特與阿格涅斯踏上受到盛情款待的歐洲之旅、展示他的消毒方法時，他在海外的名譽不斷受到強調。遵照李斯特系統的病房因其「潔淨、健康的氣氛」與「沒有任何異味」而備受讚賞，他的系統在德國多個大學城尤其受歡迎，《刺胳針》也將此描述為他的勝利遊行。然而，還有一個國家仍然不信李斯特方法的好處：美國。

美國甚至有多間醫院禁用李斯特的方法；許多醫生將他的方法視為多餘又過度複雜的干擾，因為他們尚未接受腐敗是因細菌導致的理論。即使到了一八七〇年代中期，儘管李斯特的理論與方法都出現在美國醫學期刊，他們對傷口照護與感染的認知仍然幾乎毫無進展。醫學界大都將他的方法視為騙術而拒絕。然而，在這樣的跨海懷疑論之下，一八七六年，當李斯特受邀於費城國際醫學大會（International Medical Congress）為他的方法辯證時，他將眼光投向西方。李斯特知道，要改變美國人的態度，他必須親自散播他研究的福音。但結果，說服美國人消毒劑的優點並不如他希望的這麼簡單。

替女王開刀後五年，李斯特準備好面對美國對他的批評。一八七六年七月，他搭上了賽西亞號（SS Scythia）——知名冠達郵輪（Cunarders）最後一艘具有全帆和蒸汽驅動的船——從利物浦前往紐約。航程通常會花上十天，但一陣猛烈的颱風擊碎了中帆桅杆，航程因此耽擱了好幾天。那是這位外科醫師美國行將遇上的眾多阻礙之一。

九月三日，李斯特下了從紐約到費城的火車。儘管他不是個自負的人，這位四十九歲的外科醫生仍依循當時流行的時尚扮相：他將鬈髮梳到一邊，配上修剪整齊俐落、如今已經攙雜了幾根白鬍鬚的落腮鬍。身穿保守合身的馬甲與高挺的襯衫，他整了整外衣，環視周遭。空氣中有著一股明確的興奮感，因為城市滿滿都是前來參觀費城建國百年紀念展（Philadelphia Centennial Exhibition）的遊客。

月台上等著李斯特的是叫賣小販，他們兜售專門用來保護使用者免於這個季節的烈日及偶發雷陣雨所苦的小型雨傘。這些裝置可以裝在紳士帽上，並以接在肩上的膠帶調整。其他商品還包括手持扇子、清涼的「北極」飲料，還有杯裝冰塊。身穿圓角外套、別著鬆垮領結的男孩們叫賣著一本一角的導覽手冊，想賣給將會因眼前超凡展覽景象而目瞪口呆地四處遊蕩的新訪客。

自從獨立宣言於費城簽署後已經過了一百年，百年慶典之際，整座城充斥著驕傲的愛國心。百年展覽是為了突顯美國身為科技與工業領導者而舉辦。在以大型展覽慶祝科學與進步的年代，費城的集會比李斯特在一八五一年和父親一同參觀的倫敦萬國博覽會更為盛大。共有來自全球三十七個國家的三萬件展覽，佔地高達四百五十英畝。曲折穿過場地的，是在不饒人的烈日下融解冒泡、長八十哩的柏油路。全球第一座單軌列車搭載乘客穿過一百五十碼的路，從花藝廳到農業廳。觀光客對著外來動物的收集目瞪口呆，包括高十五呎的海象、北極熊、還有一頭鯊魚，全都被放在用來獵捕牠們的武器旁展覽。

展覽的重點在於機械廳，訪客能夠在此讚嘆當代的工業奇蹟。電燈及電梯由馬力一千四百的柯里斯（Corliss）蒸汽引擎供電——是其款式中最大的，重達六百五十噸。展廳中有火車頭、消防車、印刷機、採礦設備的機殼以及魔術幻燈。近期發明，例如打字機、機械計算機以及貝爾（Alexander Graham Bell）的電話，全都在此首次呈現給觀眾欣賞。

到了九月，展覽的參觀人數已經來到了每天十萬名的驚人數字。但這位穿越海路四千哩來到美國的英國外科醫生心中只有一個目標：證明他消毒系統的優點。李斯特穿越人潮之際，已經在為國際醫學大會上等著他的一切做準備。

李斯特到大會演講的邀請，來自大西洋彼端對他抨擊最猛烈的人之一。[18] 山謬・D・葛洛斯（Samuel D. Gross）是美國最頂尖的外科醫生之一，也是個不相信細菌存在的人。這位美國外科醫生一年前才剛委託別人替他畫一幅畫，以讚頌他對外科現狀的信心。在「山謬．D．葛洛斯畫像」（*Portrait of Samuel D. Gross*，後來以「葛洛斯診所」〔*The Gross Clinic*〕為名）中，藝術家湯瑪斯．伊金斯（Thomas Eakins）描繪出陰暗而骯髒的手術室。場景的中心站著葛洛斯，正在為罹患股骨髓癌的男孩動手術。外科醫生身邊圍繞著他的助手，其中一人用沾滿血的手指戳著病人傷口。畫作的前景，是未經消毒的器械與繃帶，就擺在同樣不潔的手能及之處。畫中絲毫沒有李斯特的消毒療法被使用的痕跡。

美國有些外科醫生採取了李斯特的消毒系統，但這些人只是少數。舉例來說，喬治．德比（George Derby，後來成為哈佛大學的衛生學教授）在李斯特首次於《刺胳針》發布研究後不久，就讀了文章。數週後，一名因大腿中段複合性骨折的九歲男孩受到德比的照顧。德比清潔大腿，並用石炭酸作為傷口敷料。他寫道：「在第四週的尾聲，移除〔浸泡石炭酸的敷料〕，露出一個圓形、表層的潰瘍，直徑約莫一吋，幾天後就被一層堅硬的痂覆蓋。現在……骨頭強健地癒合了。」[19]德比在波士頓醫學進步協會（Boston Society for Medical Improvement）的一場會議提出了他的發現，並於同年十月三十一日將觀察結果刊登於《波士頓醫學外科期刊》，將他的靈感來源歸功於「格拉斯哥一名外科醫生黎斯特（Lyster，原文如此）先生」。[20]

同樣的，在麻州總醫院，喬治・蓋伊（George Gay）也使用石炭酸治療了三名複合性骨折病患。「傷口，」蓋伊闡明：「基本上是依據李斯頓（Liston，原文如此）先生的方式來治療。」[21]這名外科醫師主張，在他研究所及範圍，沒有任何化合物的消毒特性能比得上石炭酸。蓋伊對李斯特的方法有著全然信心，同期間也以石炭酸治療院內至少五名病人的兩位醫師也一樣。當然，一個改變歷史進程的人絕對躲不過其詆毀者。首席外科醫生亨利・雅各・畢格羅——一八四六年麻州總醫院用乙醚進行歷史性手術時也在場、一個挑剔又自以為是的人——在蓋伊與他的同事使用石炭酸後不久，便禁止使用李斯特的消毒系統，還說那是「醫學騙術」。他甚至威脅要開除那些不聽他命令的人。

山謬・D・葛洛斯委託的傳統手術圖上的畫漆都還沒乾，這時的李斯特發現自己身處於充滿敵意的領土。原因在於，美國才剛經歷因戰傷管理極其差勁而奪走數萬條生命的內戰。戰爭期間，美國的外科仍然粗糙，傷口感染也未經察覺地蔓延。有超過三萬名聯邦軍人因為手腳中彈而被戰地外科醫生截去傷肢，這些醫生中有許多對於治療傷患只有少許、甚至全無經驗。刀鋸都僅用一塊髒布來擦去上面的血污，或是根本不擦。外科醫生從不洗手，而且身上還經常覆蓋著前一個病人的血和內臟，就直接進行下一場手術。當棉麻短缺時，軍醫們用濕冷的土來包覆開放的傷口。當這些傷口免不了開始化膿後，他們就會因為「值得讚揚的膿汁」而被稱讚。許多外科醫師入伍前從未見過大型截肢手術或是槍傷處理方式，對於接受他們照護的人是一大危險。

儘管戰爭極度恐怖，醫生和外科醫生都從看似無止境的戰場傷患治療中，取得了大量臨床經驗，這相對加速了美國醫學的外科專長。最重要的是，他們習得了能讓他們安排救護車及派遣醫院列車的行政技巧。戰爭結束後不久，退役的外科醫生開始設計、管理或為大型綜合醫院安排人力。這讓他們的專業與手術程序變得更為一體，因此，當李斯特抵達這個國家之時，外科這門技術已經成熟到足以接受新的方法了。

九月四日中午，李斯特和其他與會者一同進入於賓州大學華麗教堂舉辦的國際醫學大會。

第一天，消毒系統就承受直接攻擊，李斯特站在前排聽著一個接一個講者起身撻伐他所相信的一切。來自紐約的一名醫生說，沒有足夠證據顯示細菌就一定和霍亂、白喉、丹毒或任何其他傳染病有關。[22]另一位來自加拿大的醫生則警告：「李斯特教授建議的特定療法，難道就不怕會讓外科醫生分心，因此不注重其他關鍵重點嗎？」[23]最後一擊來自一名久經沙場的內戰英雄法蘭克．漢彌頓（Frank Hamilton），他直接羞辱李斯特。「美國大多數外科醫生似乎都不採取你的方法，」他說，一邊往下看站在講台上的英國外科醫生，「是缺乏信心或是其他理由，這我不好說。」[24]

當對他的抨擊終於結束時，所有人的眼睛都轉向這位造成紛爭的人物。但李斯特必須等到大會第二天才能回應他的對手。到了當天屬於他的時段，李斯特往教堂走去，準備好捍衛自己確信能夠拯救當時醫院數萬個垂死生命的系統。他先稱讚他的觀眾：「美國醫生以他們發明上的長才、執行上的果決與技巧聞名全球。」現今手術中麻醉劑的使用是**他們**的功勞。接下來的兩個半小時，李斯特傳授消毒劑的優點，將焦點放在污塵、細菌、膿汁與傷口彼此間的交互關係。他以有趣的演示及案例來為他的演講增添風味。他的結論簡單精明：如果細菌在手術過程被摧毀，術後傷口也不受細菌接觸，膿汁就不會形成。「細菌導致腐敗的理論是整套消毒系統的根基，」李斯特告訴他的觀眾：「而，如果這個理論為事實，那麼事實中的事實就是，消毒系統代表著隔絕所有腐敗有機體。」[25]

透過謹慎而縝密的論據來談論消毒系統，以改變美國聽眾的想法，若李斯特對此懷抱任何希望，他一定會相當失望。一名觀眾指控李斯特精神錯亂，而且「腦子裡有蚱蜢」。[26]其他人則斥責他講了太久。「已經超時了，」一名批評者抱怨道：「我只想點出幾個事實……只要這個理論主張特定種類的活性有機體……是疾病過程的關鍵存在……〔細菌〕理論就不太可能成立。」[27]但山謬・葛洛斯——希望邀請李斯特到國際醫學大會發言而讓他名譽掃地的人——說出了他的最後結論：「大西洋這一端任何有知識或經驗的外科醫生，對李斯特教授提出的所謂療法，都不會有任何信心。」[28]

李斯特不會輕易放棄讓美國人的心和想法都接受他的消毒系統。大會結束後，他開始了跨州火車之旅，最遠甚至到了舊金山再回來。他在途中的數個城市逗留，對滿堂滿室的醫學生和外科醫生講授消毒法的價值。其中許多人也在他們自己的病人身上測試他系統的效力，並且也回報了正面結果。

在芝加哥，接待李斯特的是因為在格拉斯哥某間磨坊受傷而接受他治療的前病患，事故後的她無法再做苦力活。[29]李斯特憂心病人的未來，因此介入女人與她的雇主，請求讓女人被分配到設計部門試做。她在新工作上表現得非常優異，公司因此派她到美國，讓她主導公司在芝加哥的另一場展覽，那距離李斯特參加費城的展覽已經是好幾年前的事了。在美國時，她遇見一位年輕的美國製造商，兩人共結連理。當她聽說李斯特來訪，便非常興奮地歡迎她的救命恩人，並在他逗留的期間為他敞開家門。

到了旅途尾聲，李斯特在紐約市的布萊克威爾斯島（Blackwell's Island，如今的羅斯福島〔Roosevelt Island〕）執行了一場手術。他是應威廉・范・布倫（William Van Buren）——在費城聽過李斯特演講的一位傑出外科醫生——之請求。原來當時還是有少數與會者默默支持李斯特。例如神經外科的先驅威廉・W・基恩（William W. Keen），在國際醫療大會後的一個月就採用了消毒方法。他後來回想道：「對我來說，這將外科從煉獄轉變成了天堂。」[30]並說他絕不會捨棄李斯特的系統。也出席了大會的D・海伊斯・阿格紐，同樣採用了李斯特的技術。

不久後，他在《外科的原則與實踐》（*The Principles and Practice of Surgery*）一書中強調這個主題。然後還有聽完李斯特演講印象深刻到邀請他為學生進行手術展示的范・布倫。在約定的當天，李斯特驚訝地看著范・布倫超過一百位的學生湧進慈善醫院（Charity Hospital）的演講廳。「我不知道自己要對這麼大一群學生觀眾演說，」李斯特對著觀眾們說。「這真是最令人意外的殊榮。」[31]

李斯特準備在一名年輕男子身上展示他的消毒技術，男子的鼠蹊處長了一顆大型的梅毒膿腫。他開始將自己的器械和雙手浸泡在一盆石炭酸中，同時病人正被施打氯仿。準備進行的同時，因為手術室被擠得水泄不通，一名觀眾打開窗戶想讓空氣流通。房間吹過一陣風。李斯特指示一名自願者將石炭酸噴霧噴到手術台正上方的空間。當他正要進行切開時，一陣微風吹走了環繞病人的石炭酸噴霧。李斯特轉向窗戶，請求將窗戶關上，接著用這個事件來警告參與的觀眾，執行消毒慣例時，對於所有細節的嚴謹注意是不可或缺的。他繼續手術，小心切開受感染的膿腫，將感染的膿汁引流，接著用石炭酸刺激傷口後，以消毒過的繃帶包紮鼠蹊處及大腿上部。李斯特的講課由觀眾席的一位學生逐字記錄下來。[32]當演示完成時，觀眾全體喝采。

回到英國前，李斯特先到了波士頓，那只是一場突發之行。他在那裡遇見了亨利・J・畢格羅，也就是在麻州總醫院禁用他消毒方法的人。畢格羅並未出席費城醫療大會，但他讀過李斯特演講的報告。儘管他仍然不相信細菌的存在，但李斯特對他系統的奉獻與對病人的照護及注意卻讓他刮目相看。畢格羅邀請李斯特到哈佛大學演講，他在那裡受到出席醫學生的熱烈歡迎。不久後，這位美國外科醫生也發表了自己的演講。其中，他讚頌這個「全新學說」，並坦承他轉而相信李斯特的消毒系統：「我學到一個外科醫師的職責……應該是摧毀真正的入侵者〔細菌〕，並有效排除它們蜂擁而至的併發症。」33

有了畢格羅的背書，麻州總醫院成了美國第一間規定用石炭酸作為手術消毒劑的醫院。對於一間長年來禁止李斯特方法、甚至威脅要開除膽敢實施者的醫院來說，這真是一次非凡的政策大轉彎。

李斯特回到英國，這次旅程尾聲自己的消毒系統受到美國人的正面回響，讓他感到相當振奮。一八七七年二月，在他安頓好回到愛丁堡的生活後不久，李斯特收到著名的威廉・佛格森（William Fergusson）爵士過世的消息。他擔任倫敦國王大學外科教授長達三十七年。他死後，大學為這個職位而聯繫李斯特。如今英國內外都逐漸接受消毒法，李斯特的名聲水漲船高，令人歆羨。聚集到他教室聽課的學生數量不斷創新高，就連知名外國人也不遠千里來參觀他的病房，並見證他的手術。儘管國王大學大可讓佛格森的同事、同時也是大學理事會成員的約翰．伍德（John Wood）升職，但他們卻傾向由這位更為顯赫的人物來填補職缺。除了李斯特以外，他們想不出更適合的人選了。

不意外，李斯特也有顧慮。他擔心自己在倫敦享有的自由不如愛丁堡給的多，他列出了自己的條件來回應大學理事會成員的非正式邀約。他告訴他們，若要他承接國王大學的職位，他會將主要目標放在讓首都全面引進並普及他的消毒系統。他也希望為大學建立更有效率的臨床教學方法，著重實際演示及實驗。

回到愛丁堡，當這個協商以及他可能離開的消息流出時，李斯特的學生們震驚不已。在他其中一門臨床教學課程尾聲，他們給了他由超過七百位學生連署的正式請求。他的學生之一艾薩克．貝里．巴爾弗（Isaac Bayley Balfour）大聲宣讀了這份文件：「我們迫切抓住這個機會，來表達我們的深深感謝，源自於從你的臨床教學中得來的無價教誨……許多人已經動身前往，還有許多人即將出發，一心只為實踐並將你的原則遠遠散播……那個你所創造的外科系統。」學生們為此情操而鼓掌。課堂安靜下來以後，巴爾弗繼續朗誦。「學校的福祉與你的存在是如此緊緊相依，」他這麼對李斯特說：「而我們仍誠心希望……你的名字不再與愛丁堡醫學院相連的那天永遠不會到來。」[34]學生們這樣的反應讓李斯特不知所措。但讓他們滿足的是，李斯特說就算自己能在倫敦取得私人執業的最高地位，如果臨床外科的教學方式仍與現今首都所採用的相同，他也不可能接下國王大學的職位。

學生感言與李斯特的回應後來都被全國各地的報紙報導出來。李斯特對倫敦流行的教學方法的批評傳到了國王大學。此舉激發大量怒火。《刺胳針》報導李斯特忘了「如何以得體而有品味的規範去輕蔑地拒絕他曾獲得的邀約」。[35]而在短短幾週後，國王大學的管理理事會便指派約翰．伍德接替佛格森的職位。

李斯特在倫敦的盟友尚未放棄這場戰役。因為他並未收到正式邀請，因此也不會有正式的回絕。到了四月，出現一份要求設立第二臨床外科主任的提議書，並請求考慮讓李斯特接下職位，因為這「將對學校有極大助益」。[36]這次，冷靜的想法勝出了——雖然這讓可憐的伍德相當沮喪，與另外一個外科醫生共同分擔職位讓他很不是滋味。五月，李斯特到了倫敦與理事會會面，並對他們提出了十三項條件。不願意妥協的他表示，希望能夠保留他病房及教室的全面掌控權，而且他與伍德個別分配到的費用應該公平公正。理事會成員不情願地接受了他的條件，因為他們知道，教職員中多了一位如此知名的教授將提升大學的名聲。不久後，李斯特便正式獲得指派成為國王大學臨床外科的教授。

那是苦喜交織的一刻。近四分之一個世紀以來，李斯特都盼著有天能夠回到倫敦，如今五十歲的他終於獲得了這個機會。但在他事業的高峰離開愛丁堡並重新來過絕非易事。數十年前，他想要回到首都的欲望，是由物質獎賞及事業進步所驅使。但這一次，則是倫敦醫學圈對於他消毒系統的固執懷疑。他身懷轉化不信者的任務，正如他在格拉斯哥及愛丁堡，以及橫跨美國所做的一樣。

一八七七年九月，李斯特悄悄離開了一開始在他偉大的導師詹姆斯・賽姆引導之下、令他愛上外科這門血腥屠宰之藝的蘇格蘭城市。在搭上火車前，他對他在皇家醫院照料的最後一批病人進行了告別之診。他最後一次行過走廊之際，評估了這間機構的顯著轉變。他現在有了信心，他的門徒將會守護這個地方，而且能將在整間醫院施行消毒系統的任務託付給他們。讓病人在污穢環境中日益憔悴的骯髒病房已不復存在；沾染鮮血的醫袍與浸泡著血腥液體的手術台已經消逝；未清洗的器械、曾讓手術室充滿「老牌醫院臭」的一切也已消失無蹤。如今皇家醫院明亮、整潔、而且通風良好。死亡之屋已不再，如今已是治癒之屋。

後記：當黑幕掀起，遍地開花。

EPILOGUE:
THE DARK CURTAIN, RAISED

即便過時已久，只有外科會被記作醫學的榮耀。[1]

——理查・賽瑟爾（Richard Selzer）

一八九二年，約瑟夫・李斯特前往巴黎參加路易・巴斯德盛大的七十歲壽誕。來自世界各地的數百位代表聚集於索邦向這位科學家致敬，他們也代表各自國家，對他職業生涯中做出的開創性研究表示讚揚。李斯特不只是代表倫敦及愛丁堡皇家學會出席，他更是巴斯德的朋友及知識同伴。

那個冷冽的巴黎冬天，這兩個男人進入索邦學院，兩人都是各自領域的卓越典範。除了外國大使，數千名一般觀眾也為了觀禮而來。然而，儘管氣氛歡娛，私底下並非一切都好。兩人都年事已高，他們的生命似乎正在步入尾聲。李斯特，如今已經六十五歲，也到了必須卸下他在國王大學教授職位的時刻。接下來的幾個月，陪伴他三十七年的妻子即將與世長辭，留給他再也無法被填滿的空虛。而巴斯德最近才剛經歷中風——是他一生中三次發作的第二次。有一次，當寫信給在倫敦的李斯特時，巴斯德提到他的痛苦：「我已經無法再好好說話，而我身體左半邊的麻痺也已經塵埃落定。」[2]慶祝當天，這位知識巨人拖著蹣跚步履上台，無法不靠別人而有效率的移動。

李斯特在他的演說中向這位法國科學家致敬。以他專有的謙虛，李斯特輕描淡寫地帶過自己為外科帶來的改革。但卻給了巴斯德「掀起醫學界黑幕」的美譽。「你改變了外科……將其從危險滿布的樂透變成安全且根據扎實的科學，」他這樣描述巴斯德。「你是現代科學派外科醫生的領導者，更是我們領域中極有智慧而善良的——特別是在蘇格蘭——我們對你的景仰及依賴是只有少數人能贏取的。」[3]要不是中風嚴重影響了他的說話能力，巴斯德也會對李斯特表達出一絲不少的同等情感。

李斯特致詞結束時，禮堂響起轟然掌聲。巴斯德在觀眾的幫助下起身擁抱他的老友。根據典禮官方記錄，那就「像是科學的兄弟情誼拯救人類的生動景象」。[4]這兩人再也沒能親眼見到彼此。

§

李斯特的理論與技術被接受後，他又活了好幾十年，而最終也被歌頌為外科界的英雄。他受命成為維多利亞女王的常任私人外科醫生——「常任」一詞表示這是個永久的職位。在他生命最終的幾十年，正式的榮譽來得又快又多。他獲得劍橋及牛津大學的榮譽博士學位。獲頒博德獎（Boudet Prize）的最大醫學貢獻獎。不久後，他參加於倫敦舉辦的國際醫學大會。與他第一次參加費城聚會的情形完全相反，李斯特的名譽及方法在醫學大會於英國首都再度舉行之際已經到達巔峰。他也受封為爵士，成為男爵；獲選為皇家學會的主席；他的地位提升為貴族，獲封為萊姆里傑斯的李斯特爵士（Lord Lister of Lyme Regis）；他資助後來將以他命名的醫學研究組織——李斯特預防醫學研究所（the Lister Institute of Preventive Medicine）；而他過世前十年，他也獲封成為樞密院大臣，並獲得功績勳章（Order of Merit）——全都出自他對科學及醫學的努力成果。

對微生物的增長意識加強了維多利亞時期大眾對乾淨的關注，而新一代的石炭酸清潔及個人衛生產品也湧進市場。其中最有名的，或許就是約瑟夫·約書亞·勞倫斯（Joseph Joshua Lawrence）於一八七九年發明的李施德霖（Listerine）。勞倫斯參加過李斯特在費城的演講，此後不久，獲得啟發的他在聖路易一間老舊雪茄工廠製作他自己的消毒調劑。勞倫斯的配方包含瑞香酚（取自石炭酸），再加上桉油醇與薄荷醇。其中也包含二十七度的酒精。

要不是富創業精神的製藥師喬丹・惠特・蘭伯特（Jordan Wheat Lambert）在一八八一年見到勞倫斯時，發現了消毒劑的潛力，就不會有現在的李施德霖。[5] 蘭伯特向這位醫師買下了產品的所有權及配方，並開始以多用途消毒劑行銷產品，包括可以用來治療頭皮屑、清潔地板、甚至可以治療淋病。一八九五年，蘭伯特向牙醫界推廣用李施德霖作為口腔消毒劑，此用途讓產品獲得不朽地位。

其他在消毒狂潮間出現的產品還包括石炭酸皂、石炭酸綜合消毒劑（通常是上面印有使用指示的罐裝純酚），以及石炭酸牙粉。卡爾佛特石炭酸牙膏（Calvert's Carbolic Tooth Paste）在當時也是家庭最愛的產品，甚至連維多利亞女王都愛用。在美國，伊利諾州的一名醫生首次將石炭酸用來注射痔瘡，這個有問題的作法通常只會讓注射後的人數週無法行走。石炭酸的神奇特性大獲讚賞，甚至還有人寫歌讚頌。克萊倫斯・C・威利（Clarence C. Wiley）是一名來自愛荷華州的藥師，他在一九〇一年因創作並擁有雷格泰姆樂曲「Car-Balick-Acid Rag」（石炭酸散拍曲）的版權而出名。這首曲子出版了樂譜及鋼琴表演輯。

這對於一知半解的人也存有危險：一八八八年九月，《亞伯丁晚報》（*Aberdeen Evening*

Express）就報導了一則十三人石炭酸中毒的案例，其中五人後來死亡。後來英國制定法律，禁止將有毒化學物質以最純的形式販售給一般大眾。石炭酸也是一八九二年一起公司訴訟的焦點。一八八九與九〇年間流感大爆發期間，共有一百萬人喪命，而這款光是名稱就令人擔憂的石炭酸煙霧彈（Carbolic Smoke Ball）在倫敦被以預防流感的名義販售。這個產品是一顆裝填了石炭酸的橡膠球，旁邊接著一條管子。使用者要將管子放入鼻孔，並擠壓球體來釋放蒸氣。接著使用者就會開始流鼻水，整個概念就是要將感染排出。

煙霧彈的製造商認為不會有人真的相信這個行銷手法，在廣告中說使用產品後若無效，可以收到一百鎊的補償金（在當時可是一筆龐大金額）。主審這則訴訟的法官拒絕接受石炭酸煙霧彈公司「僅僅是誇飾」的主張，判決該廣告已對顧客做出明確承諾。他下令要這間公司給付補償金給患了流感、並對煙霧彈效果感到失望的購買者露易莎·卡利爾（Louisa Carlill）。直至今日，這個案例還會被法學生引用，當作契約義務的例子。

另一個衍生自李斯特研究的意外結果，是現今全球最知名企業之一的設立。就像李施德霖的發明者一樣，羅伯特·伍德·強生（Robert Wood Johnson）在費城的國際醫學大會聽到李斯特的演講，那是他初次認識消毒劑。受到當天的所見所聞啟發，強生與他另外兩位兄弟詹姆斯及愛德華聯手，成立了第一個以李斯特的方法製造消毒手術敷料及大量生產外科縫線的公司。他們的公司命名為嬌生（Johnson & Johnson）。

但李斯特最不朽的成就在於成功大幅傳播他的概念，多虧他那一小群盡責的學生——核心的李斯特派——以及在諸多爭議圍繞他的消毒系統時，他個人數年以來的堅持。在他職業生涯的尾聲，李斯特身後經常跟隨著一群嚴肅而恭敬的學生，是最先將他們導師之於石炭酸的非凡成就高舉成為護身符的人。他們從世界各地——巴黎、維也納、羅馬及紐約——來向偉大的外科醫生學習。而他們帶著他的概念、方法，以及那無可動搖的信念，堅信只要正確、一絲不苟地實施這得來不易的技術，因手術而拯救的生命將會大幅超出因手術意外而流失的生命的那一天終將到來。

採用李斯特的消毒系統，是醫療界接受細菌理論最外顯的象徵，這也劃下了醫學與科學結合的新紀元。湯瑪斯・伊金斯（「葛洛斯診所」的畫家）於一八八九年又回歸這個主題，畫出了「阿格紐診所」（*The Agnew Clinic*）。然而，這一次，伊金斯畫出的並非在髒亂手術室中身上沾染鮮血的外科醫師，而是明顯乾淨、明亮許多的手術環境，以及穿著全白外袍的參與者。「阿格紐診所」描繪出消毒及衛生的體現。那是李斯特主義大獲成功。

隨著時間過去，醫療手術漸漸從消毒（殺光細菌）轉為無菌（無菌作法）。李斯特的整套系統所依據的理論似乎就是要讓無菌取代殺菌。但他卻反對這樣的改變，因為他認為無菌——需要在手術開始前謹慎消毒病人周遭的一切——如果外科醫生在除了醫院這般受控制環境以外繼續手術，那就一點用也沒有了。他認為手術，不論是在一個人的餐桌上或是手術室中進行，都應該要是安全無虞的，而當要在病人自家進行手術時，消毒就是唯一可用的方法了。

李斯特認同醫院的重要性，但僅限於對窮人的照護與治療之上。他的前學生蓋伊・席爾多・倫區（Guy Theodore Wrench）後來還主張，要不是多虧他導師的研究，醫院可能會就此消失。「大型醫院會被棄置，而被小醫院取代，」倫區寫道。「李斯特的研究……來得正是時候。不僅拯救了病人，更拯救了醫院。這避免了……以外科方式治療窮人這一整套方式的逆轉。」[6]但儘管醫院是最基本的，李斯特仍舊認為他的專業不（或不應該）全然奠基於醫院之上；他認為有能力的人應該繼續在體制外接受治療，像是在個人自宅或是私人診所。

隨著生命步入尾聲，李斯特表示如果有人要說出他的故事，就應該要全然基於他的科學成就。在他的遺囑中——日期寫著一九〇八年六月二十六日——這位八十一歲的外科醫師請求里克曼・約翰・哥德里與他另一個姪子亞瑟・李斯特，「整理〔他的〕科學手稿及插畫，並銷毀或丟掉其他沒有長遠科學價值或重要性的文獻。」[7]

李斯特錯認他的個人故事對於他的科學及外科成就沒有重大影響。想法絕不是憑空創造出來的，而李斯特的一生恰恰證明了這個事實。從他望入父親顯微鏡的那一刻，到他接受維多利亞女王冊封爵位的那一天，他的一生都是由機運及周遭人物所形塑而成的。就像我們一樣，他以他最尊敬的人的視角看他的世界——約瑟夫・傑克森，一個隨時支持他的父親暨成功顯微鏡學家；威廉・夏培，鼓勵他前往愛丁堡的UCL教授；詹姆斯・賽姆，他一生的導師與岳父；路易・巴斯德，讓他獲得關鍵答案解開十九世紀最大醫學謎團之一的科學家。

李斯特在一九一二年二月一個寒冬的早上平靜離世。他床邊擺著尚未完成的化膿成因本質研究——一個從他學生時期就開始著迷的主題。即便是在最後，當他的視覺與聽覺已經嚴重失靈，李斯特仍繼續參與著他周遭的科學世界。在他死後，他的心願一一實現，只有一個例外。

他的個人與家族信函並未被摧毀，而是由他的外甥保存下來。藉由他的親筆書寫，我們才有幸一瞥李斯特的內心聖殿。

約瑟夫・傑克森曾經提醒兒子，能夠成為「爾等同類」認識消毒系統的方式是一種福氣。自我奉獻與非凡決心的一生終於證明他是對的。他的開創性研究確保手術結果不再仰賴機運。從此以後，知識勝過愚昧、勤勉勝過疏忽的態度，定義了外科的未來。[8]遇到術後感染時，外科醫生變得更積極，而非被動。他們不再因為操刀手腳俐落而倍獲讚揚，而是因為謹慎、有系統和精準才受到尊崇。[9]李斯特的方法將手術從屠宰的技藝轉變為現代科學，一個嶄新嘗試的方式勝過陳腐作法的實例。他們開啟了醫學的新界線——讓我們能夠更深入探究活體——在這個過程中更能拯救數十萬生命。

李斯特的前任學生兼助手赫克特・卡麥隆後來提到他，「我們**知道**自己正和天才接觸。我們覺得自己在幫忙創造歷史，而一切事物都將變得截然不同。」[10]過去的不可能成了現在的可能。過去無法想像的現在也能被構思成立。醫學的未來瞬間看似無可限量。

誌謝

荊棘滿布的困難道路通常會引領到美麗的終點。《李斯特醫生的生死舞台》這個想法在我生命一個非常低潮的時期出現。多虧這群美好的人，在我想要放棄時鼓勵我堅持下去，否則這本書可能永遠不見天日。

首先，我誠摯感謝我的家人。我的父親麥可・菲茨哈里斯（Michael Fitzharris），當我不相信自己時，總確信我是個作家。我的母親，戴比・克萊柏（Debbie Klebe），在我童年時期犧牲無數而幫助成就了今天的我。我也要感謝我的兄弟克里斯・菲茨哈里斯（Chris Fitzharris），以及他的新娘喬伊・蒙特洛（Joy Montello）；我的繼父母蘇珊・菲茨哈里斯（Susan Fitzharris）與葛雷格・克萊柏（Greg Klebe）；我美好的公婆葛拉漢（Graham）及蘇珊・提爾（Susan Teal）。

感謝待我如親姊妹的表姊妹：蘿倫．皮爾斯（Lauren Pearce）、艾美．馬特爾（Amy Martel）、伊莉莎白．威爾班克斯（Elizabeth Wilbanks）。記住了，「你們屬於我！」

一個作者再怎麼才華洋溢，少了支持她作品的人，她就什麼都不是。特別感謝我在 Ross-Yoon 經紀公司的經紀人安娜．斯鮑爾—拉提莫（Anna Sproul-Latimer），她從未放棄過我有一天會寫書的希望。我保證我的下一本書不會再讓你像這本一樣久等。我也要感謝希拉蕊．奈特（Hilary Knight），不只是個出色的經紀人，更是我的摯友。

我要特別感謝我在ＦＳＧ的編輯亞曼達．穆恩（Amanda Moon），替我將一位維多利亞時期外科醫生的小故事，轉變為歷史上改革時刻的史詩故事。你的洞悉力及敏銳度無人能及。也感謝我傑出的研究助理卡洛琳．奧佛瑞（Caroline Overy），你在倫敦各檔案庫孜孜不倦的研究，幫助增添了李斯特故事的色彩。還有我的教授麥可．渥博伊斯（Micheal Worboys），你對歷史的見解與回饋是我寫作這本書的無價之寶。

在誌謝中提到離婚律師的作者可能不多，但我的值得特別感謝。法哈娜．莎薩迪（Farhana Shazady）為我的權利拚命奮鬥。感謝你再次教我重視自己。

我很幸運有著來自 Order of the Good Death 這個超棒社群的支持。感謝我們無畏的領導者凱特琳・道堤（Caitlin Doughty），不論是在做人還是當作家上，都持續帶給我啟發。以及梅根・羅森布魯（Megan Rosenbloom）與莎拉・夏維茲・特魯普（Sarah Chavez Troop），你們的友誼滋養我的靈魂。也謝謝傑夫・尤根森（Jeff Jorgensen）傾聽我的深夜來電，並相信我的未來會更美好。

特別感謝保羅・庫多納里斯（Paul Koudounaris），在我人生的轉捩時刻明智地引導我。有了你我的世界更美好（也更奇特）。

還有一些進入我生命並將其軌道調往更好方向的人們。艾利克斯・安斯提（Alex Anstey）數年前猛地出現在我的生活中。要不是他的創意熱誠，我可能不會開始我的部落格——外科醫生的學徒（The Chirurgeon's Apprentice）。謝謝你一直擔任我這麼棒又無盡的啟發來源。

衷心感謝比爾・麥克勒侯斯（Bill MacLehose）博士，是我的朋友也同是學者。從初次見面我就相當仰慕你。我希望我們的未來還有更多的「奇怪飲料」及有趣對話。

我要感謝提醒我別讓我的困頓成為我的身分的朋友們。沙儂・瑪麗・哈蒙（Shannon

Marie Harmon）：你是我的墨西哥塔可餅餡料那層堅硬外殼。艾莉卡·莉莉（Erica Lily）：每當我需要有人載我一程，你永遠都會在那拿著午餐等我。賈伊·維迪（Jai Virdi），你我的生命歷程是如此相似：謝謝你提醒著我沒有放棄這個選項。我也特別感謝艾瑞克·麥可·強生（Eric Micheal Johnson），鼓勵我相信自己是個作家。還有吉莉安·茱虹（Jillian Drujon），若沒有你，這本書應該會早完成許多。敬喝得太多和待得太晚的夜生活。

特別感謝我的洋基啦啦隊們，艾琳·雷施克（Erin Reschke）、茱莉·庫倫（Julie Cullen）、克莉絲汀·舒爾茲（Kristen Schultz）與布萊兒·唐辛（Blair Townsend）。致謝莉·艾斯提斯（Shelley Estes）——只要你嘗試並選擇冒險，夢想是會成真的！還有我的活力雙人組，卡洛琳·布麗特（Carolyn Breit）和西錐·達莫（Cedric Damour）。我知道當有困難時我永遠都能相信你們。

我也特別要向蘿莉·柯基貝爾（Lori Korngiebel）誌謝，你的積極與憐憫每天都啟發著我。大海能將你我分離兩地，但我倆的心從不分離，我的靈魂姊妹。也謝謝愛德華·布魯克—希金（Edward Brooke-Hitching）、蕾貝卡·萊德爾（Rebecca Rideal）、喬安·保羅（Joanne Paul）博士，你們不只是傑出作家，更是美好的友伴。也謝謝山姆．史密斯（Sam Smith），你對我的永遠支持。這些年來你對我的信心幫助我成為今天的自己。

特別感謝倫敦塔的烏鴉大師克里斯．斯凱孚（Chris Skife），他美麗的妻子潔思敏（Jasmin）與女兒蜜凱拉（Mickayla）。你們對我的愛與鼓勵比你們所知的更重要。克里斯，下個就是你！

有些人就算破壞了過去的友誼也站在我這一邊。給克萊格．希爾（Craig Hill），你有著純金一般的心。我是你忠誠的朋友，直到永遠。也感謝葛雷格．渥克（Greg Walker）及湯瑪斯．偉特（Thomas Waite）。你們用仁慈與憐憫幫助我度過人生最黑暗的時刻，我永遠不會忘記。

人們來來去去，但也有一些自始至終都在的人。謝謝挺我到現在的童年朋友，就連我那丟臉的「吸血鬼時期」都沒離開過！感謝瑪拉．吉尼斯（Marla Ginex）、艾莉莎．渥特曼（Alyssa Voightmann）、金．米蘭諾斯基（Kim Milanowski）——感謝你們的愛與歡笑。我知道不論人生怎麼發展，我們都會擁有彼此。

若我不提及生命中沿途鼓勵我並啟發我的老師們，那就太怠慢了。我要在此感謝我的五年級老師傑夫．哥洛布（Jeff Golob）以及我的高中英文老師芭芭．弗萊佐（Barb Fryzel）。我也要謝謝我在牛津大學博士班的指導教授瑪格麗特·佩林（Margaret Pelling）博士，是我獲取知識與建議的無限泉源。我要特別向麥克·揚（Micheal Young）博士致謝，當我還在伊利諾州的衛斯理恩念大學時，帶我進入了科學與醫學史的世界。你可知道要是我大一時進入你的進階班，我的人生可能就不一樣了！感謝你的友誼和支持。

最後，也是最重要的。我要感謝我最棒的丈夫阿德里安·提爾（Adrian Teal）。說要是沒有你我就完了有點嚴重。我們在一起的每一天都是祝福。我期待有你在身邊明亮而快樂的未來。我愛你。

註解

前言：悲痛的年代

1 Arthur C. Clarke, *Profiles of the Future* (London: Victor Gollancz Ltd, 1962), 25.
2 John Flint South, *Memorials of John Flint South: Twice President of the Royal College of Surgeons, and Surgeon to St. Thomas's Hospital*，由 Reverend Charles Lett Feltoe 收藏 (London: John Murray, 1884), 27.
3 同上，頁一二七、一二八和一六〇。
4 同上，頁一二七。
5 Paolo Mascagni, *Anatomia universa XLIV* (Pisa: Capurro, 1823)，引自 Andrew Cunningham, *The Anatomist Anatomis'd: An Experimental Discipline in Enlightenment Europe* (Farnham, U.K.: Ashgate, 2010), 25。
6 Jean-Jacques Rousseau,"Seventh Walk,"in *Reveries of the Solitary Walker,* trans. Peter France (Harmondsworth, U.K.: Penguin, 1979), 114, 引自 Cunningham, *Anatomist Anatomis'd*, 25。
7 J. J. Rivlin, "Getting a Medical Qualification in England in the Nineteenth Century," http://www.evolve360.co.uk / data/10/docs/09/09rivlin.pdf，依據利物浦醫療史學會（Liverpool Medical History Society）與利物浦科學與科技史學會（Liverpool Society for the History of Science and Technology）聯合會議發表的論文，一九九六年十月十二日。
8 Thomas Percival, *Medical Jurisprudence; or a Code of Ethics and Institutes, Adapted to the Professions of Physic and Surgery* (Manchester, 1794), 16.
9 Florence Nightingale, *Notes on Hospitals,* 3rd ed. (London: Longman, Green, Longman, Roberts, and Green, 1863), iii.
10 引自 Peter Vinten-Johansen et al., *Cholera, Chloroform, and the Science of Medicine: A Life of John Snow* (Oxford: Oxford University Press, 2003), 111。也參照 Richard Hollingham, *Blood and Guts: A History of Surgery* (London: BBC

Books, 2008); Victor Robinson, *Victory over Pain: A History of Anesthesia* (London: Sigma Books, 1947), 141–50; Alison Winter, *Mesmerized: Powers of the Mind in Victorian Britain* (Chicago: University of Chicago Press, 1998), 180。

11 引自 Steve Parker, *Kill or Cure: An Illustrated History of Medicine* (London: DK, 2013), 174。

12 Henry Jacob Bigelow, "Insensibility During Surgical Operations Produced by Inhalation," *The Boston Medical and Surgical Journal*, Nov. 18, 1846, 309.

13 Timothy J. Hatton, "How Have Europeans Grown So Tall?," *Oxford Economic Papers*, Sept. 1, 2013.

14 D'A. Power, "Liston, Robert (1794–1847)," rev. Jean Loudon, *Oxford Dictionary of National Biography* (Oxford: Oxford University Press, 2004), www.oxforddnb.com.

15 John Pearson, *Principles of Surgery* (Boston: Stimpson & Clapp, 1832), vii.

16 Myrtle Simpson, *Simpson the Obstetrician* (London: Victor Gollancz Ltd., 1972), 41, in A. J. Youngson, *The Scientific Revolution in Victorian Medicine* (London: Croom Helm, 1979), 28.

17 F. W. Cock,"Anecdota Listoniensa,"*University College Hospital Magazine* (1911): 55, 引自 Peter Stanley, *For Fear of Pain: British Surgery, 1790–1850* (New York: Rodopi, 2002), 313。

18 利斯頓也在自己的案例書中提到佩斯。參照 Liston casebook, Dec. 1845–Feb. 1847, UCH/MR/1/61, University College London。

19 引自 Harold Ellis, *A History of Surgery* (London: Greenwich Medical Media, 2001), 85。

20 引自 Hollingham, *Blood and Guts*, 59–64。

21 F. W. Cock, "The First Operation Under Ether in Europe: The Story of Three Days," *University College Hospital Magazine* 1 (1911): 127–44.

22 Charles Bell, *Illustrations of the Great Operations of Surgery* (London: Longman, 1821), 62, 引自 Stanley, For *Fear of Pain*, 83。

23 Thomas Alcock, "An Essay on the Education and Duties of the General Practitioner in Medicine and Surgery," *Transactions of the Associated Apothecaries and Surgeon Apothecaries of England and Wales* (London: Society, 1823), 53, 引自 Stanley, *For Fear of Pain*, 83。

24 William Gibson, *Institutes and Practice of Surgery* (Philadelphia: James Kay, Jun. & Brother, 1841), 504, 引自 Stanley, *For Fear of Pain*, 83。

25 James Miller, *Surgical Experience of Chloroform* (Edinburgh: Sutherland & Knox, 1848), 7, 引自 Stanley, *For Fear of Pain*, 295。

26 "Etherization in Surgery," *Exeter Flying Post*, June 24, 1847, 4.
27 "The Good News from America," in John Saunders, ed., *People's Journal* (London: People's Journal Office, 1846–[1849?]), Jan. 9, 1847, 25.
28 T. G. Wilson, *Victorian Doctor, Being the Life of Sir William Wilde* (London: Methuen, 1942), 90, 引自 Stanley, *For Fear of Pain*, 174。
29 South, *Memorials of John Flint South*, 36.
30 Jerry L. Gaw, *"A Time to Heal": The Diffusion of Listerism in Victorian Britain* (Philadelphia: American Philosophical Society, 1999), 8.

第一章・顯微鏡片下的世界

1 Herbert Spencer, *Education: Intellectual, Moral, and Physical* (New York: D. Appleton, 1861), 81–82.
2 引自 Sir Rickman John Godlee, *Lord Lister*, 2nd ed. (London: Macmillan, 1918), 28。
3 伊莎貝拉・李斯特寫給約瑟夫・傑克森・李斯特的信，一八二七年十月二十一日，MS 6963/6, Wellcome Library。
4 Richard B. Fisher, *Joseph Lister, 1827–1912* (London: MacDonald and Jane's, 1977), 23.
5 Fisher, *Joseph Lister*, 35.
6 約瑟夫・李斯特寫給伊莎貝拉・李斯特的信，一八四一年二月二十一日，MS 6967/17, Wellcome Library。
7 引自 Godlee, *Lord Lister*, 14。
8 同上。
9 同上，頁一二。
10 同上，頁八。
11 John Ruskin, *The Crown of Wild Olive* (1866), 14, in Edward Tyas Cook and Alexander Wedderburn (eds.), *The Works of John Ruskin*, vol. 18 (Cambridge, U.K.: Cambridge University Press, 2010), 406.
12 關於墓地的描述來自 Edwin Chadwick, *Report on the Sanitary Conditions of the Labouring Population of Great Britain: A Supplementary Report on the Results of a Special Inquiry into the Practice of Interment in Towns* (London:

Printed by Clowes for HMSO, 1843), 134。

13 故事出自 Ruth Richardson, *Death, Dissection, and the Destitute* (London: Routledge & Kegan Paul, 1987), 60。

14 更多關於克萊門巷的描述，請見 Sarah Wise, *The Italian Boy: Murder and Grave-Robbery in 1830s London* (London: Pimlico, 2005), 52。

15 欲更了解本主題，請見 Steven Johnson, *The Ghost Map: The Story of London's Most Terrifying Epidemic—and How It Changed Science, Cities, and the Modern World* (New York: Riverhead, 2006), 7–9。

16 欲知更多資訊，請見 Kellow Chesney, *The Victorian Underworld* (Newton Abbot: Readers Union Group, 1970), 15–19, 95–97。

17 彼得．馬克．羅傑寫給他的姊妹阿奈特（Arnette）的信，一八〇〇年十二月二十九日。引自 D. L. Emblen, *Peter Mark Roget: The Word and the Man* (London: Longman, 1970), 54。

18 "The London College," *Times*, June 6, 1825.

19 *John Bull*, Feb. 14, 1825.

20 Hatton,"How Have Europeans Grown So Tall?".

21 Hector Charles Cameron, *Joseph Lister: The Friend of Man* (London: William Heinemann Medical Books, 1948), 16.

22 同上，頁一六一一八。

23 Thomas Hodgkin, Remembrance of Lister's Youth, April 5, 1911, MS 6985/12, Wellcome Library.

24 同上。

25 帳簿，Oct.–Dec. 1846, MS 6981, Wellcome Library。

26 Louise Creighton, *Life and Letters of Thomas Hodgkin* (London: Longmans, Green, 1917), 12.

27 同上，頁三九。

28 John Stevenson Bushnan, *Address to the Medical Students of London: Session 1850–1* (London: J. Churchill, 1850), 11, 12.

29 William Augustus Guy, *On Medical Education* (London: Henry Renshaw, 1846), 23, 引自 Stanley, *For Fear of Pain*, 167。

30 "Medical Education in New York," *Harper's New Monthly Magazine*, Sept. 1882, 672, 引自 Michael Sappol, *A Traffic of Dead Bodies: Anatomy and Embodied Social Identity in Nineteenth-Century America* (Princeton, N.J.: Princeton University Press, 2002), 83.

31 Stanley, *For Fear of Pain*, 166. 也於 "Horace Saltoun," *Cornhill Magazine* 3, no. 14 中描述 (Feb. 1861): 246。

32 廣告，"Lancets," *Gazetteer and New Daily Advertiser*, Jan. 12, 1778, 引自 Alun Withey, *Technology, Self-Fashioning, and Politeness in Eighteenth-Century Britain: Refined Bodies* (London: Palgrave Pivot, 2015), 121。

33 Stanley, *For Fear of Pain*, 81.
34 Forbes Winslow, *Physic and Physicians: A Medical Sketch Book* (London: Longman, Orme, Brown, 1839), 2:362–63.
35 引自 Elisabeth Bennion, *Antique Medical Instruments* (Berkeley: University of California Press, 1979), 3。
36 Erwin H. Ackerknecht, *Medicine at the Paris Hospital, 1794–1848* (Baltimore: Johns Hopkins Press, 1967), 15.
37 同上，頁五一。
38 資訊取自 Ann F. La Berge, "Debate as Scientific Practice in Nineteenth-Century Paris: The Controversy over the Microscope," *Perspectives on Science* 12, no. 4 (2004): 425–27。
39 A. E. Conrady, "The Unpublished Papers of J. J. Lister," *Journal of the Royal Microscopical Society* 29 (1913): 28–39. 這封信上的日期是一八五〇年，但我想日期可能列錯了，因為他提到的「波特先生」一八四七年就逝世了。
40 Joseph Lister, "Observations on the Muscular Tissue of the Skin," *Quarterly Journal of Microscopical Science* 1 (1853): 264.
41 引自 W. R. Merrington, *University College Hospital and Its Medical School: A History* (London: Heinemann, 1976), 44。

第二章：死亡之屋

1 D. Hayes Agnew, *Lecture Introductory to the One Hundred and Fifth Course of Instruction in the Medical Department of the University of Pennsylvania, Delivered Monday, October 10, 1870* (Philadelphia: R. P. King's Sons, 1870), 25, 引自 Sappol, *Traffic of Dead Bodies*, 75–76。
2 約翰・謝恩（John Cheyne）醫生寫給愛德華・派西瓦（Edward Percival）爵士的信，一八一八年十二月二日，引自 "Bodies for Dissection in Dublin," *British Medical Journal*, Jan. 16, 1943, 74, 引自 Richardson, *Death, Dissection, and the Destitute*, 97。
3 引自 Hale Bellot, *Notes on the History of University College, London with a Record of the Session 1886–7: Being the First Volume of the University College Gazette* (1887), 37。
4 J. Marion Sims, *The Story of My Life* (New York: D. Appleton, 1884), 128–29, 引自 Sappol, *Traffic of Dead Bodies*, 78–79.
5 引自 Peter Bloom, *The Life of Berlioz* (Cambridge, U.K.: Cambridge University Press, 1998), 14。

6 Robley Dunglison, *The Medical Student; or, Aids to the Study of Medicine* . . . (Philadelphia: Carey, Lea & Blanchard, 1837), 150.

7 W. W. Keen, *A Sketch of the Early History of Practical Anatomy: The Introductory Address to the Course of Lectures on Anatomy at the Philadelphia School of Anatomy* . . . (Philadelphia: J. B. Lippincott & Co., 1874), 3, 引自 Sappol, *Traffic of Bodies*, 77–78。

8 Sappol, *Traffic of Bodies*, 76.

9 Charles Dickens, *The Posthumous Papers of the Pickwick Club*, Chapter XXX (London: Chapman and Hall, 1868), 253.

10 William Hunter, Introductory Lecture to Students (ca. 1780), MS 55.182, St. Thomas' Hospital.

11 Patrick Mitchell, Lecture Notes Taken in Paris Mainly from the Lectures of Joseph Guichard Duverney at the Jardin du Roi from 1697–8, MS 6.f.134, Wellcome Library, 引自 Lynda Payne, *With Words and Knives: Learning Medical Dispassion in Early Modern England* (Aldershot: Ashgate, 2007), 87。

12 "Editor's Table," *Harper's New Monthly Magazine*, April 1854, 692.

13 W. T. Gairdner, *Introductory Address at the Public Opening of the Medical Session 1866–67 in the University of Glasgow* (Glasgow: Maclehose, 1866), 22, 引自 M. Anne Crowther and Marguerite W. Dupree, *Medical Lives in the Age of Surgical Revolution* (Cambridge, U.K.: Cambridge University Press, 2007), 45.

14 Robert Woods, "Physician, Heal Thyself: The Health and Mortality of Victorian Doctors," *Social History of Medicine* 9 (1996): 1–30.

15 "Medical Education," *New York Medical Inquirer* 1 (1830): 130, 引自 Sappol, *Traffic of Dead Bodies, 80*。

16 Thomas Pettigrew, *Biographical Memoirs of the Most Celebrated Physicians, Surgeons, etc., etc., Who Have Contributed to the Advancement of Medical Science* (London: Fisher, Son, 1839–40), 2:4–5, 引自 Stanley, *For Fear of Pain*, 159. 當代有人主張阿伯內西還說了：「你們以後會怎麼樣呢？」Winslow, *Physic and Physicians*, 1:119.

17 Thomas Babington Macaulay, *The History of England from the Accession of James* II (London: Longman, Green, Longman, Roberts, & Green, 1864), 73.

18 請見 Fisher, *Joseph Lister*, 40–41。

19 Hodgkin, Remembrance of Lister's Youth.

20 John Rudd Leeson, *Lister as I Knew Him* (New York: William Wood, 1927), 58–60.

21 Janet Oppenheim, *Shattered Nerves: Doctors, Patients, and Depression in Victorian England* (Oxford: Oxford University Press, 1991), 110–11.

22 引自 Fisher, *Joseph Lister*, 42。約瑟夫・傑克森寫給約瑟夫・李斯特的信，一八四八年七月一日，MS 6965/7, Wellcome Library。
23 帳簿，Dec. 1, 1849, MS 6981, Wellcome Library。
24 引自 Fisher, *Joseph Lister*, 47. 儘管沒有關於他這個時期精神狀態的直接敘述，但李斯特可能放棄了他父親的建議，他在兩年前李斯特精神崩潰時，為了他好而要他不要過度用功。
25 Adrian Teal, *The Gin Lane Gazette* (London: Unbound, 2014).
26 Elisabeth Bennion, *Antique Medical Instruments* (Berkeley: University of California Press, 1979), 13.
27 James Y. Simpson, "Our Existing System of Hospitalism and Its Effects," *Edinburgh Medical Journal*, March 1869, 818.
28 Youngson, *Scientific Revolution*, 23–24.
29 F. B. Smith, *The People's Health*, 1830–1910 (London: Croom Helm, 1979), 262, 引自 Stanley, *For Fear of Pain*, 139.
30 Youngson, *Scientific Revolution*, 24.
31 數據引自同上，頁四〇。
32 同上，頁六五。
33 John Eric Erichsen, *On the Study of Surgery: An Address Introductory to the Course of Surgery, Delivered at University College, London, at the Opening of Session 1850–1851* (London: Taylor, Walton & Maberly, 1850), 8.
34 引自 Jacob Smith, *The Thrill Makers: Celebrity, Masculinity, and Stunt Performance* (Berkeley: University of California Press, 2012), 53。
35 雖然巴納姆第一次的「這是什麼？」展覽是場失敗，他後來於一八六〇年的後續嘗試卻在美國獲得空前成功。該展演剛好緊接在達爾文的《物種起源》（*Origin of Species*）出版後，將「遺失的一環」這個問題拋到了所有人心中。巴納姆的第二波「這是什麼？」是個名叫威廉・亨利・強生（William Henry Johnson）的非裔美國人。如歷史學家史蒂芬・阿斯瑪（Stephen Asma）所提到的，在內戰高峰期，這種展覽的種族歧視程度，比起數十年前就廢奴的英國，不禁讓人認為這更對美國觀眾胃口。Stephen T. Asma, *On Monsters: An Unnatural History of Our Worst Fears* (Oxford: Oxford University Press, 2009), 138.
36 "John Phillips Potter FRCS," *The Lancet*, May 29, 1847, 576.
37 "Obituary Notices," *South Australian Register*, July 28, 1847, 2.
38 "Death from Dissecting," *Daily News* (London),May 25, 1847, 3.
39 "John Phillips Potter FRCS," 576–77.
40 *Courier*, Oct. 13, 1847, 4. 也請見 "Dissection of the Man Monkey," *Stirling Observer*, April 29, 1847, 3。

41 "John Phillips Potter FRCS," 576.
42 Merrington, *University College Hospital*, 65.
43 同上，頁四九。
44 Godlee, *Lord Lister*, 20.
45 引自 Fisher, *Joseph Lister*, 50–51, 307。
46 約瑟夫．傑克森寫給約瑟夫．李斯特的信，一八三八年十月九日，MS 6965/1, Wellcome Library。
47 Leeson, *Lister as I Knew Him*, 48–49.
48 James Y. Simpson, *Hospitalism: Its Effects on the Results of Surgical Operations, etc. Part* I (Edinburgh: Oliver and Boyd, 1869), 4.
49 Royal Commission for Enquiring into the State of Large Towns and Populous Districts, *Parliamentary Papers* (1844), 17, 引自 Stephen Halliday, "Death and Miasma in Victorian London: An Obstinate Belief," *British Medical Journal,* Dec. 22, 2001, 1469–71。
50 見 Michael Worboys, *Spreading Germs: Disease Theories and Medical Practice in Britain, 1865–1900* (Cambridge, U.K.: Cambridge University Press, 2000), 28。
51 John Eric Erichsen, *On Hospitalism and the Causes of Death After Operations* (London: Longmans, Green, 1874), 36.
52 James Y. Simpson, *Hospitalism: Its Effects on the Results of Surgical Operations, etc. Part* II (Edinburgh: Oliver and Boyd, 1869), 20–24.
53 UCH/MR/1/63, University College London Archives.

第三章．．大型手術處女秀

1 引自 Bransby Blake Cooper, *The Life of Sir Astley Cooper* (London: J. W. Parker, 1843), 2:207。
2 R. S. Pilcher, "Lister's Medical School," *British Journal of Surgery* 54 (1967): 422，也參照於 Merrington 找到的建築設計圖，*University College Hospital*, 78–79。
3 Pilcher, "Lister's Medical School," 422.

4 本章節中的資訊我要大大感謝 Ruth Richardson 及 Bryan Rhodes。是他們先發現了李斯特職業開端進行了這個沒人知曉的手術。請見 Ruth Richardson and Bryan Rhodes, "Joseph Lister's First Operation," *Notes and Records of the Royal Society of London* 67, no. 4 (2013): 375–85。

5 C. Kenny, "Wife-Selling in England," *Law Quarterly Review* 45 (1929): 496.

6 "Letters Patent Have Passed the Great Seal of Ireland . . . ," *Times*, July 18, 1797, 3.

7 Lawrence Stone, *Road to Divorce: England, 1530–1987* (Oxford: Oxford University Press, 1992), 429.

8 "The Disproportion Between the Punishments," *Times*, Aug. 24, 1846, 4.

9 Harriet Taylor Mill and John Stuart Mill [unheaded leader—Assault Law], *Morning Chronicle*, May 31, 1850, 4.

10 茱莉亞・蘇利文（除非以其他方式呈現）的故事記錄取自中央刑事法院訴訟，一八五一年九月十五日，頁二七一–三二一，線上版本可見 https://www.oldbaileyonline.org。

11 "Central Criminal Court, Sept. 17," *Times*, Sept. 18, 1851, 7.

12 Stanley, *For Fear of Pain*, 136.

13 同上。

14 T.W.H., "To the Editor of the Times," *Times*, July 11, 1835, 3.

15 這場手術的細節大量取自李斯特在老貝利的證詞記錄，以及 John Eric Erichsen,"University College Hospital: Wound of the Abdomen; Protrusion and Perforation of the Intestines and Mesentery; Recovery," *The Lancet*, Nov. 1, 1851, 414–15。

16 "Mirror on the Practice of Medicine and Surgery in the Hospitals of London: University College Hospital," *The Lancet*, Jan. 11, 1851, 41–42.

17 Benjamin Travers, "A Case of Wound with Protrusion of the Stomach," *Edinburgh Journal of Medical Science* 1 (1826): 81–84.

18 Erichsen,"University College Hospital: Wound of the Abdomen; Protrusion and Perforation of the Intestines and Mesentery; Recovery," 415。兩年後，艾瑞克森出版了教科書 *The Science and Art of Surgery*，當中也提到這次刺殺事件。他沒有將李斯特在手術上的英勇作為表彰出來，若非那場手術，茱莉亞・蘇利文無疑會在那個無比折磨的夜晚死去。遺憾的是，艾瑞克森的女性病人病歷簿此後就遺失了，所以我們無法取得李斯特本人對於茱莉亞・蘇利文手術的註解。

19 Charles Dickens, *Sketches by Boz: Illustrative of Every-Day Life and Every-Day People, with Forty Illustrations* (London: Chapman & Hall, 1839), 210.

第四章・理想與躊躇

1 Alfred, Lord Tennyson, *In Memoriam A.H.H.* (London: Edward Moxon, 1850) I, lines 3–4.
2 John Eric Erichsen, *The Science and Art of Surgery: Being a Treatise on Surgical Injuries, Diseases, and Preparations* (London: Walton and Maberly, 1853), 698–99.
3 Stanley, *For Fear of Pain*, 73.
4 The Annual Report of the Committee of the Charing Cross Hospital], *Spectator* 10 (London, 1837), 58.
5 Accident Report for Martha Appleton, A Scavenger, Aug. 1859, HO 45/6753, National Archives.
6 為大學醫院 Fellowe's Clinical Medal 所摘錄的病例筆記，李斯特，學號 351, 1851, MS0021/4/4 (3), Royal College of Surgeons of England。
7 引自 Jack London, *People of the Abyss* (New York: Macmillan 1903), 258. 也請見 John Thomas Arlidge, *The Hygiene, Diseases, and Mortality of Occupations* (London: Percival, 1892)。
8 欲知十八與十九世紀壞血病治療詳情，請見 Mark Harrison, "Scurvy on Sea and Land: Political Economy and Natural History, c. 1780– c. 1850," *Journal for Maritime Research (Print)* 15, no. 1 (2013): 7–15。一直到一九二八年後，生物學家 Albert Szent-Györgyi 才將讓身體有效使用碳水化合物、脂肪、蛋白質的物質從腎上腺分離出來。要再經過四年，Charles Glen King 才會在他的實驗室裡發現維他命 C，並得出這和 Szent-Györgyi 描述的是相同物質的結論——為壞血病與缺乏維他命 C之間找出了明確關聯。
9 "Origin of the No Nose Club," *Star*, Feb. 18, 1874, 3.
10 為大學醫院 Fellowe's Clinical Medal 所摘錄的病例筆記，李斯特，學號 351, 1851, MS0021/4/4 (3), Royal College of Surgeons of England.
11 同上。
12 Robert Ellis, *Official Descriptive and Illustrated Catalogue of the Great Exhibition of the Works of Industry of All Nations, 1851* (London: W. Clowes and Sons, 1851), 3:1070.
13 同上，頁一一七〇。
14 Margaret Smith, ed., *The Letters of Charlotte Brontë, with a Selection of Letters by Family and Friends* (Oxford: Clarendon Press, 2000), 2:630.
15 引自 Godlee, *Lord Lister*, 28。

16 Drawings of Lamprey, March 31, April 2, April 7, 1852, MS0021/4/4 (2/6), Royal College of Surgeons of England.
17 引自 Fisher, *Joseph Lister*, 48。
18 Joseph Lister, "The Huxley Lecture on Early Researches Leading Up to the Antiseptic System of Surgery," *The Lancet*, Oct. 6, 1900, 985.
19 Jackie Rosenhek, "The Art of Artificial Insemination," *Doctor's Review*, Oct. 2013，於二〇一五年五月十四日存取，http://www.doctorsreview.com/history/history-artificial-insemination/.
20 A. E. Best, "Reflections on Joseph Lister's Edinburgh Experiments on Vaso-motor Control," *Medical History* 14, no. 1 (1970): 10–30. 也請見 Edward R. Howard, "Joseph Lister: His Contributions to Early Experimental Physiology," *Notes and Records of the Royal Society of London* 67, no. 3 (2013): 191–98.
21 Joseph Lister, "Observations on the Contractile Tissue of the Iris," *Quarterly Journal of Microscopical Science* 1 (1853): 8–11.
22 John Bell, *The Principles of Surgery*, 2nd ed. 由 J. Augustine Smith 刪減 (New York: Collins, 1812), 26–27 .
23 Reported in T. Trotter, *Medicina Nautica* (London: Longman, Hurst, Rees, and Orme, 1797–1803), 引自於 I. Loudon, "Necrotising Fasciitis, Hospital Gangrene, and Phagedena," *The Lancet*, Nov. 19, 1994, 1416.
24 引自 Loudon, "Necrotising Fasciitis," 1416.
25 Bell, *Principles of Surgery*, 28.
26 James Syme, *The Principles of Surgery* (Edinburgh: MacLaughlan & Stewart, 1832), 69.
27 Worboys, *Spreading Germs*, 75.
28 Joseph Lister, "The Huxley Lecture by Lord Lister, F.R.C.S., President of the Royal Society," *British Medical Journal*, Oct. 6, 1900, 969.
29 同上。
30 同上。
31 Godlee, *Lord Lister*, 28.
32 同上，頁二一一。
33 同上，頁二三一。
34 李斯特給哥德里的信，回覆一封日期為一八五二年十一月二十八日的信，MS 6970/1, Wellcome Library。
35 為大學醫院 Fellowe's Clinical Medal 所摘錄的病例筆記，李斯特，學號 351，1851, MS0021/4/4 (3), Royal College of Surgeons of England。

第五章‧‧外科界的拿破崙

1 William Hunter, *Two Introductory Lectures, Delivered by Dr. William Hunter, to his Last Course of Anatomical Lectures, at his Theatre in Windmill-Street* (London: Printed by order of the trustees, for J. Johnson, 1784), 73.

2 引自 Alexander Peddie, "Dr. John Brown: His Life and Work; with Narrative Sketches of James Syme in the Old Minto House Hospital and Dispensary Days; Being the Harveian Society Oration, Delivered 11th April 1890," *Edinburgh Medical Journal* 35, pt. 2 (Jan.–June 1890): 1058.

3 Alexander Miles, *The Edinburgh School of Surgery Before Lister* (London: A. & C. Black, 1918), 181–82.

4 A. J. K. Cairncross, ed., *Census of Scotland, 1861–1931* (Cambridge, U.K., 1954).

5 "Statistics of Crime in Edinburgh," *Caledonian Mercury* (Edinburgh), Jan. 21, 1856.

6 James Begg, *Happy Homes for Working Men, and How to Get Them* (London: Cassell, Petter & Galpin, 1866), 159.

7 同上。

8 引自 Godlee, *Lord Lister*, 31。

9 引自 John D. Comrie, *History of Scottish Medicine*, 2nd ed., vol. 2 (London: Published for the Wellcome Historical Medical Museum by Baillière, Tindall & Cox, 1932), 596。

10 同上，頁五九六－九七。

11 醫院位址是現在的蘇格蘭皇家博物館（Royal Museum of Scotland）。

12 引自 R. G. Williams Jr., "James Syme of Edinburgh," *Historical Bulletin: Notes and Abstracts Dealing with Medical History* 16, no. 2 (1951): 27。

13 同上，頁二八。

14 欲知決鬥詳情，請見 Stanley, *For Fear of Pain*, 37。

15 Bill Yule, *Matrons, Medics, and Maladies* (East Linton: Tuckwell Press, 1999), 3–5.

16 引自 Godlee, *Lord Lister*, 30.

17 同上，頁三四。

18 Fisher 在他的書 *Joseph Lister* 中提出了這點，60-61.

19 Godlee, *Lord Lister*, 35.

20 同上，頁三七。

21 同上，頁三七、三八。
22 喬治・布歐南給約瑟夫・李斯特的信，一八五三年十二月十至十一日，MS 6970/3, Wellcome Library。
23 G. T. Wrench, *Lord Lister: His Life and Work* (London: Unwin, 1913), 45.
24 同上，頁四六。
25 James Syme, *Observations in Clinical Surgery* (Edinburgh: Edmonston and Douglas, 1861), 160.
26 Wrench, *Lord Lister*, 47.
27 Hector Charles Cameron, *Joseph Lister: The Friend of Man* (London: William Heinemann Medical Books, 1948), 34.
28 Nightingale to R. G. Whitfield, Nov. 8, 1856 (LMA) H1/ST/NC1/58/6, London Metropolitan Archives, 引自 Lynn McDonald, ed., *Florence Nightingale: Extending Nursing* (Waterloo, Ont.: Wilfrid Laurier University Press, 2009), 303。
29 詩引自 Cameron, *Joseph Lister*, 34– 35。
30 同上，頁三五。
31 John Beddoe, *Memories of Eighty Years* (Bristol: J. W. Arrowsmith, 1910), 56.
32 同上。
33 同上。
34 同上，頁五六－五七。
35 同上，頁五五。

第六章：約瑟夫、賽姆小姐與鋒銳的手術刀

1 引自 William J. Sinclair, *Semmelweis: His Life and His Doctrine: A Chapter in the History of Medicine* (Manchester: University Press, 1909), 46。
2 "The Late Richard Mackenzie MD," *Association Medical Journal* (1854): 1023, 1024.
3 同上，頁一〇二四。欲更深入認識麥肯錫，請見 *Medical Times & Gazette* 2 (1854): 446–47。
4 Matthew Smallman-Raynora and Andrew D. Cliff, "The Geographical Spread of Cholera in the Crimean War: Epidemic Transmission in the Camp Systems of the British Army of the East, 1854–55," *Journal of Historical*

Geography 30 (2004): 33. 也請見 Army Medical Department, *The Medical and Surgical History of the British Army Which Served in Turkey and the Crimea During the War Against Russia in the Years 1854–55–56*, vol. 1 (London: HMSO, 1858).

5 引自 Frieda Marsden Sandwith, *Surgeon Compassionate: The Story of Dr. William Marsden, Founder of the Royal Free and Royal Marsden Hospitals* (London: P. Davies, 1960), 70.

6 威廉・夏培寫給詹姆斯・賽姆的信，一八五四年十二月一日，MS 6979/21, Wellcome Library。

7 約瑟夫・傑克森寫給約瑟夫・李斯特的信，一八五四年十二月五日，MS 6965/11, Wellcome Library。

8 同上，頁四〇。

9 約瑟夫・傑克森寫給約瑟夫・李斯特的信，一八五五年四月十六日，MS 6965/13, Wellcome Library。

10 Godlee, *Lord Lister*, 43.

11 米爾班克之家的敘述可見 Robert Paterson, *Memorials of the Life of James Syme, Professor of Clinical Surgery in the University of Edinburgh, etc.* (Edinburgh: Edmonston & Douglas, 1874), 293–95。也請見 Wrench, *Lord Lister*, 42–44。

12 約瑟夫・李斯特寫給里克曼・哥德里的信，一八五五年八月四日，MS 6969/4, Wellcome Library。

13 約瑟夫・傑克森寫給約瑟夫・李斯特的信，一八五三年三月二十五日，MS6965/8, Wellcome Library。

14 引自 Fisher, *Joseph Lister*, 63. Poem, "'Tis of a winemerchant who in London did dwell," by John Beddoe, David Christison, and Patrick Heron Watson, May 15, 1854, MS6979/9, Wellcome Library。

15 約瑟夫・傑克森寫給約瑟夫・李斯特的信，一八五五年七月二十四日，MS6965/14, Wellcome Library。

16 約瑟夫・傑克森寫給約瑟夫・李斯特的信，一八五五年十月十八日，MS6965/16, Wellcome Library。

17 約瑟夫・傑克森寫給約瑟夫・李斯特的信，一八五六年二月二十三日，MS6965/20, Wellcome Library。

18 同上。

19 約瑟夫・傑克森與詹姆斯・賽姆兩人商討了嫁妝的量。賽姆給了價值兩千鎊的債券，還有兩千鎊的現金，李斯特的父親也為兩人的結合送上厚禮。欲知詳情，見 Fisher, *Joseph Lister*, 80。

20 備有冷熱水水龍頭和水槽：同上，約瑟夫・李斯特寫給伊莎貝拉・李斯特的信，一八五六年一月？至六日，MS6968/2, Wellcome Library。

21 引自 Fisher, *Joseph Lister*, 81.

22 引自 Sir Hector Clare Cameron, *Lord Lister 1827–1912: An Oration* (Glasgow: J. Maclehose, 1914), 9。也有消息來源指出這段話並非在李斯特的結婚餐會上，而是在後來其他時間說的。

23 Youngson, *Scientific Revolution*, 34–35.

24 Worboys, *Spreading Germs*, 76.
25 引自 Godlee, *Lord Lister*, 43。
26 Robert Liston, *Practical Surgery*, 3rd ed. (London: John Churchill, 1840), 31.
27 *Year-Book of Medicine, Surgery, and Their Allied Sciences for 1862* (London: Printed for the New Sydenham Society, 1863), 213, 引自 Youngson, *Scientific Revolution*, 38。
28 Fisher, *Joseph Lister*, 84.
29 後來，李斯特說，他將他對發炎本質的研究視為消毒原則構想的「關鍵前提」，而且堅持說這些早期發現可被收進他任一自傳性作品中。一九〇五年，當他七十八歲時，他寫道：「若我死後有人讀我的研究，這些將會是最常被想起的。」（引自同上，頁八九）。
30 Edward R. Howard, "Joseph Lister: His Contributions to Early Experimental Physiology," *Notes and Records of the Royal Society of London* 67, no. 3 (2013): 191–98.
31 引自 Fisher, *Joseph Lister*, 87. Joseph Lister, "An Inquiry Regarding the Parts of the Nervous System Which Regulate the Contractions of the Arteries," *Philosophical Transactions of the Royal Society of London* 148 (1858): 612–13。
32 同上，頁六一四。
33 引自 Godlee, *Lord Lister*, 61。
34 Joseph Lister, "On the Early Stages of Inflammation," *Philosophical Transactions of the Royal Society of London* 148 (1858): 700.
35 Howard, "Joseph Lister," 194.
36 同上。
37 約瑟夫・傑克森寫給約瑟夫・李斯特的信，一八五七年一月三十一日，MS6965/26, Wellcome Library。

第七章・像親王一般地對待病患

1 Richard Volkmann, "Die moderne Chirurgie," *Sammlung klinischer Vortrage*，引自 Sir Rickman John Godlee, *Lord Lister*, 2nd ed. (London: Macmillan and Co., 1918), 123。

2 引自 Godlee, *Lord Lister*, 77。

3 同上，頁七八。

4 同上，頁七七、七八。

5 同上，頁八二。

6 這封信是 Godlee, *Lord Lister*，頁八〇中提及的。我找不出信的作者是誰，後來的傳記作者例如 Fisher 也完全未提及。

7 *Glasgow Herald*, Jan. 18, 1860, 3.

8 Fisher, *Joseph Lister*, 97.

9 引自 Godlee, *Lord Lister*, 81。

10 Cameron, *Joseph Lister*, 46.

11 引自 Christopher Lawrence, "Incommunicable Knowledge: Science, Technology, and the Clinical Art in Britain, 1850–1914," *Journal of Contemporary History* 20, no. 4 (1985): 508。

12 引自 Godlee 的信件，*Lord Lister*，頁八八—八九。

13 依據 Cameron, *Joseph Lister*，頁四七—四九中的敘述。

14 Fisher, *Joseph Lister*, 98; Crowther and Dupree, *Medical Lives in the Age of Surgical Revolution*, 61–62.

15 Godlee, *Lord Lister*, 92.

16 Crowther and Dupree, *Medical Lives in the Age of Surgical Revolution*, 63.

17 Godlee, *Lord Lister*, 90 之中談論了這些整修。

18 同上，頁九一。

19 同上。

20 同上。

21 同上。

22 同上，頁九三。

23 同上，頁九二。

24 Sir Hector Clare Cameron, *Reminiscences of Lister and of His Work in the Wards of the Glasgow Royal Infirmary, 1860–1869* (Glasgow: Jackson, Wylie & Co., 1927), 9.

25 J. C. Symons, 引自 Friedrich Engels, *The Condition of the Working Class in England*, trans. and ed. W. O. Henderson and W. H. Chaloner, 2nd ed. (Oxford: Blackwell, 1971), 45。

26 "Accident," *Fife Herald*, Jan. 12, 1865, 3.

27 "Uphall—Gunpowder Accident," *Scotsman*, April 3, 1865, 2.
28 引自 Godlee, *Lord Lister*, 92。
29 引自 John D. Comrie, *History of Scottish Medicine*, 2nd ed., vol. 2 (London: Published for the Wellcome Historical Medical Museum by Baillière, Tindall & Cox, 1932), 459。
30 Fisher, *Joseph Lister*, 107.
31 Cameron, *Reminiscences of Lister*, 11.
32 Cameron, *Joseph Lister*, 52.
33 Godlee, *Lord Lister*, 130, 129.
34 同上，頁五五。
35 Leeson, *Lister as I Knew Him*, 51, 103.
36 同上，頁八七。
37 同上，頁一一一。
38 同上，頁五三。
39 Douglas Guthrie, *Lord Lister: His Life and Doctrine* (Edinburgh: E. & S. Livingstone, 1949), 63–64.
40 Leeson, *Lister as I Knew Him*, 19.
41 引自 Fisher, *Joseph Lister*, 111。
42 Joseph Lister, "The Croonian Lecture: On the Coagulation of the Blood," *Proceedings of the Royal Society of London 12* (1862–63): 609.
43 Guthrie, *Lord Lister*, 45–46.
44 Joseph Lister, "On the Excision of the Wrist for Caries," *The Lancet*, March 25, 1865, 308–12.
45 引自 Fisher, *Joseph Lister*, 122。
46 Godlee, *Lord Lister*, 110.
47 約瑟夫．傑克森寫給約瑟夫．李斯特的信，一八六四年十一月三十日，MS6965/40, Wellcome Library。
48 Godlee, *Lord Lister*, 111.
49 引自同上，頁一〇五。
50 Youngson, *Scientific Revolution*, 130.
51 Peter M. Dunn, "Dr. Alexander Gordon (1752–99) and Contagious Puerperal Fever," *Archives of Disease in Childhood: Fetal and Neonatal Edition* 78, no. 3 (1998): F232.

52 Alexander Gordon, *A Treatise on the Epidemic Puerperal Fever of Aberdeen* (London: Printed for G. G. and J. Robinson, 1795), 3, 63, 99.
53 Youngson, Scientific Revolution, 132.
54 同上。
55 Ignaz Semmelweis, *Etiology, Concept, and Prophylaxis of Childbed Fever* (1861), trans. K. Kodell Carter (Madison: University of Wisconsin Press, 1983), 131.
56 Youngson, *Scientific Revolution*, 134.
57 引自 Cameron, *Joseph Lister*, 57。
58 Cameron, *Reminiscences of Lister*, 11.
59 Cameron, *Joseph Lister*, 54.
60 同上，頁五四－五五。
61 有些記錄為一八六五年，有些則是一八六四。這個日期是我依據 Sir William Watson Cheyne, *Lister and His Achievement* (London: Longmans, Green, 1925), 8. 定下的。

第八章・石炭酸的神奇特性

1 George Henry Lewes, *The Physiology of Common Life, vol. 2* (Edinburgh: W. Blackwood, 1859–60), 452.
2 "Letters, News, etc.," *The Lancet*, April 26, 1834, 176, 引自 Stanley, *For Fear of Pain*, 152。這個故事出於十九世紀稍早，但直到一八六〇年代也都還是如此。粗體字出自我個人強調的。
3 Margaret Pelling, *Cholera, Fever, and English Medicine, 1825–1865* (Oxford: Oxford University Press, 1978), 2.
4 Gaw, "*Time to Heal*," 19.
5 引自 R. J. Morris, *Cholera, 1832: The Social Response to an Epidemic* (New York: Holmes & Meier, 1976), 207。
6 William Budd, "Investigations of Epidemic and Epizootic Diseases," *British Medical Journal*, Sept. 24, 1864, 356，引自 Gaw, "*Time to Heal*," 24。有趣的是，巴德認為霍亂病毒可以藉由空氣夾帶，但卻認為其散播不是因為吸入氣體，而是攝取了受空氣污染的食物和水。

7 W. Budd, "Cholera: Its Cause and Prevention," *British Medical Journal*, March 2, 1855, 207.
8 M.Faraday,"The State of the Thames, Letter to the Editor," *Times*, July 9, 1855, 8.
9 *Times*, June 18, 1858, 9.
10 引自 Patrice Debré, *Louis Pasteur*, tran. Elborg Forster (Baltimore: Johns Hopkins University Press, 1998), 96。
11 同上，頁八七。
12 René Dubos, *Pasteur and Modern Science*, ed. Thomas D. Brock (Washington, D.C.: ASM Press, 1998), 32.
13 René Vallery-Radot, *The Life of Pasteur*, trans. Mrs. R. L. Devonshire (Westminster: Archibald Constable & Co, 1902), 1:142, 於 Godlee, *Lord Lister*, 176。
14 引自 Sherwin B. Nuland, *Doctors: The Biography of Medicine* (New York: Vintage Books, 1989), 363。
15 引自 Vallery-Radot, *The Life of Pasteur*, vol. I, 129。
16 Debré, *Louis Pasteur*, 260.
17 同上，頁一一〇。
18 同上，頁二六〇。
19 Thomas Spencer Wells, "Some Causes of Excessive Mortality After Surgical Operations," *British Medical Journal*, Oct. 1, 1864, 386.
20 Fisher, *Joseph Lister*, 134.
21 "Meeting of the International Medical Congress," *The Boston Medical and Surgical Journal* 95 (Sept. 14, 1876): 328.
22 *The Lancet*, Aug. 24, 1867, 234.
23 見 Fisher, *Joseph Lister*, 131。
24 引自同上，頁一三〇。
25 John. K. Crellin, "The Disinfectant Studies by F. Crace Calvert and the Introduction of Phenol as a Germicide," *Vorträge der Hauptversammlung der internationalen Gesellschaft für Geschichte der Pharmazie; International Society for the History of Pharmacy, Meeting, 1965, London* 28 (1966): 3.
26 Joseph Lister, "On a New Method of Treating Compound Fracture, Abscess, etc., with Observations on the Conditions of Suppuration," *The Lancet*, March 16, 1867, 327.
27 Fisher, *Joseph Lister*, 134.
28 Lister, "On a New Method of Treating Compound Fracture," 328.
29 Joseph Lister, "On the Principles of Antiseptic Surgery," in *Internationale Beiträge zur wissenschaftlichen Medizin:*

Festschrift, Rudolf Virchow gewidmet zur Vollendung seines 70. Lebensjahres (Berlin: August Hirschwald, 1891), 3:262.

30 雖然凱利也是受了類似這種骨折的傷，李斯特卻認為實驗不成功是因為「管理不當」，而不是因為石炭酸。

31 David Masson, *Memories of London in the Forties* (Edinburgh: William Blackwood & Sons, 1908), 21.

32 Lister, "On a New Method of Treating Compound Fracture," 329.

33 同上，頁三五七－五九。

34 同上，頁三八九。

35 Fisher, *Joseph Lister*, 145.

36 同上，頁一四二－三。

37 引自 Godlee, *Lord Lister*, 189。

38 同上。

39 同上，頁一九六－九七。

40 同上，頁一九八。

41 Lister, "On a New Method of Treating Compound Fracture," 327.

42 Michael Worboys, "Joseph Lister and the Performance of Antiseptic Surgery," *Notes and Records of the Royal Society of London* 67, no. 3 (2013), 199–209.

43 Joseph Lister, "Illustrations of the Antiseptic System of Treatment in Surgery," *The Lancet*, Nov. 30, 1867, 668.

第九章：捲進懷疑論者的風暴

1 Jean-Baptiste Bouillaud, *Essai sur la philosophie médicale et sur les généralités de la clinique médicale* (Paris: Rouvier et le Bouvier, 1836), 215；譯文引自 Ann F. La Berge, "Debate as Scientific Practice in Nineteenth-Century Paris: The Controversy over the Microscope," *Perspectives on Science* 12, no. 4 (2004): 424。

2 Sir James Paget, "The Morton Lecture on Cancer and Cancerous Diseases," *British Medical Journal*, Nov. 19, 1887, 1094.

3 Lucy G. Thurston, *Life and Times of Mrs. G. Thurston* (Ann Arbor, Mich.: Andrews, 1882), 168–72, 引自 William S. Middleton, "Early Medical Experiences in Hawaii," *Bulletin of the History of Medicine* 45, no. 5 (1971): 458。

4 引自 Godlee, *Lord Lister*, 213.
5 同上。
6 同上。
7 同上。
8 同上。
9 "On Recent Improvements in the Details of Antiseptic Surgery," *The Lancet*, March 13, 1875, 366. 這段敘述並不是伊莎貝拉的手術，而是李斯特執行的另一場手術。他以相似程序來照料他的妹妹，這個假設很合理。
10 Cameron, *Reminiscences of Lister*, 32.
11 引自 Godlee, *Lord Lister*, 213.
12 Joseph Lister, "On the Antiseptic Principle in the Practice of Surgery," *British Medical Journal*, Sept. 21, 1867, 246–48.
13 James Syme, "On the Treatment of Incised Wounds with a View to Union by the First Intention," *The Lancet*, July 6, 1867, 5–6.
14 James G. Wakley, "The Surgical Use of Carbolic Acid," *The Lancet*, Aug. 24, 1867, 234.
15 引自 Godlee, *Lord Lister*, 201–202.
16 James G. Wakley, "Carbolic Acid," *The Lancet*, Sept. 28, 1867, 410.
17 引自 Fisher, *Joseph Lister*, 152.
18 同上，頁一五一。
19 Joseph Lister, "On the Use of Carbolic Acid," *The Lancet*, Oct. 5, 1867, 444.
20 Fisher, *Joseph Lister*, 151.
21 引自 Godlee, *Lord Lister*, 206。
22 Joseph Lister, "Carbolic Acid," *The Lancet*, Oct. 19, 1867, 502.
23 同上。
24 James Y. Simpson, "Carbolic Acid and Its Compounds in Surgery," *The Lancet*, Nov. 2, 1867, 548–49.
25 Joseph Lister, "Carbolic Acid," *The Lancet*, Nov. 9, 1867, 595.
26 William Pirrie, "On the Use of Carbolic Acid in Burns," *The Lancet*, Nov. 9, 1867, 575.
27 引自 Godlee, *Lord Lister*, 205。
28 Frederick W. Ricketts, "On the Use of Carbolic Acid," *The Lancet*, Nov. 16, 1867, 614.
29 James Morton, "Carbolic Acid: Its Therapeutic Position, with Special Reference to Its Use in Severe Surgical Cases,"

The Lancet, Feb. 5, 1870, 188.

30 James Morton, "Carbolic Acid: Its Therapeutic Position, with Special Reference to Its Use in Severe Surgical Cases," *The Lancet*, Jan. 29, 1870, 155.

31 Joseph Lister, "An Address on the Antiseptic System of Treatment in Surgery, Delivered Before the Medico-Chirurgical Society of Glasgow," *British Medical Journal* (1868): 53–56, 101–2, 461–63, 515–17; Joseph Lister, "Remarks on the Antiseptic System of Treatment in Surgery," *British Medical Journal*, April 3, 1869, 301–304.

32 Morton, "Carbolic Acid, 155.

33 James G. Wakley, "Antiseptic Surgery," *The Lancet*, Oct. 29, 1870, 613.

34 "The Use of Carbolic Acid," *The Lancet*, Nov. 14, 1868: 634.

35 *The Lancet*, Dec. 5, 1868, 728.

36 "Carbolic Acid Treatment of Suppurating and Sloughing Wounds and Sores," *The Lancet*, Dec. 12, 1868, 762.

37 Gaw,"*Time to Heal*," 38–39.

38 James Paget, "Clinical Lecture on the Treatment of Fractures of the Leg," *The Lancet*, March 6, 1869, 317.

39 Compound Comminuted Fracture of the Femur Without a Trace of Suppuration," *The Lancet*, Sept. 5, 1868, 324.

第十章••與志同道合者一同抗戰

1 John Locke, *Essay Concerning Human Understanding* (1690), ed. and intro. Peter H. Nidditch (Oxford, U.K.: Clarendon Press, 1975), Epistle Dedicatory, 4.

2 安那戴爾的敘述被記錄在 Robert Paterson, *Memorials of the Life of James Syme* (Edinburgh: Edmonston and Douglas, 1874), 304–305。

3 "Professor Syme," *The Lancet*, April 10, 1869, 506.

4 "Professor Syme," *The Lancet*, April 17, 1869, 541.

5 Fisher, *Joseph Lister*, 167; Godlee, *Lord Lister*, 241.

6 引自 Godlee, *Lord Lister*, 242。

7 同上。
8 "The Appointment of Mr. Lister," *The Lancet*, Aug. 21, 1869, 277.
9 Gaw, "*Time to Heal*," 42.
10 Fisher, *Joseph Lister*, 165.
11 Donald Campbell Black, "Mr. Nunneley and the Antiseptic Treatment (Carbolic Acid)," *British Medical Journal*, Sept. 4, 1869, 281, 引自 Gaw, "*Time to Heal*," 46。
12 Donald Campbell Black, "Antiseptic Treatment," *The Lancet*, Oct. 9, 1869, 524–25.
13 Joseph Lister, "Glasgow Infirmary and the Antiseptic Treatment," *The Lancet*, Feb. 5, 1870, 211.
14 Joseph Lister, "On the Effects of the Antiseptic System of Treatment upon the Salubrity of a Surgical Hospital," *The Lancet*, Jan. 1, 1870, 4.
15 Lister, "Glasgow Infirmary," 211.
16 Henry Lamond, "Professor Lister and the Glasgow Infirmary," *The Lancet*, Jan. 29, 1870, 175.
17 Thomas Nunneley, "Address in Surgery," *British Medical Journal*, Aug. 7, 1869, 152, 155–56.
18 Joseph Lister,"Mr. Nunneley and the Antiseptic Treatment," *British Medical Journal*, Aug. 28, 1869, 256–57.
19 約瑟夫・傑克森寫給約瑟夫・李斯特的信，一八六九年六月六日，MS 6965/67, Wellcome Library.
20 亞瑟・李斯特寫給約瑟夫・李斯特的信，一八六九年十月十九日，MS 6966/33, Wellcome Library.
21 引自 Godlee, *Lord Lister*, 244。
22 Joseph Lister, *Introductory lecture delivered in the University of Edinburgh*, November 8, 1869 (Edinburgh: Edmonston and Douglas, 1869), 4.
23 "[Mr Syme]," *The Lancet*, July 2, 1870, 22.
24 "James Syme, F.R.S.E., D.C.L., Etc.," *British Medical Journal*, July 2, 1870, 25.
25 Cameron, *Joseph Lister*, 100.
26 F. Le M. Grasett, "Reminiscences of 'the Chief,'" in *Joseph, Baron Lister: Centenary Volume*, 1827–1927, ed. A. Logan Turner (Edinburgh: Oliver and Boyd, 1927), 109.
27 Cheyne, *Lister and His Achievement*, 24.
28 同上。
29 引自 Crowther and Dupree, *Medical Lives in the Age of Surgical Revolution*, 102。
30 Martin Goldman, *Lister Ward* (Bristol: Adam Hilger, 1987), 61, 62.

31 同上，頁七〇。

32 Worboys, "Joseph Lister and the Performance of Antiseptic Surgery," 206.

33 見 Joseph Lister, "Observations on Ligature of Arteries on the Antiseptic System," *The Lancet*, April 3, 1869, 451–55. 也請見 T. Gibson, "Evolution of Catgut Ligatures: The Endeavours and Success of Joseph Lister and William Macewen," *British Journal of Surgery* 77 (1990): 824–25。

34 Godlee, *Lord Lister*, 231.

35 "Professor Lister's Latest Observations," *The Lancet*, April 10, 1869, 503.

36 李斯特的筆記，MS0021/4/4 (9), Royal College of Surgeons of England。

37 Erichsen, *On Hospitalism and the Causes of Death After Operations*, 98.

38 Joseph Lister, "A Method of Antiseptic Treatment Applicable to Wounded Soldiers in the Present War," *British Medical Journal*, Sept. 3, 1870, 243–44.

39 Lister, "Further Evidence Regarding the Effects of the Antiseptic System of Treatment upon the Salubrity of a Surgical Hospital," 287–88.

40 見 Stanley, *For Fear of Pain*, 89。

41 Thomas Keith, "Antiseptic Treatment," *The Lancet*, Oct. 9, 1869, 336.

42 E. R. Bickersteth, "Remarks on the Antiseptic Treatment of Wounds," *The Lancet*, May 29, 1869, 743.

43 James G. Wakley, "Hospitalism and the Antiseptic System," *The Lancet*, Jan. 15, 1870, 91.

44 故事取自 Leeson, *Lister as I Knew Him*, 21–24。

第十一章：女王的膿腫

1 Oliver Goldsmith, *The Deserted Village, A Poem*, 2nd ed. (London: W. Griffin, 1770), 10 (ll. 179–80).

2 "Journal Entry: Tuesday 29th August 1871," *Queen Victoria's Journals* 60:221, http://www.queenvictoriasjournals .org/home.do.

3 Jonathan Hutchinson, "Dust and Disease," *British Medical Journal*, Jan. 29, 1879, 118–19.

4 Cameron, *Joseph Lister*, 88.
5 "Journal Entry: Monday 4th September 1871," *Queen Victoria's Journals* 60:224, http://www.queenvictoriasjournals.org/home.do.
6 引自 Godlee, *Lord Lister*, 305.
7 李斯特後來聲稱他初次使用橡膠管引流就是用在維多利亞女王身上。然而，依據李斯特和他父親的信件，這種用法最早可以追溯到一八六九年，即他替女王動手術前兩年。可能李斯特指的是，這是他第一次用橡膠管來引流膿腫。約瑟夫·傑克森給約瑟夫·李斯特的信，一八六九年一月二十七日，MS 6965/63, Wellcome Library. 也請見 Lord Lister, "Remarks on Some Points in the History of Antiseptic Surgery," *The Lancet*, June 27, 1908, 1815。
8 引自 Fisher, *Joseph Lister*, 194.
9 F. N. L. Pointer, "The Contemporary Scientific Background of Lister's Achievement," *British Journal of Surgery* 54 (1967): 412.
10 引自 Cameron, *Joseph Lister*, 105。
11 例如，李斯特於一八七一年向位於普利茅斯的英國醫學會發表演說。
12 James G. Wakley, "A Mirror of the Practice of Medicine and Surgery in the Hospitals in London," *The Lancet*, Jan. 14, 1871, 47–48.
13 Cameron, *Joseph Lister*, 99.
14 Flaneur, "Antiseptic Surgery," *The Lancet*, Jan. 5,1878, 36.
15 Cameron, *Joseph Lister*, 110–11.
16 引自 Fisher, *Joseph Lister*, 159。
17 引自 同上。
18 重新建構李斯特鮮為人知的美國之旅，我必須大大感謝 Ira Rutkow 的文章 "Joseph Lister and His 1876 Tour of America," *Annals of Surgery* 257, no. 6 (2013): 1181–87。這個段落的主要來源多數都取自他的出色文章。
19 George Derby, "Carbolic Acid in Surgery," *The Boston Medical and Surgical Journal*, Oct. 31, 1867, 273.
20 同上，頁二七二。不清楚為何德比拼錯了李斯特的名字。
21 R. Lincoln, "Cases of Compound Fracture at the Massachusetts General Hospital Service of G. H. Gay, M.D.," *The Boston Medical and Surgical Journal*, n.s., 1, no. 10 (1868): 146.
22 引自 John Ashhurst, ed., *Transactions of the International Medical Congress of Philadelphia*, 1876 (Philadelphia: Printed for the Congress, 1877), 1028。

23 同上，頁五三一。
24 同上。
25 同上，頁五一七、五三八。
26 G. Shrady, "The New York Hospital," *Medical Record* 13 (1878): 113.
27 引自 Ashhurst, *Transactions*, 42。
28 E. H. Clarke et al., *A Century of American Medicine*, 1776–1876 (Philadelphia: Henry C. Lea, 1876), 213.
29 Fisher, *Joseph Lister*, 223。
30 引自 James M. Edmonson, *American Surgical Instruments: The History of Their Manufacture and a Directory of Instrument Makers to 1900* (San Francisco: Norman, 1997), 71。
31 Joseph Lister, "The Antiseptic Method of Dressing Open Wounds," *Medical Record* 11 (1876): 695–96.
32 部分史學家說李斯特的演講現場被用留聲機錄下。但留聲機要到隔年才被發明。
33 Henry Jacob Bigelow, "Two Lectures on the Modern Art of Promoting the Repair of Tissue," *The Boston Medical and Surgical Journal*, June 5, 1879: 769–70.
34 Wrench, *Lord Lister*, 267–70.
35 James G. Wakley, "Professor Lister," *The Lancet*, March 10, 1877, 361.
36 引自 Fisher, *Joseph Lister*, 230。

後記・當黑幕掀起，遍地開花。

1 Richard Selzer, *Letters to a Young Doctor* (New York: Simon & Schuster, 1982), 51.
2 巴斯德給李斯特的信，一八八九年一月三日，MS 6970/13 (in French), Wellcome Library.
3 Nuland, *Doctors*, 380.
4 引自 Fisher, *Joseph Lister*, 294.
5 Leon Morgenstern, "Gargling with Lister," *Journal of the American College of Surgeons* 204 (2007): 495–97.
6 Wrench, *Lord Lister*, 137.

7 同期遺囑的副本及條款。MS 6979/18/1-2, Wellcome Library，於 Richard K. Aspin, "Illustrations from the Wellcome Institute Library, Seeking Lister in the Wellcome Collections," *Medical History* 41 (1997): 86–93 找到。

8 Thomas Schlich, "Farmer to Industrialist: Lister's Antisepsis and the Making of Modern Surgery in Germany," *Notes and Records of the Royal Society* 67 (2013): 245.

9 見 Worboys, *Spreading Germs*, 24。

10 R. H. Murray, *Science and Scientists in the Nineteenth Century* (London: Sheldon Press, 1925), 262.